AF453421

LES SOIRÉES FANTASTIQUES

DE

L'ARTILLEUR BARUCH

PAR

A. SALIÈRES

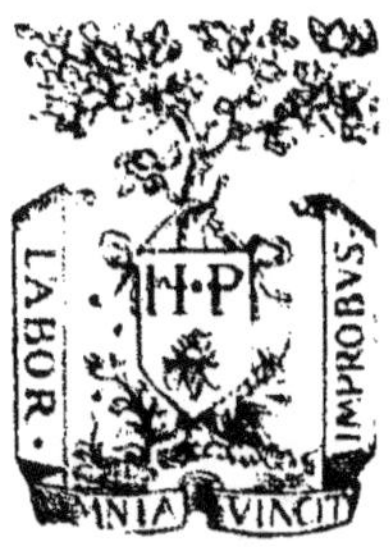

PARIS

E. PLON et Cie, IMPRIMEURS-ÉDITEURS

RUE GARANCIÈRE, 10

1876

Tous droits réservés

LES SOIRÉES FANTASTIQUES

DE L'ARTILLEUR BARUCH

L'auteur et les éditeurs déclarent réserver leurs droits de traduction et de reproduction à l'étranger.

Cet ouvrage a été déposé au ministère de l'intérieur (section de la librairie) en avril 1876.

PARIS. TYPOGRAPHIE DE E. PLON ET Cie, RUE GARANCIÈRE, 8.

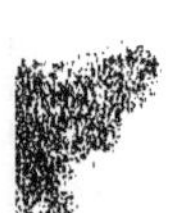

LES
SOIRÉES FANTASTIQUES

DE

L'ARTILLEUR BARUCH

PAR

A. SALIÈRES

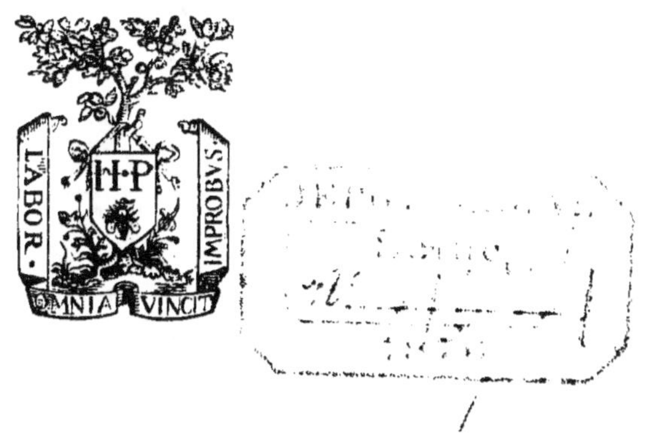

PARIS

E. PLON ET Cie, IMPRIMEURS-ÉDITEURS

10, RUE GARANCIÈRE

1876

Tous droits réservés

LES

SOIRÉES FANTASTIQUES

DE L'ARTILLEUR BARUCH

CHAPITRE PREMIER

L'étrange passion d'un brigadier d'artillerie.

Tous les mercredis soirs de l'année dernière, M. R..., — de qui je tiens cette histoire, — prenait son café chez M. Baruch, qui demeurait en face de lui, et avec lequel il avait fait connaissance par hasard, ainsi que cela arrive souvent à Paris.

Ce M. Baruch était un ancien sous-officier d'artillerie, un peu fantasque, mais très-jovial, plein de franchise, et le cœur sur la main. A la suite de la guerre d'Italie, où il s'était distingué par sa bravoure, il devait passer sous-lieutenant, lorsqu'un héritage, auquel il ne s'attendait guère, lui permit de quitter le service.

Après avoir fait ses adieux au 9ᵉ régiment à

cheval, dans lequel il avait, pendant sept ans, donné l'exemple du travail, du dévouement et de la discipline, il se retira dans un des gracieux petits villages de son Alsace bien-aimée, et se mit à lire, à étudier, à collectionner des armes, — c'était sa passion favorite, — à chasser, à recevoir des amis; bref, à passer son temps le plus agréablement du monde.

Au milieu de ces plaisirs, arriva la désastreuse année 1870. Dès les premiers bruits de guerre, l'âme du sous-officier Baruch fut profondément agitée. Tandis que la France réunissait tous ses enfants, devait-il, lui, rester dans sa chambre, les bras pendants, au milieu de sabres qui ne demandaient qu'à sortir du fourreau et de fusils qui réclamaient des cartouches?... Son devoir ne l'appelait-il pas à la frontière, que défendaient ses anciens compagnons d'armes de Crimée et d'Italie?...

Après que l'armée eut subi les premiers désastres de Forbach et de Wissembourg, l'ex-artilleur n'hésita plus. Il brossa son vieux dolman à brandebourgs, détacha un mousqueton d'une de ses panoplies, et se présenta à la mairie d'Altkirch, à titre d'engagé volontaire.

En reprenant le costume, il ne voulut aucun grade, et n'accepta que les modestes fonctions de brigadier, persuadé que la vie intime qu'il mènerait avec les hommes lui fournirait plus souvent l'occasion d'enflammer leur patriotisme par le récit des anciens triomphes de la France, de rallumer leur ardeur par de familiers encouragements, enfin, de leur faire comprendre, par son propre exemple, que l'obéissance est le premier des devoirs.

Aussi fut-il à la fois adoré et respecté de ses jeunes camarades, qui l'appelaient le *brigadier sans peur et sans reproche,* d'où lui resta, même après la guerre, ce surnom de *brigadier,* qu'il affectionnait particulièrement.

Baruch se battit, jusqu'au dernier moment, avec autant de bravoure et de confiance qu'un jeune homme de vingt ans. C'était un bon pointeur, et les pièces de sa batterie ne lancèrent pas un seul obus inutile. Malheureusement, plus il tombait de Prussiens, plus il en arrivait, et, bien souvent, il fut obligé, comme les autres, de battre en retraite devant les envahisseurs.

— Allons, mes amis! s'écriait *le brigadier* en reculant, ne perdons pas courage; nous serons plus heureux demain. Les jours se suivent et ne se ressemblent pas.

Il se trompait. Les défaites succédèrent aux défaites, et il fallut, peu à peu, abandonner tout espoir.

Ai-je besoin de le dire? La douleur de Baruch

fut immense en voyant la France écrasée sans pitié, et sa chère Alsace livrée au vainqueur.

Aussitôt après l'armistice, il empaqueta soigneusement ses trophées d'armes, ses collections, tout son arsenal militaire, et quitta le pays, les larmes aux yeux, la menace aux lèvres, la haine au cœur.

Allait-il trouver du moins quelque repos, à Paris?

Loin de là! *Le brigadier* sentait trop vivement les choses, pour que d'aussi terribles émotions ne laissassent pas quelque empreinte dans son esprit. Pendant cinq mois, il fut comme fou, jurant, tempétant, montrant le poing à des ennemis imaginaires, enfin passant par toutes les phases d'une fureur patriotique poussée jusqu'à l'égarement.

Cependant son exaltation se calmait peu à peu, lorsqu'un matin, Dartois, vieux camarade de jeunesse, qu'il n'avait pas vu depuis longtemps, sonna à sa porte, et tomba dans ses bras. Baruch fut bien aise de verser librement dans le sein d'un ami les peines qui remplissaient son cœur ulcéré.

Mais Dartois ne venait pas pour recevoir des confidences.

— Que veux-tu! dit-il à Baruch. Il faut bien se résigner, en ce monde, aux dures épreuves que le Destin nous envoie. La France, d'ailleurs, se relèvera plus tard, et tu as tort de te laisser abattre ainsi par la tristesse. Moi aussi, j'ai souffert; mais j'ai trouvé dans mes études une grande distraction.

— Et que fais-tu en ce moment? lui demanda le brigadier.

— Mon cher, je m'occupe de spiritisme; j'évoque les esprits, j'exécute les expériences les plus extraordinaires. Au fait, pourquoi ne chercherais-tu pas, toi aussi, à t'instruire dans cette science profonde? Tu t'associerais, si tu voulais, à mes travaux, qui, d'ailleurs, sont destinés, un jour ou l'autre, à un retentissement universel.

Baruch se laissa assez vite endoctriner. Bon, généreux, confiant comme il l'était, il ne demanda pas mieux que de mettre son temps et sa fortune au service d'un ami qui se dévouait pour une grande idée. D'autre part, son imagination ardente se plaisait aux choses mystérieuses, aux phénomènes fantastiques. Enfin, d'attrayantes études ne devaient-elles pas, en captivant toute son intelligence, faire diversion à sa douleur?

Une fois lancé dans cette voie dangereuse, il ne s'arrêta plus. Son esprit aventureux, toujours à la recherche de l'inconnu, voyageait parmi les nuages, au sein des espaces stellaires, dans les nébuleuses en création, dans l'infini! Si loin de la terre, Baruch oubliait un instant les casques prussiens, les villages en feu, la perte de l'Alsace, horribles visions qui l'avaient naguère obsédé, sans lui laisser une heure de repos.

Cependant, une anomalie bizarre le tourmentait : « Pourquoi, pensait-il souvent, Dartois se fait-il obéir des esprits avec une promptitude toute militaire, tandis que moi, Baruch, je ne reçois jamais de réponse aux questions incessantes dont j'accable les mondes invisibles? »

Cette obstination le mettait hors de lui. Il avait beau acheter des porte-voix mystiques, des sonnettes infernales, des isolateurs perfectionnés, des écrans de toutes formes et de tous calibres : rien ne venait, rien ne parlait !

— Ce n'est pas du premier coup, lui disait Dartois (chargé de l'achat de tous ces instruments d'un prix considérable), que l'on arrive à commander aux êtres surnaturels. Pendant près d'un an, moi aussi, je me suis évertué en vain à les appeler. Mais je n'ai pas perdu courage, et aujourd'hui, tu vois, ils m'obéissent comme des recrues au vieux sergent d'instruction. Affaire de temps et de volonté !

Remarquez qu'il eût été imprudent de plaisanter l'ex-artilleur sur son étrange manie. M. R... fut parfois assez brusquement interrompu dans les discours railleurs qu'il adressait aux esprits récalcitrants. Aussi prit-il le parti de ne plus provoquer de questions brûlantes, et d'assister sans rien dire aux évocations que faisait Baruch pendant la plus grande partie de ses soirées.

Ce silence approbateur ne pouvait pas toujours durer, et c'est le propre neveu du brigadier, — Georges Baruch , — qui se chargea de le rompre.

Georges était un jeune lieutenant d'artillerie, fraîchement sorti des écoles, le cerveau bondé de sciences pratiques, et fort peu amateur des systèmes qui ne laissaient que du vague dans l'esprit.

Ayant obtenu un congé de deux mois, qu'il devait passer à Paris, il venait chez son oncle, tous les mercredis soirs, seul moment de la semaine où le brigadier, Dartois et M. R... fussent libres à la fois.

Le premier mois, ce furent des discussions interminables, dans lesquelles le calme fit souvent défaut. Baruch était violent dans ses croyances, et les défendait avec la même énergie qu'il avait mise à défendre son pays contre l'étranger.

Un soir, M. R... assista à une véritable scène.

Le jeune officier, impatienté, avait franchement accusé le spiritisme d'être une espèce particulière de folie. Baruch se leva furieux, et, lançant sur son neveu des regards indignés :

— Morbleu! monsieur le savant en herbe, s'écria-t-il, étudiez donc, s'il vous plaît, les mystères grandioses de la nature, et ne vous mêlez pas de railler ce que vous ne connaissez pas!

— Mais, mon oncle, répliqua l'officier, nos professeurs sont très-savants, et pourtant ils ne nous ont jamais parlé d'esprits frappeurs, de tables tournantes et de chapeaux animés. Pourquoi, alors, donnerais-je dans des bizarreries pareilles, qui font perdre aux personnes trop crédules leur temps et surtout leur argent, si habilement exploité par de prétendus *mediums,* comme j'en connais..., que vous connaissez aussi?...

Baruch était rouge de colère :

— Voilà que tu attaques ce bon Dartois, à présent! Sais-tu bien qui il est, avant de le juger si sévèrement? Dartois est le disciple du célèbre Américain Jonathan Dream, si connu en Europe, et qui, il y a quelques années, fit courir tout Paris avec ses expériences sur le somnambulisme, l'extase, la prophétie, la vue à distance, la soustraction de la pensée, les évocations, l'écriture extrasurnaturelle, les pensées d'outre-tombe, etc. Comment! avec tout ton savoir, tu ne serais même pas capable de faire danser une bouteille, et tu veux juger ceux qui font agir les puissances occultes de la nature! tu les appelles des charlatans, des escrocs!... Vois-tu, Georges, Dartois est au-dessus de tes boutades, et en l'attaquant ainsi, tu m'as l'air d'un jeune écervelé qui fait le sceptique par genre, et qui aime mieux critiquer qu'approfondir.

— C'est bien, mon oncle, reprit l'officier;
j'approfondirai. Dès demain, je vais me mettre au
travail. Votre ami Dartois m'aidera bien, je l'espère, et mercredi prochain vous apprendrez les
résultats de mes recherches. Si je suis converti,
je vous le dirai sincèrement.

— C'est cela! c'est cela! dit Baruch, un peu
apaisé. A présent, parlons d'autre chose.

La semaine suivante, l'officier entra tout joyeux
chez son oncle, et lui dit, en lui serrant la main :

— Savez-vous la nouvelle?

— Non. Qu'y a-t-il donc? répondit le brigadier
étonné.

— Il y a que j'ai travaillé pendant trois jours
avec Dartois, que j'ai réfléchi profondément, et
que je suis en chemin de devenir un des plus fer-
vents soutiens de la doctrine spirite!

— Est-ce sérieux, ce que tu dis là, ou bien
veux-tu rire? reprit Baruch, visiblement ému.

— Je ne ris pas du tout. Mes yeux se sont comme
ouverts subitement à cette science nouvelle, et ma
foi est aussi entière que la vôtre.

— Embrasse-moi, Georges, dit l'oncle. De
longtemps tu ne m'as fait tant de plaisir.

M. R... était stupéfait d'une pareille scène, et
ne pouvait comprendre que ce jeune homme, avec
son instruction, son esprit froid et méthodique,
pût, tout d'un coup, s'éprendre d'aussi étranges

théories. Il ne trouva que plus tard la clef de ce mystère.

Après qu'ils se furent embrassés, l'officier s'assit auprès de son oncle, et lui raconta les détails de sa conversion :

— Vendredi dernier, j'ai été chez Dartois, pour me bien renseigner sur ce que je croyais être tout d'abord un mensonge. J'en suis sorti persuadé de la vérité de sa science. Frappé des révélations surprenantes qu'il me confia, ébloui par ses expériences prodigieuses, je baissai la tête : j'étais vaincu. L'existence et les manifestations des esprits ne faisaient plus pour moi l'ombre d'un doute. Je revins dans son cabinet le samedi, et j'y serais peut-être encore, si une affaire imprévue ne l'avait appelé à Londres. Il n'a pas jugé bon de me faire connaître les raisons de son départ, mais il m'a prié de vous avertir de ce qui lui arrivait inopinément, et m'a promis qu'il m'informerait de son retour.

Quoique livré à mes propres forces, j'eus hâte de faire l'essai de ma science nouvelle, et de communiquer directement avec les mondes invisibles. L'évocation des esprits n'est pas chose facile. Je me heurtai une journée entière à cet obstacle, dont vous-même n'avez pas encore pu triompher. Enfin, grâce à un appareil de mon invention, il me fut possible de franchir la difficulté ; de sorte que je suis aujourd'hui en possession du pouvoir surnaturel des *mediums*.

— L'as-tu apporté, ton appareil? demanda Baruch, qui frémissait d'impatience.

— Oui, mon oncle; il est là, dans l'antichambre. Si vous le désirez, je vais le faire marcher devant vous.

— Si je le désire! Mais j'en brûle d'envie, reprit Baruch.

L'officier prit le paquet, et le déposa sur un guéridon placé dans un coin du salon. Dans l'enveloppe de serge verte se trouvait une boîte, qu'il ouvrit et démonta entièrement.

L'appareil, une fois disposé, ressemblait à un instrument de télégraphie. Sur une tablette de métal, on déposait l'objet qui devait servir de communication entre le *medium* et l'esprit. Celui-ci laissait échapper son fluide, et c'est ce fluide qui venait mettre en mouvement un petit levier à pointe sèche, sous lequel il suffisait de faire passer un rouleau de papier blanc. Les signes ainsi marqués étaient, en quelque sorte, des dépêches spirites, qu'il suffisait de traduire en langage ordinaire.

Au-dessous de la tablette d'acier était placé un électro-aimant, pour accroître la force du fluide magnétique.

Ce merveilleux instrument marchait avec une

rapidité extraordinaire, et l'officier était tellement habile que, sans lire sur le papier, il comprenait les dépêches au simple bruit que faisait la pointe sèche en tombant sur la plaque d'arrêt, tout comme un vieil employé de télégraphe.

Le brigadier dévorait son neveu du regard, pendant que celui-ci enroulait autour de la bobine le fil de laiton recouvert de soie, et disposait sur son pivot l'aiguille à pointe bleue. « Quelle intelligence! murmurait-il, quel génie! A vingt-cinq ans, avoir déjà fait une découverte qui va remplir le monde d'étonnement!... C'est une vraie gloire pour la famille, et mon nom va devenir plus célèbre que celui de Dartois ou de Jonathan Dream, ou même d'Allan-Kardec. »

— Mon cher oncle, je suis à vos ordres, dit l'officier. Tous les objets qui sont ici renferment certainement des esprits. Sur lequel voulez-vous que j'expérimente mon invention?

— Un instant! répondit Baruch. Explique-moi, d'abord, quel langage vous parlez entre vous. Je vois bien un levier qui fait *toc, toc;* mais je ne suis guère plus avancé pour cela, et il frapperait pendant vingt ans comme un marteau sur une enclume, que je ne le comprendrais pas plus que s'il me parlait hébreu.

— Ceci est mon secret, fit le jeune homme gravement. Je dois garder le silence tant que cet appareil n'aura pas atteint la perfection que je veux lui donner. Si je vous mettais au courant de mon procédé, dans un moment d'expansion, vous pourriez tout dire, et quelque Améric Vespuce viendrait donner son nom à ce nouveau monde, dont je serais l'infortuné Christophe Colomb!

— Je n'insiste pas davantage, dit le brigadier, qui tremblait déjà pour la gloire de son neveu. Tu nous donneras tes explications quand tu le jugeras convenable. En attendant, prends l'objet que tu veux. Il me tarde de voir fonctionner ta petite machine.

— Choisissez vous-même, reprit le neveu.

— Veux-tu cette fiole de dynamite, que j'ai là sur ma table? Le commandant Thirion vient de me l'apporter aujourd'hui. Il la tenait lui-même d'un membre illustre du comité scientifique pour la défense de Paris, en 1870. Qui sait? une petite fiole peut bien renfermer un grand esprit.

L'officier d'artillerie prit la fiole, la déposa sur la tablette de son appareil, fit baisser l'abat-jour de la lampe (les âmes incorporelles n'aimant pas, disait-il, cette fausse clarté, dont l'homme se contente en l'absence du soleil), et donna un coup de sonnette d'avertissement.

On eût entendu une mouche voler, tellement Baruch et M. R... étaient attentifs à ce qui allait se passer.

Deux minutes après, — deux siècles! — la sonnette se fit entendre tout doucement.

— Il y a quelqu'un dans la fiole, n'est-ce pas? demanda le brigadier, dont les yeux brillaient de satisfaction.

— Oui, dit en souriant son neveu. Seulement je ne sais pas qui. Je vais le demander : « Esprit, s'écria-t-il tout haut, qui que tu sois, à quelque pays que tu appartiennes, je t'invite à nous dire ton nom? »

Le levier se mit à battre plusieurs fois sur la plaque.

L'officier écouta attentivement, et, traduisant en français la langue surnaturelle qu'il lui était donné d'entendre, il dit :

« Je me nomme *Chi-ko.* »

— C'est un Chinois! exclama Baruch. Peut-être est-ce lui qui a inventé la poudre!... Nous allons apprendre des choses merveilleuses, pour peu qu'il remonte à trente-cinq mille ans avant l'ère chrétienne... Quel admirable appareil tu as trouvé là, mon Georges! Que tu dois être heureux de ta victoire!

L'officier attendit un instant que la joie expansive de son oncle se fût épuisée. Puis il pria l'âme de Chi-ko de vouloir bien conter son histoire.

CHAPITRE II

Les métamorphoses de Chi-ko. — Anciennes compositions
incendiaires. — Feu grégeois.

L'honorable fils du Soleil commença aussitôt au
milieu d'un silence plein de solennité :

— Je suis né dans la cinquième année du règne
illustre de Tchao-siang, père de l'empereur Thsin-
hoangti et, comme vous le savez sans doute, fondateur de la dynastie incomparablement éclatante
des Thsin.

— Pardon, mon cher monsieur, de vous interrompre au premier mot, dit Baruch. Ne pourriez-vous pas préciser davantage? A ne vous rien
cacher, il s'en faut de plus de cent mitrailleuses
que la dynastie en question soit présente à ma
mémoire et il ne serait pas surprenant que je me
trompasse dans mes calculs de quelques milliers
d'années.

— Eh bien! pour nous entendre, je vous dirai
que je suis né deux cent cinquante-sept ans avant
l'arrivée sur terre de votre sublime Bouddha d'Occident.

A l'âge de vingt-quatre ans je m'unis à une femme charmante et, je vous le jure sur la tête de Confucius, personne ne fut plus heureux que nous pendant les premiers mois de notre mariage. Hélas! ce bonheur ne devait durer qu'une révolution de soleil! Ma femme, la belle Wou-héou, devint d'une coquetterie ruineuse. Parfums, pierreries, poudres, eaux de senteur, soieries, fleurs, oiseaux, cassolettes de *santal* ou de *calamba;* tous ces inutiles colifichets formaient une sorte de cercle magique retenant captive la jolie désœuvrée, au grand détriment de notre bourse commune.

Un jour, après une scène conjugale assez orageuse où je lui représentai ses folles dépenses, et où elle poussa la légèreté jusqu'à éclater de rire à ma barbe, je perdis la tête et la frappai de mon bambou. Wou-héou pleura longtemps et promit de se réformer au plus vite. Il n'en fut rien. Elle recommença....., je recommençai. Ce fut une soirée terrible : menaces, cris furieux, coups redoublés de bambou, rien ne manqua,..... et rien ne fit.

Une troisième fois je la frappai si fort qu'elle prit le parti de se sauver. Je ne la revis plus de longtemps. Un an après, j'appris que, rôdant dans la *Ville Impériale,* elle fut aperçue d'un eunuque de *Sa Majesté,* remarquée pour ses charmes, et conduite à la cour où l'Empereur la trouva de son goût et la garda. Un dénoûment aussi inattendu de mes difficultés intérieures ne fit qu'enflammer ma colère, et je jurai de tirer de cette offense une vengeance éclatante.

Familier avec le maniement des substances incendiaires issues du salpêtre, j'inventai une machine diabolique destinée à faire sauter le palanquin du sublime Empereur à cinquante pieds au-dessus du niveau de la mer. Mes préparatifs furent bientôt terminés et mon plan si habilement conçu que je ne pouvais manquer de mener à bonne fin mon odieuse entreprise.

C'était le jour de la fête du *Printemps*. L'Empereur devait accomplir les rites accoutumés et tracer de sa main auguste le premier sillon avec une charrue d'or massif. Comme il passait avec tout son cortége sur la place Kouei-liang, une détonation épouvantable se fit entendre. Plusieurs hommes de la suite impériale furent tués, le palanquin fut brisé en mille pièces ; mais, par un effet de la volonté céleste, Thsin-hoangti n'eut pas même une égratignure et il rentra aussitôt dans son palais en proie à la plus profonde terreur.

— Je ne m'étais donc pas trompé tout à l'heure, reprit Baruch, en disant à ces messieurs que c'était vous qui aviez inventé la poudre !

— Ce n'est point moi. Les mélanges à base de soufre et de salpêtre existaient de temps immémorial et chacun s'en servait suivant son bon plaisir, celui-ci pour des feux d'artifice, cet autre pour lancer des pierres à cent pas, et moi pour me venger d'un cruel affront. Je ne fis donc que mettre à profit la science des siècles passés, science dont le créateur est resté et restera à jamais inconnu.

A la nouvelle de mon audacieux attentat, le peuple fut frappé de stupeur. Le nom de Chi-ko passa de bouche en bouche ; les femmes coururent à l'audience pour me voir et tout Pékin se promit d'assister à mon exécution.

Je fus condamné au supplice de la mort lente.

Quel horrible souvenir m'est resté de cette place boueuse de sang qui retentit de hurlements effroyables, et où, chaque jour, se tordent sous la rude étreinte de la douleur de misérables condamnés ! C'est là que le bourreau, après m'avoir solidement attaché à une table de chêne, me hacha en petits morceaux depuis la pointe des pieds jusqu'au sommet de la tête. Mes restes hideux furent exposés dans un panier d'osier aux yeux d'une populace en délire et servirent de pâture aux oiseaux de proie.

Cependant mon âme s'envola dans le vide primitif et comparut, tremblante, devant le tribunal suprême. Quel ne fut pas mon étonnement de me trouver, aux pieds du Grand-Juge, à côté de mon infortunée épouse! Wou-héou me dit, à ma grande joie, qu'elle avait toujours résisté à de perfides séductions, que son amour pour moi s'était réveillé dans le malheur et que, pour être plus sûre de sauver sa vertu, elle avait cherché un asile dans la mort.

Après avoir fait l'aveu de nos torts réciproques et nous être repentis sincèrement, elle de sa légèreté, moi de ma colère, la Raison suprême prononça ces paroles : « Toi, Chi-ko, tu as abusé criminellement des secrets que t'avait livrés la nature; tu as fais servir à la destruction de tes semblables les forces cachées dans les choses matérielles; tu n'as écouté que ton mauvais génie. Voici la punition que t'inflige l'éternelle Justice : Il te faudra errer des *cycles*[1] entiers dans les divers engins incendiaires que la folie humaine inventera dans l'avenir, et ton âme n'aura terminé ce douloureux voyage que lorsque le hasard d'une rencontre avec ta femme te permettra de lui demander pardon de tes brutalités. Pars, purifie-toi et montre-toi digne de pénétrer un jour dans le sein de la paix divine.

» Quant à toi, trop coquette Wou-héou, qui

---

[1] Le cycle chinois est de soixante années.

t'es asphyxiée à l'aide du terrible parfum des fleurs, tu voyageras aussi de longues années, tantôt cachée sous les feuilles délicates d'une rose parfumée, tantôt dans le calice ouvert de l'odorante jacinthe, et ainsi jusqu'à ta délivrance, qui sonnera le même jour et aux mêmes conditions que celle de ton époux. Allez! »

Aussitôt après le jugement sévère qui me condamnait à des pérégrinations sans trêve ni repos, mon âme prit possession de sa nouvelle demeure.

Vous raconter les diverses péripéties de mon odyssée, les batailles et les siéges auxquels je dus assister serait une entreprise trop longue pour moi, trop fatigante pour vous. Je ne vous raconterai donc que les aventures les plus remarquables de mon existence d'outre-tombe.

Sans quitter mon charmant pays, je fus à tour de rôle *nid d'abeille*, *tonnerre de la terre*, *tuyau et flèche de feu*, *ruche d'abeilles*, *feu dévorant*, etc., etc. Aucun incendiaire n'était plus terrible que moi, et je répandais l'épouvante à mille *lis* [1] à la ronde. Le châtiment de mon crime commençait déjà, et lorsque j'embrasais de mes feux inextinguibles le pauvre logis d'un parent ou d'un ami, je faisais d'amères réflexions sur les ruines amoncelées autour de moi, sur la folie humaine dont j'étais

[1] Le *li* (mesure chinoise) représente à peu près un demi-kilomètre.

devenu, par mon crime, l'instrument aveugle.

Une seule pensée me consolait, c'était l'espoir de rencontrer un jour mon épouse bien-aimée, d'obtenir son pardon et de nous envoler tous deux vers un monde meilleur.

Cet espoir dure toujours et je ne vois pas encore la fin de mes peines, le terme de ma vie errante.

— Pauvre voyageur! s'écria Baruch, si je pouvais vous rendre votre liberté, ce serait pour moi une grande satisfaction. Mais j'y songe! j'ai des fleurs dans mon appartement. Que l'une d'elles renferme dans son calice l'âme de Wou-héou, et vous êtes sauvés tous les deux.

Patience donc! peut-être l'heure de votre délivrance a-t-elle sonné! Toutefois, je serais bien aise que vous nous fissiez auparavant le récit de vos nombreux voyages.

— Très-volontiers, répondit Chi-ko. Ce sera pour moi un plaisir, tant il est doux de raconter à autrui ses malheurs.

Le premier fait qui soit resté bien fixé dans mon esprit est le siége de Constantinople par les Arabes, sous la conduite du calife Mouraïra, six cent soixante-quatorze ans après la mort de votre Bouddha.

Un certain architecte syrien, nommé Callinique, avait été initié en Asie dans la science des mélanges incendiaires. Ce Syrien proposa à Constantin Pogonat, chef de l'empire grec, d'utiliser pour la défense de la capitale ces différents engins dont il se déclarait, — bien à tort, — le seul inventeur. Son offre fut acceptée et, grâce à Callinique, les Sarrazins furent obligés de lever le siége de Constantinople. Ces feux de guerre, transportés chez les Grecs du Bas-Empire, prirent alors le nom de feu grégeois. C'est feu chinois qu'il eût fallu dire en toute justice ; mais je ne veux pas revendiquer pour mon pays ces objets de destruction qui ont causé la ruine de tant d'empires.

Les empereurs byzantins, qui devaient à ce nouveau procédé de brillantes victoires, firent tout pour en conserver l'usage exclusif. Constantin Porphyrogénète. — c'est-à-dire *né dans la pourpre,* — qui monta sur le trône environ trois cents ans après le siége dont je viens de parler, prit les mesures les plus rigoureuses pour faire un secret d'État de la préparation du feu grégeois. Les instructions qu'il donne sur ce sujet à son fils sont empreintes d'une féroce barbarie : « Tu dois par-dessus toutes choses, lui dit-il, porter tes soins et ton attention sur le feu liquide qui se lance au moyen des tubes ; et si l'on ose te le demander comme on l'a fait souvent à nous-même, tu dois repousser et rejeter cette prière, en répondant que ce feu a été montré et révélé pour les seuls chrétiens et pour la seule ville impériale. »

Aussi l'empereur Constantin, pour se précautionner contre ses successeurs, fit-il graver sur la sainte table des imprécations contre celui qui oserait le communiquer à un peuple étranger. Il prescrivit que le traître fût regardé comme indigne du nom de chrétien, de toute charge et de tout honneur; que, s'il avait quelque dignité, il en fût dépouillé. Il déclara anathème dans les siècles des siècles, il déclara infâme, n'importe quel qu'il fût, empereur, patriarche, prince ou sujet, celui qui aurait essayé de violer une telle loi. Il ordonna, en outre, à tous les hommes ayant la crainte et l'amour de Dieu, de traiter le prévaricateur comme un ennemi public, de le condamner et de le livrer à un supplice vengeur.

Pourtant il arriva qu'un grand de la cour, séduit par d'immenses présents, livra le secret à un étranger.

Un pareil forfait ne resta pas impuni et le feu du ciel dévora le coupable.

Ce terrible exemple servit de leçon, et l'on fut, depuis, plein de respect pour une loi dont la violation coûtait si cher.

Jamais je n'eus tant à travailler qu'à cette époque; enfermé dans des tonneaux remplis de feu grégeois, je fus lancé, — combien de fois! — contre les portes des villes, les murs des forteresses, les tours de bois; et mon âme ne s'échappait d'un tonneau que pour pénétrer dans un autre qui sautait à son tour, sans que j'eusse un instant de repos. Tour à tour balle incendiaire, pot de grès, fiole de verre, tube de cuivre, vase d'airain, les balistes, mangonneaux, arbalètes et autres machines à fronde me projetaient au loin avec un bruit de tonnerre épouvantable. Je fus aussi, en qualité de brûlot de bois, chargé de porter l'incendie sur les vaisseaux ennemis qui ne me recevaient qu'avec des démonstrations fort peu sympathiques.

— Je ne me rends pas bien compte, fit le brigadier, de ce que peut être un brûlot de bois, cette machine infernale étant depuis de longues années passée de mode.

— Voici ce que l'on entendait par brûlot. Figurez-vous une planche de bois flottant sur l'eau et poussée par le vent dans la direction des vaisseaux qu'il s'agit de réduire en cendres. Cette planche supporte une broche de fer, au haut de laquelle est suspendue une outre de peau de chèvre. La peau de chèvre est remplie d'une certaine pâte composée de sandaraque, de sel ammoniac et de poix liquide. On met le feu à l'outre et vogue la galère! C'était, vous voyez, un petit instrument très-simple et qui cependant manquait rarement son effet. On en fit un emploi très-fréquent dans les guerres qui eurent lieu sous

Romain le Jeune, fils de Constantin Porphyro-génète, et prince aussi cruel que débauché.

La cour de Constantinople laissait d'ailleurs beaucoup à désirer et tomba bientôt dans une dé-crépitude complète marquée par des crimes, des trahisons, des lâchetés et des bassesses sans nom-bre! Il arriva ce qui arrive en pareil cas. Pendant que la capitale était absorbée par ses querelles intestines, une bande de chevaliers errants, parmi lesquels se trouvait un nommé Villehardouin que vous connaissez sans doute, se jeta sur elle et s'en empara après quelques jours de lutte.

C'est après la prise de Constantinople que les Arabes qui avaient tant souffert du feu grégeois apprirent à l'utiliser, après en avoir acheté le secret d'un transfuge. Ils le perfectionnèrent, en y ajoutant le salpêtre purifié, dont leurs relations avec mon pays leur avaient fait connaître l'usage.

Les Grecs m'avaient surtout promené sur mer. Les Sarrazins me rappelèrent sur la terre ferme. Après avoir incendié les vaisseaux, j'incendiai les forteresses, et de brûlot nageur je passai brûlot volant.

Vous le dirai-je? je fus presque heureux dans mes nouvelles fonctions. Je retrouvais le salpêtre qui me rappelait mon pays natal, mes études de prédilection, mon laboratoire et ma vie de jeu-nesse. Je me revoyais au milieu de mes fourneaux, révant de l'avenir en préparant mes drogues, et alimentant la flamme bleue du foyer, au-dessus de laquelle flottait, gracieuse et légère, l'image de la belle Wou-héou !

Je ne puis vous détailler ce que je devins sous forme de *lance à feu*, de *massue à asperger*, de *char incendiaire*, de *marmite de fer*, etc., etc. Toutefois, il me faut vous raconter la frayeur que je sus inspirer à l'armée du grand roi saint Louis lorsqu'il vint faire la guerre aux Sarrazins des bords du Nil, vers le milieu du treizième siècle de votre ère. C'est à l'affaire de la Mansourah. Contre les bataillons français s'élancent des cavaliers montés sur des chevaux enveloppés de flammes, et répandant partout le désordre et l'effroi. Cette attaque si imprévue bouleverse les soldats de Louis IX, qui voient comme l'enfer devant eux, et se croient déjà consumés par des flammes ardentes et empestées. De tous côtés tombent des globes embrasés, des flèches, des torches fumantes, des matières combustibles où entrent la poix, la cire, le soufre et l'étoupe. Cette grêle de feu brûle et aveugle. Il semble que d'énormes dragons aux ailes et à la gueule de flamme s'envolent dans les airs pour retomber sur les chrétiens avec un bruit aussi formidable que la foudre céleste. Le roi et ses gens se jettent alors à terre et tendent les mains vers le ciel, criant à haute voix : « Beau sire Dieu Jésus-Christ, que votre toute-puissance nous garde de ce péril horrible, ou nous sommes tous brûlés à jamais ! »

Cependant ces feux faisaient plus de peur que de mal ; alors, saint Louis, reprenant son sang-froid, engage ses troupes à ne pas se laisser épouvanter par les projectiles des infidèles, donne des éperons, se jette au milieu de la bataille l'épée au poing et frappe d'estoc et de taille sur les Turcs étonnés de cette prodigieuse hardiesse. Le feu s'attache à ses vêtements, à son cheval, et ses gens ont grand'peine à l'éteindre. Un pot tombe auprès de lui, répandant une grande clarté ; mais rien ne l'émeut : il pousse toujours de l'avant, change la déroute en victoire, et s'empare des engins qui avaient causé tant de frayeur dans son armée.

Deux mois après, votre grand roi devait être fait prisonnier dans les mêmes plaines et chargé de chaînes par les Turcs, malgré le sublime dévouement des barons et chevaliers de sa maison, parmi lesquels figurait le sire de Joinville qui jouit chez vous d'une haute réputation.

Je reviens aux Arabes : c'étaient, chacun sait, des chimistes remarquables. Ils profitèrent de leur savoir pour rendre plus efficaces les propriétés des substances incendiaires employées dans les combats. Ces substances, composées de salpêtre encore assez impur, *fusaient*, c'est-à-dire ne prenaient feu que lentement et de place en place, sans *détoner*, autrement dit sans produire d'explosion par l'expansion subite des gaz. Il y avait là un progrès à atteindre, une découverte à faire. Ce sont les Arabes qui eurent l'honneur de rendre les mélanges *détonants*, qui les premiers appliquèrent la force expansive des gaz de la poudre au lancement d'un projectile.

Mon genre de vie changea complétement, et abandonnant les instruments de l'artillerie ancienne, mon âme passa dans les premières armes à feu dont, il faut l'avouer, je n'ai jamais connu l'inventeur.

C'est à l'armée d'Abou-Yousouf, sultan du Maroc, que j'ai repris, sous une nouvelle forme, la série déjà brillante de mes exploits guerriers. Lorsque le sultan mettait le siége devant Sidjilmesa, en l'an 672 de l'Hégire, mon âme pénétra dans le corps d'énormes instruments, tels que des *medjanics,* des *arrada* et des *hendam* à naphte qui jetèrent tant et tant de graviers de fer sur les murailles que celles-ci finirent par tomber et que Abou-Yousouf s'empara de la ville d'assaut. J'eus aussi l'occasion de voir des *madfaa,* sortes de fusils grossiers, dans lesquels on introduisait une drogue composée de dix parties de *baroud* (ou salpétre), de deux de charbon et de une et demie de soufre. Les *madfaa* lançaient, — lorsqu'on mettait le feu à l'amorce, — soit des flèches, soit des javelines alors appelées *bondocs*. L'arme la plus curieuse était une lance creusée dans sa longueur et qui renfermait un *madfaa* ou tube court en fer ; sur le côté de la lance était percé un trou dans lequel on passait un fil de soie brute, destiné à retenir le *madfaa* lorsque la flèche poussée par le feu, sortait de la lance et frappait l'ennemi.

Vous comprendrez sans peine que ces armes n'agissaient que de très-près et que le Maroc en était encore à l'enfance de l'art. Ainsi les Arabes se servaient indistinctement et de la propriété explosive et de la propriété incendiaire de la poudre ; c'est ce qui fait que certains de vos écrivains refusent aux Arabes la gloire de l'invention, injustice flagrante que je relève dans l'intérêt de la justice.

Les madfaa, hendam et autres engins se perfectionnèrent peu à peu et en même temps passèrent, sous forme de bombardes et de *bastons* à feu, dans les pays d'Occident, où je passai aussi.

— Avant de vous y suivre, dit Baruch, permettez-moi quelques questions. La première partie de vos voyages me laisse bien des doutes et je vous saurai gré de les dissiper. Je m'étais toujours figuré que l'invention de la poudre à canon devait être attribuée soit à Roger Bacon, soit à Albert le Grand, soit à Berthold Schwartz. Vous avez bien voulu m'expliquer tout à l'heure que, si ce n'est pas vous, c'est du moins un de vos frères qui a mis le monde sur la voie de cette grande découverte. Les hommes que je viens de citer se seraient donc parés des plumes du paon? Que pensez-vous de cette contradiction entre vos paroles et la réputation des trois savants du moyen âge?

—Je pense que cette contradiction n'est qu'apparente, et je le prouve : ce n'est ni Bacon, ni Albert, ni Schwartz, ni moi, ni mon frère qui sommes inventeurs de la poudre, c'est un peu tout le monde. La poudre, telle qu'on la connait aujourd'hui, n'est qu'une des mille transformations des compositions incendiaires dont les ancêtres de mes ancêtres connaissaient l'usage, alors que les vôtres mangeaient peut-être des glands sous les chênes.

Elle est le résultat de travaux innombrables, de perfectionnements séculaires, comme le bateau, l'horloge, la machine à vapeur, le télégraphe et presque toutes les autres inventions. Mais le public que tous ces détails embarrassent, et qui n'est pas fâché de voir un peu de merveilleux se mêler à ses opinions, cherche toujours le créateur de génie, et, s'il n'existe pas, l'invente. Pour lui, chaque découverte est une œuvre individuelle, et si la vérité n'y gagne guère, sa mémoire en est allégée d'autant.

Quant à vos trois savants, leur réputation repose sur de mauvais fondements. Par un patriotisme exagéré, l'Anglais Plott attribue l'invention de la poudre à Roger Bacon, et il s'appuie sur ce fait, que personne n'en avait parlé avant le célèbre moine d'Oxford. Il n'y a qu'un léger inconvénient à cette affirmation, c'est qu'en 1230, — alors que Bacon avait seize ans, âge des jeux et des amours ! — Marcus Grœchus donnait dans son ouvrage *Liber ignium* la recette suivante de ce qu'il appelle des feux volants : « Prenez une livre de soufre vif, deux livres de charbon de tilleul ou de saule, six livres de salpêtre, et broyez les trois substances le plus fin possible dans un mortier de marbre ; ensuite vous mettrez cette poussière, suivant qu'il vous conviendra, dans une enveloppe à voler ou à faire tonnerre. » N'est-ce pas là la recette de la poudre à canon, aussi exacte qu'on pouvait l'avoir à cette époque?

Ce Marcus parlait trop clairement, trop simplement pour être écouté de la foule. Bacon, connaissant l'humanité, usa d'un stratagème qui lui porta bonheur. Il composa l'anagramme suivante : « Au moyen du salpêtre, *de luru vopo vir can utriet,* du soufre, tu peux, si tu sais t'en servir, produire le tonnerre et l'éclair. Vois cependant si je parle par énigme ou selon la vérité. » Or, en décomposant cette phrase latine, on trouve : *car-*

vum pulveri trito, ce qui est évidemment pour *carbonum pulvere trito*, ou charbon en poudre, comme peut le traduire le plus humble mandarin français. Bacon cachait la composition de la poudre. C'était donc lui qui en était l'inventeur! La conclusion était trop naturelle pour qu'on ne la tirât pas. Par un surcroît d'astuce, le moine d'Oxford, que l'on disait en commerce intime avec les esprits des ténèbres, périt un jour au milieu des flammes. La superstition s'en méla et le fit passer pour l'inventeur non-seulement de la poudre, mais encore de bien d'autres choses dont il n'eut aucune idée de son vivant.

Quant à Albert le Grand, il se contenta de copier, ou peu s'en faut, dans son livre *De mirabilibus mundi* un passage du *Liber ignium* de Grœchus, et comme il était déjà quelque peu accusé de magie, on supposa que, grâce à ses sortiléges, il avait ravi au diable le secret d'une composition infernale.

Passons à Schwartz, s'il n'a pas inventé la poudre, il a du moins perfectionné la fabrication des pièces de cuivre alors en usage en Allemagne. Sa découverte fit tant de bruit alors que le peuple n'hésita pas à lui attribuer, avec sa générosité bien connue, d'autres découvertes encore, parmi lesquelles celle de la poudre de guerre dont on se servait plus de cent ans avant lui.

— Toutes les idoles traditionnelles tombent d'un souffle de votre parole puissante, dit Baruch, et je ne puis m'imaginer où vous avez puisé tant de science, à moins toutefois que les esprits purs jouissent de dons merveilleux qui leur permettent de lire dans le passé et peut-être d'entrevoir l'avenir.

— Non, monsieur Baruch, répondit Chi-ko, je n'ai pas la vue si longue, et c'est après avoir beaucoup vu et beaucoup marché que j'ai beaucoup retenu. Ma science est celle du voyageur, et le Juif-Errant vous raconterait sans doute plus de choses que moi. Quant aux dons merveilleux des esprits purs, je suis assez ignorant à cet égard, car mon âme, qui traîne encore misérablement sur cette terre, est mêlée de beaucoup d'imperfections et ne jouit d'aucun avantage surnaturel.

— Je le regrette infiniment, répliqua le brigadier, et je vous souhaite de tout cœur un prochain avancement dans la hiérarchie spirite. En attendant ce jour fortuné, je vous prie de me dire quelques mots sur la composition du feu grégeois, qui m'est tout à fait inconnue.

— Il y eut plusieurs sortes de ces feux. J'en connais particulièrement une qui eut un grand succès. Au siége de Saint-Jean d'Acre par les chrétiens en 1191, je me trouvai dans une marmite d'airain remplie de feu grégeois. Ce feu était l'ouvrage d'un jeune fondeur de Damas qui s'y était pris de la manière suivante : il avait déposé dans des jarres vertes une quantité de soufre jaune pulvérisé, en y joignant la même quantité de naphte bleu ; il boucha la tête des jarres avec du vieux linge et les enterra dans du crottin frais, qu'il fallait changer dès qu'il était refroidi, et cela pendant quarante jours. Cette opération n'était pas d'une exquise délicatesse, mais les chimistes n'ont jamais eu de préjugés. Et même autrefois ils semblaient se plaire dans ces mélanges de matières repoussantes, où il entrait presque toujours quelque horrible substance animale ou humaine.

Écoutez plutôt la suite des opérations du jeune fondeur. Il prit de la marcassite jaune pilée (je crois que c'était du sulfure de fer) et la mit aussi dans des jarres vertes, avec la même quantité d'urine d'enfant. Cela fait, il disposa ces jarres comme les précédentes. Au bout de quarante jours il retira, — en se couvrant la bouche et se bouchant le nez, — la marcassite, le soufre, l'urine, le naphte et fit de tout cela une affreuse pâte qu'il humecta de vinacide. Le travail fut très-long et pénible, mais aussi il fallut voir les ennemis s'enfuir pour éviter la fumée noire et épaisse, le sifflement terrible, les brûlures douloureuses et les exhalaisons nauséabondes de cet épouvantable feu grégeois !

— Mille bombes ! s'écria Baruch, en faisant la grimace, j'aime mieux recevoir un biscaïen en plein visage que d'être asphyxié par vos mélanges diaboliques d'autrefois! et je suis assez aise que l'emploi en soit perdu depuis longtemps.

— Pas depuis si longtemps que vous vous l'imaginez. La poudre, à son origine, était fort imparfaite. Ce n'était qu'un poussier plus ténu que la poudre de chasse extrafine. Le salpêtre était encore mal travaillé, et jusqu'au seizième siècle on se servit des compositions incendiaires. Je me rappelle même qu'au siége de Pise, en 1597, j'étais dans un pot de feu artificiel qui brûla tout le visage d'un Florentin. Au reste, ces feux se retrouvent aujourd'hui dans les fusées, les pétards et autres engins d'incendie ou de rupture, renfermés dans des cartouches. Le nom seul a disparu du vocabulaire des artilleurs.

— Et qu'êtes-vous devenu depuis la décadence du feu grégeois?

— J'ai assisté à bien des batailles, à des siéges nombreux dont le récit est toujours le même; j'ai voyagé dans des tonneaux, dans des sachets de serge, des gargousses, des cartouches, etc., etc. Rien, dans tout cela, ne pourrait vous intéresser. Toutefois, un certain voyage m'a laissé un profond souvenir; c'est celui que je fis au commencement de ce siècle en qualité de baril de poudre. Si vous voulez que je vous en conte les émouvantes péripéties, je suis à votre disposition.

— Mon cher monsieur, dit Baruch, votre dévouement est sans égal et nous prenons un extrême plaisir à toutes vos aventures. Mais avant d'en continuer le récit, vous ne refuserez pas certainement quelques minutes de repos. Nous, de notre côté, nous allons nous préparer rapidement pour entreprendre avec vous le fameux voyage dont vous venez de parler. Ainsi donc, la séance est levée pendant un quart d'heure.

Cette décision fut acceptée avec enthousiasme, et pendant que l'âme du malheureux Chinois retombait dans le silence, le brigadier, son neveu et M. R....., se réunissant près de la grande table où fumaient trois verres de punch, discutèrent, — Baruch avec une joie bruyante, mon ami avec un étonnement profond, — sur les étranges révélations qu'un pouvoir encore peu connu arrachait aux esprits invisibles.

CHAPITRE III

Suite des métamorphoses de Chi-ko. — La poudre. —
Artifices de guerre.

Baruch triomphait — : Quelle magnifique expérience ! dit-il à son neveu, et comme tu as été vite récompensé de ta nouvelle conversion aux doctrines spirites ! Tu n'as plus qu'un devoir, maintenant, c'est de chercher à perfectionner l'appareil dont tu te sers déjà avec tant d'habileté, et de faire profiter de ta belle découverte tous ceux qui désirent communiquer avec les êtres invisibles. Pour ma part, je voudrais déjà être en possession de ton secret et comprendre aussi facilement que toi le langage surnaturel de Chi-ko. Vous vous entendez tous les deux avec une facilité vraiment extraordinaire, et l'on serait presque tenté de croire que tu sais d'avance ce que le Chinois va te dire.

— Vos vœux seront bientôt exaucés, reprit le jeune officier sans paraître remarquer la dernière observation de son oncle, et vous ne perdrez rien pour attendre. Je suis même certain que vous serez fort étonné de la simplicité de mon invention, et que, devant ce mécanisme qui vous paraît aujourd'hui si compliqué, vous direz alors : « N'est-ce que cela ? »

— Tant mieux ! dit Baruch, les choses les plus simples sont souvent les meilleures.

Pendant cette conversation, les cigares s'éteignirent, les verres se vidèrent et bientôt chacun reprit son poste, prêt à recueillir les paroles du Chinois voyageur.

L'officier fit sonner sa sonnette d'avertissement; l'appareil donna quelques coups secs en réponse, et Chi-ko recommença ainsi :

— Pour commencer par le commencement, il me faudrait vous parler de la poudrerie du Bouchet d'où je partis pour mon grand voyage... Ce sera bien long, et d'un autre côté vous devez connaître les détails de la fabrication de la poudre, en qualité de brigadier d'artillerie.

— Il est vrai, monsieur, répondit Baruch, que j'en ai une idée assez précise. Mais, outre que je ne puis me rassasier d'entendre parler un pur esprit, mon ami le littérateur trouvera sans doute à glaner dans votre discours.

Pris à partie par le brigadier, M. R... ajouta :

— Je ne demande pas mieux que de m'instruire. Tout le monde est soldat aujourd'hui, et peut répéter le mot du duc de Nivernois à Louis XV :

« Il est, ma foi, plaisant que nous nous amusions tous les jours à tuer des perdrix, quelquefois à tuer des hommes et à nous faire tuer sur la frontière, sans savoir précisément avec quoi l'on tue. »

Je vous écoute donc, de mes deux oreilles.

— Votre bienveillance m'encourage, fit Chi-ko, et puisque vous le désirez, nous allons faire ensemble un petit tour dans la poudrerie.

Vous savez tous que la poudre se compose de 75 parties de salpêtre, 12,50 de soufre et 12,50 de charbon. Ces proportions n'ont pas toujours été les mêmes, mais actuellement elles s'éloignent peu des chiffres que je viens de vous donner, et varient suivant que l'on veut fabriquer de la poudre de guerre, de mine ou de chasse. La puissance de la poudre vient de ce qu'elle se transforme, dans un temps excessivement court, en un volume de gaz six cents fois plus considérable que le volume des grains qui prennent feu, et en dégageant une température de 1250° à 2500°. On conçoit quel terrible ouragan ces gaz produisent dans le long tube d'airain ou d'acier pour se frayer un passage, et quel faible obstacle est ce petit morceau de plomb qui s'oppose à leur colère !

La véritable influence de la poudre n'a pas été exactement appréciée autrefois, et l'on ignorait, il y a sept ou huit cycles, — pardon, je voulais dire trois ou quatre cents ans, — que la force qui pousse le projectile était l'augmentation du volume des gaz. La poudre, disait-on alors, ayant brûlé, fait le vide, et comme la nature a horreur du vide, elle chasse le boulet afin que l'air puisse rentrer dans l'âme de la pièce. Monsieur votre ami, qui m'écoute, doit bien connaître cette vieille théorie de l'horreur du vide.

M. R... répondit à Chi-ko qu'en effet il en avait beaucoup entendu parler, et que Rabelais s'en était servi pour expliquer le lancement des projectiles.

— Comment ! dit Baruch, Rabelais s'est occupé d'artillerie?

— Certainement, reprit M. R..., Rabelais s'est occupé de tout, et de quelques autres choses encore. Écoutez ce que dit l'artilleur Gaster à maître Pantagruel : « La poudre du faulconneau consommée, il advient que pour éviter vacuité, laquelle n'est tolérée en nature (plustost serait la machine de l'univers, ciel, aer, terre, mer, réduicte en l'antique chaos, qu'il advint vacuité en lieu du monde), la ballotte et dragée sont impétueusement hors jectés par la gueule du faulconneau, affin que l'aer pénétrast en la chambre d'icellui, laquelle aultrement restait en vacuité. »

Ce Gaster était d'ailleurs un bien habile homme, puisqu'il avait inventé la manière de retourner contre les ennemis les boulets que ceux-ci lui lançaient, *en pareille furie et danger qu'ils étaient tirés, et en propre parallèle.*

Après que Baruch eut accueilli d'un rire plein de scepticisme la plaisanterie de Rabelais, Chi-ko reprit son discours interrompu.

— Je vais à présent vous dire quelques mots sur le salpêtre, le charbon et le soufre qui composent la poudre.

Le salpêtre est un sel de saveur piquante, extrait de certaines pierres à la surface desquelles il se produit. J'ai d'ailleurs entendu dire par un latiniste fort distingué que ce mot vient de *sal petræ,* qui veut dire sel de pierre. On l'appelle aussi nitre, nitrate de potasse, ou azotate de potasse. Les anciens peuples d'Occident le nommaient *neige indienne* parce qu'il se trouvait en grande abondance sur le sol de l'Orient, si riche en débris de végétations et d'animaux ; on le recueillait, — ce qui se fait encore, — à l'aide de longs balais nommés houssines.

Avant qu'on allât chercher le salpêtre à l'étranger, au Pérou, au Chili, etc., les salpêtriers jouissaient de nombreuses prérogatives et avaient acquis une haute importance. Je les ai vu *pratiquer la fouille,* c'est-à-dire enlever les terres des caves, étables et bergeries avec des ratissoires et écouvettes. C'était pour eux un droit acquis, à la seule condition de ménager les fondations et de rétablir les lieux en état. Nul ne pouvait démolir un mur ou une maison sans les prévenir.

D'après des règlements de 1747, ils avaient le droit de saisir les cendres aux portes des villes, et ils achetaient aux particuliers leurs cendres à prix réglementé. En 1777, sous l'influence de Turgot, un édit interdit la fouille pour toute commune pourvue d'une nitrière artificielle, c'est-à-dire d'une fosse remplie de vieux plâtras de démolition et de détritus de toutes sortes.

En l'an II de la République, au moment de vos grandes guerres, tous les citoyens furent invités à lessiver eux-mêmes leurs caves, écuries, bergeries, pressoirs, celliers, remises et étables. Le prix du salpêtre fut fixé à 24 sous la livre ; dans certaines communes il revint jusqu'à 200 livres... en assignats. Les gouvernants atteignirent leur but, car on produisit 16 millions de livres de salpêtre, dix fois plus qu'en temps ordinaire ; et la fabrication révolutionnaire reçut son apothéose par la célébration de la *fête du salpêtre.*

En 1813, il n'existait plus que 800 salpétriers commissionnés, tandis que Charles VIII, lors de son expédition en Italie avait eu jusqu'à 11,000 charbonniers et salpétriers à la suite de ses armées.

Cette corporation disparut en 1840, et aujourd'hui quelques milliers seulement de kilogrammes de salpêtre sont livrés à la régie par un certain nombre d'extracteurs champenois.

Pour extraire le salpêtre des plâtras, on les lessive à l'eau froide ; cette eau est versée sur de nouveaux matériaux ; c'est ce qu'on appelle la deuxième cuite. On concentre ensuite le liquide en le faisant chauffer jusqu'à l'ébullition. Enfin on le fait cristalliser dans des bassines, et les cristaux sont ainsi vendus au gouvernement qui les raffine.

Mais j'en ai déjà trop dit. Passons au charbon. Le charbon est le résidu de la combustion incomplète ou de la distillation du bois. On recherche pour le charbon à poudre les bois qui laissent le moins de cendres, ceux de bourdaine, de peuplier, de saule, de tilleul, de coudrier. La carbonisation s'obtient par plusieurs procédés, procédés des chaudières, des cylindres, des fosses, des fours, des meules (ou des forêts). J'en aurais jusqu'à demain d'entrer dans ces détails. Je me bornerai à vous faire remarquer que c'est le charbon qui donne à la poudre le défaut d'être hygrométrique, ou, si vous voulez, d'absorber l'humidité de l'air.

Le soufre se trouve à l'état natif près des volcans, mêlé à des matières terreuses. On le retire aussi de la distillation de certains sulfures de fer ou pyrites. Autrefois on l'extrayait de la solfatare de Pouzzoles et des environs de l'Etna. Le roi des

Deux-Siciles ayant frappé l'exportation du soufre de droits exorbitants, l'industrie punit Ferdinand II en ne se servant plus chez lui, et recommença à retirer le soufre des pyrites, à très-bon marché. Ce fut tant pis pour le gouvernement des Deux-Siciles et tant mieux pour tous les autres.

— C'est l'éternelle histoire de la poule aux œufs d'or, dit Baruch :

> L'avarice perd tout en voulant tout gagner.

Le brigadier fut chaudement félicité de ses souvenirs littéraires ; il sourit gracieusement en secouant la tête d'un petit air satisfait, et Chi-ko reprit :

— Je vous ai dit, je crois, que la fabrication de la poudre de guerre n'avait subi, depuis longtemps que de légères modifications, non pas qu'elle fût parfaite, tant s'en faut, mais parce que de sa nature elle se prête peu aux améliorations.

Quoi qu'il en soit, plusieurs opérations sont nécessaires à sa fabrication. La première consiste à triturer, à mélanger les trois substances. Pour cela on se sert de moulins à pilons, formés de deux batteries à 8, 10 ou 12 mortiers et pilons par batterie. Chaque pilon, garni à sa partie inférieure d'une boîte en bronze, pèse 40 kilogrammes et tombe de 40 centimètres de hauteur dans un mortier à fond de chêne. Le battage a lieu pendant

onze heures, à raison de 40 à 60 coups par minute. La matière prend corps et se forme en galettes. Les galettes sont alors portées au grenoir,
où on les laisse sécher deux ou trois jours durant;
puis on les brise dans un crible appelé *guillaume*,
dont les trous ont 8 millimètres de diamètre, qui
tourne sur un axe vertical, et sur lequel se meut
rapidement un tourteau de bois en forme de galet.
Les grains ainsi obtenus passent dans un autre
crible nommé *surégalisoir* qui arrête tous les grains
trop gros et dans un troisième nommé *sous-égali-
soir* qui laisse passer le poussier et les grains trop
fins.

Les grains trop gros repassent au *guillaume*,
les grains trop fins et le poussier sont rebattus
sous les pilons.

On procède ensuite au lissage; voici comment:
les grains sont mis dans une grande tonne ou *lissoir*. On la fait tourner à dix tours par minute,
pendant à peu près une demi-heure.

En sortant du lissoir, la poudre est séchée soit
à l'air libre, soit à la sécherie artificielle. Dans le
premier cas, on l'étend au soleil sur des tables
recouvertes de draps en toile, en ayant soin de la
remuer d'heure en heure pour renouveler les sur-
faces. Dans le second cas, on la dispose en couche
uniforme sur une toile métallique au travers de
laquelle on fait passer un courant d'air chaud.

3.

La poudre sèche est enfin époussetée, c'est-à-dire blutée dans un tamis très-fin, pour la débarrasser du poussier.

La quantité de poudre en grains ainsi obtenue s'élève à 40 pour 100 environ du poids des matières soumises au battage. Ces grains doivent avoir environ 2 millimètres de diamètre pour la poudre à canon et 1 millimètre pour celle à fusil. S'ils étaient plus fins, ils ne prendraient pas feu assez rapidement et le projectile serait sorti de l'âme avant que les gaz aient produit tout leur effet.

— Vous n'avez pas parlé du procédé des meules, interrompit le brigadier.

— J'y arrive, M. Baruch. La poudre de chasse ne passe pas au pilon, mais au moulin. Le moulin est composé d'une paire de meules en fonte pesant 5,000 kilogrammes et roulant sur un bassin également en fonte, à la vitesse de dix tours par minute. La composition, étendue sur ce bassin, est triturée pendant trois heures par les meules et arrosée de temps à autre pour qu'il ne se produise pas d'inflammation. Les galettes subissent ensuite la même opération que précédemment. Ce procédé rend le mélange bien plus intime, accroît la violence de l'explosion, et augmente ainsi les conditions de vitesse imprimée aux projectiles. Il y a cependant une limite qu'il ne faut pas dépasser.

Trop intimement mélangée, la poudre serait brisante, c'est-à-dire que les gaz se formeraient presque instantanément, et, ne pouvant chasser assez tôt le projectile, feraient supporter par la pièce une partie de leur effet, au risque de la briser. Dans les premières années de l'artillerie à feu, je fus souvent témoin d'accidents produits par cette raison.

La poudre de mine se fabrique en mettant le mélange dans des tonnes chargées de 120 kilogrammes de gobilles en bronze et roulant pendant quatre heures. C'est le procédé révolutionnaire.

— Oui, dit Baruch, et la poudre ainsi faite fut encore assez bonne pour chasser les envahisseurs de ce temps-là, tandis qu'aujourd'hui...

— Mon oncle, s'écria l'officier, pas de politique, je vous en prie ! Vous vous enflammez vous-même comme la poudre. Conservons nos fureurs pour des temps plus propices, et aujourd'hui bornons-nous à nous instruire.

— Bien ! bien ! je me tais, sois tranquille, je vais être calme comme un canon de Saint-Thomas d'Aquin.

Chi-ko reprit :

— Les grains de la poudre de mine sont très-gros. Ils ont en moyenne 3 millimètres de diamètre. Il en résulte que son inflammation n'est pas soudaine, et que l'ébranlement communiqué au sol s'étend au loin, comme cela du reste doit avoir lieu

Lorsque toutes les opérations dont je viens de vous parler sont terminées, la poudre est mise à l'essai ; sa puissance est constatée au moyen du *mortier-éprouvette* et du *fusil-pendule*.

Voulez-vous que je vous donne quelque idée de ces essais ?

— Racontez toujours, dit le brigadier. Pendant ce temps-là, nous nous préparerons au grand voyage que vous allez nous faire faire.

— Je ne vais pas être long, répondit Chi-ko. Le mortier-éprouvette est un mortier en fonte de fer coulé sur une plaque métallique, à l'inclinaison de 45 degrés. Pour l'exécution des épreuves, on fait ouvrir un certain nombre de barils de poudre. Après en avoir examiné les qualités physiques, on en charge le mortier qui doit lancer un projectile d'un certain poids à une certaine distance. On charge ensuite le même mortier avec une poudre *type* de bonne fabrication. La comparaison entre les deux expériences fait connaître la valeur de la poudre d'essai. L'épreuve au fusil-pendule consiste à tirer avec un canon de fusil fixé à l'extrémité d'une longue tige mobile, contre un *récepteur* suspendu de la même façon. De l'inclinaison des deux tiges mobiles, on déduit la vitesse de la balle au moment du choc, et par conséquent la qualité de la poudre qui a servi à l'expérience.

On fait ensuite des épreuves pour reconnaître

la densité, la dureté et l'état hygrométrique de la poudre. Mais je ne veux pas abuser des instants qui nous restent. Nous allons donc quitter la poudrerie où nous avons déjà trop longtemps séjourné. Suivez-moi *de loin,* car je suis enfermé dans un baril et le moindre accident pourrait bien faire sauter la voiture qui se met en marche.

— Ne craignez rien, interrompit Baruch. Nous n'avons pas peur, et pour vous le prouver, nous nous permettrons de fumer un cigare en dépit de la consigne.

Le brigadier offrit alors d'excellents londrès, et un petit verre de punch pour rendre plus supportables les fatigues du voyage.

— A votre santé, s'écria Baruch, et à votre délivrance prochaine, M. Chi-ko ! Nous allons vous écouter silencieusement, et si je vous interromps parfois, ne vous en formalisez pas..., chacun a ses petites manies ; aussi faut-il être indulgent.

— Soyez tranquille, repartit Chi-ko. J'ai pris l'habitude de mettre en pratique ce sage proverbe de mon pays : « Quand tu es seul, songe à tes défauts ; quand tu es en compagnie, oublie ceux des autres. » La bonne Wou-héou, que j'aime tant depuis que je l'ai perdue, me répétait souvent cette maxime dont elle me faisait appliquer la deuxième partie, mais dont elle n'appliquait guère la première.

Je reviens à mon histoire.

Vous savez que pour transporter les poudres, on les renferme dans des barils de 50 à 100 kilogrammes, enfermés eux-mêmes dans d'autres nommés *chapes*. Nous étions donc quelques barils placés côte à côte sur les voitures, et emmaillottés de bouchons de paille, afin qu'il ne se produisît aucun choc dangereux entre nous, qu'il ne jaillît aucune étincelle par le frottement des ferrures, et que la poudre ne se convertît pas en poussier. Les voitures allaient au pas, comme un convoi de malades, et étaient séparées l'une de l'autre par un intervalle de trente pas. Sur la première était hissé un drapeau noir avertissant les passants de ne pas fumer. En passant dans les villages, le chef du convoi faisait fermer les portes des ateliers de forgerons et de toutes les industries qui se servent du feu. Les conducteurs venaient à chaque instant, avec une sollicitude toute paternelle, jeter un coup d'œil sur l'emballage et vérifier si les cercles ne se heurtaient pas entre eux.

Eh bien, le croirait-on, malgré toutes ces précautions (qui me paraissaient même exagérées), un accident épouvantable signala le début de notre voyage. Un camion chargé de caisses passait au petit trop sur la route. Comme il se trouvait à la hauteur de la dernière voiture de notre convoi, une longue flamme jaillit soudain et la voiture sauta aussitôt, se brisant en mille pièces avec un fracas horrible. Les quatre chevaux et les deux conducteurs furent affreusement mutilés. Le feu, grâce à l'intervalle de trente pas qui séparait les voitures, ne se propagea pas au convoi et nous en fûmes quittes pour la peur. Le chef de l'escorte se porta, au galop, sur le lieu du désastre et interrogea le camionneur qui par un hasard extraordinaire n'avait reçu que de légères égratignures. Celui-ci ne sut que dire. Bouleversé d'ailleurs de ce qui venait d'arriver, il n'avait plus la tête à lui et titubait sur ses jambes comme un homme ivre. Le commandant examina attentivement la route, s'arrêtant à quelques particularités en apparence insignifiantes, regarda la direction que prenait le drapeau noir, souleva le sabot d'un des chevaux du camion, et alors se frappant le front avec colère, on l'entendit s'écrier d'une voix contractée : « Oui, pourtant, c'est ma faute ! j'aurais dû prévoir cela, et surveiller la queue de la colonne... le vent venait de notre gauche, et j'ai commis l'imprudence de faire prendre au convoi la droite de la route...; sot que je suis ! d'oublier que le moindre choc d'un fer à cheval sur le pavé produit des étincelles, et que ces étincelles, poussées par le vent dans la direction du convoi, peuvent mettre le feu aux poudres... Il a fallu, pour mon malheur, que la dernière voiture ait laissé tomber quelques grains de poussier sur la route...;

sans doute qu'un baril n'était pas bien calé ou avait été mal épousseté... Parbleu, il n'est pas nécessaire qu'il en tombe des kilos..., une petite traînée de rien, une étincelle invisible..., et tout saute !... on voit encore une trace noire le long du pavé... Oui, je suis coupable, et très-coupable ! » Enfin, après s'être bien lamenté, il prit les dispositions que nécessitaient les circonstances, et quelques heures après le convoi reprenait sa marche silencieuse et tranquille, sous un soleil de plomb.

Mon âme, à moitié endormie par le bercement monotone de la voiture, se mit à rêver.

— Naturellement, dit Baruch.

> Que faire en un *baril*, à moins que l'on ne songe ?

— Vous êtes en veine, mon oncle, dit l'officier, et du train dont vous y allez, tout la Fontaine y passera bientôt.

— Eh bien, après la Fontaine je prendrai Florian, et si tu m'y pousses un tant soit peu, je remonte en arrière dépouiller Phèdre et Ésope ! Tiens-toi pour averti ! La Grèce et Rome sont suspendues sur ta tête.

Le lieutenant du génie fit signe, en riant, que Baruch pouvait alors compter sur son silence, et Chi-ko continua son récit :

— Mon passé se réveilla bientôt, et des visions

charmantes m'apparurent. Je revoyais ma bonne ville de Sse-chouen où j'avais passé mes jeunes années, où mon cœur avait battu d'allégresse et frémi au souffle ardent de mes premières passions. Où était Wou-héou à présent ? que faisait-elle ? dans quelle fleur parfumée cachait-elle ses beautés coquettes ? pourrais-je la revoir bientôt, obtenir son pardon, lui accorder le mien et nous envoler tous les deux vers des mondes meilleurs sur les blanches ailes d'un idéal amour ?

J'interrogeai d'un regard perçant toutes les fleurs qui émaillaient les prairies, qui se cachaient dans les blés ou qui ornaient les jardins des maisons voisines, pour y cueillir l'âme de ma bien-aimée ; enfin je priai le sublime Confucius de demander au Juge Suprême la fin de mes peines et de mes voyages.

J'en étais là de ces rêveries mélancoliques, lorsque j'entendis des soldats de l'escorte parler ainsi :

« — C'est du guignon ! il paraît que le chef est furieux.

— Qu'est-ce qu'il y a donc ?

— Il y a que les Allemands ont franchi le Rhin, après la défaite des armées à Leipzig, et qu'ils veulent venir jusqu'à Paris pour y mettre le feu. On organise donc la défense dans l'Est, on fait sauter les ponts, et nous ne pouvons plus passer la rivière qui traverse la route, à quatre lieues d'ici.

— Il doit y avoir un gué quelque part. Les eaux sont basses, avec une sécheresse pareille.

— Oui, mais le maréchal des logis dit que le gué n'est plus pratiquable, parce qu'un bataillon d'infanterie l'a franchi hier soir, et qu'à force de piétiner, le fond de la rivière, qui est vaseux, se dérobe sous les pas, comme si l'on marchait dans du beurre.

— Quand il n'y a pas de pont, on en fait un.

— Et avec quoi?

— Avec ce qu'on a sous la main, parbleu! des tonneaux, des arbres que l'on taille, des gabions pleins de pierres, des chevalets, des voitures renversées : n'importe!

— Et tu passerais là-dessus avec ta charge de barils? Tu lui ferais boire un fameux coup; et, tu sais, la poudre, ça n'aime pas l'eau.

— C'est comme moi... Mais s'il n'y a ni ponts, ni bateaux, ni radeaux, ni gué, ni rien du tout, tu n'as pas la prétention de passer la rivière à pied sec, comme Moïse a passé la mer Rouge! Qu'est-ce qu'on va faire?

— Je n'en sais pas plus que toi.

— Tranquillisez-vous, mes petits amis, fit un brigadier qui avait écouté la conversation; nous n'allons pas attendre que la rivière soit gelée, ça fatiguerait les chevaux. L'équipage de réserve travaille pour vous construire un pont suivant les règles de l'art. On pose déjà le tablier, et dans une heure, on pourra danser dessus. »

En causant ainsi, le convoi arriva au pont militaire, qui était terminé depuis longtemps. De jeunes soldats le passaient en ce moment en chantant *la Marseillaise,* ou en criant : *Vive l'Empereur!* On leur avait fait rompre le pas et accélérer l'allure.

Puis ce fut le tour d'un escadron de lanciers. Les hommes avaient sauté à terre, et conduisaient leurs chevaux par la bride.

Au moment où nous passions, on entendit une sorte de craquement, comme des madriers qui se disjoignent. Je croyais que nous n'allions pas assez doucement, lorsque, à mon grand étonnement, le chef du convoi s'écria : « Allons, plus vite, les conducteurs! plus vite, au petit trot, ou tout s'enfonce? » La colonne s'ébranla alors rapidement, et c'est, paraît-il, ce qui nous sauva, l'élasticité des bois, mise en jeu par cette allure vive, empêchant la rupture que pouvait occasionner une charge trop lourde.

Pendant tout ce temps, un certain nombre de pontonniers retendait les cordages, vidait les bateaux, réparait toutes les petites avaries, resserrait les joints des madriers, enfin relevait parfois les ancres pour éviter qu'elles ne s'enfonçassent trop, ce qui aurait empêché qu'on pût les retirer.

Derrière nous, on replia le pont : travées, culées, corps morts, poutrelles, chevalets, madriers, ancres et cordages, le tout fut bientôt placé sur les haquets de l'équipage, qui nous suivit à quelques centaines de mètres.

Après bien des péripéties, de nombreuses alertes, et plusieurs circuits qu'il nous fallut faire, nous arrivâmes au but de notre voyage, c'est-à-dire à la porte d'une poudrière.

C'était un bâtiment carré, d'aspect fort triste, massif, en lourdes pierres de taille, entouré d'un haut mur d'enceinte qui cachait en partie la vue de l'édifice. Rien autour de la poudrière, qu'un terrain nu et inculte. Il n'y avait pas une habitation à dix *lis* à la ronde. On n'aurait pas pris plus de précautions contre des pestiférés ! Comme bien vous pensez, je fus médiocrement satisfait à la vue de ma nouvelle installation. « Après tout, pensai-je, je ne resterai pas là éternellement. Napoléon me trouvera une occupation bientôt, et je reprendrai alors la série, un instant interrompue, de mes courses guerrières. » Vous allez voir tout à l'heure que je partis de là plus brusquement encore que je ne l'aurais cru.

Nous fûmes transportés à bras sur des civières, — car il est expressément défendu de rouler ou

brouetter les barils de poudre, — et on nous plaça
doucement sur des pièces de bois isolées des murs,
à trois mètres du plancher.

D'ailleurs, les précautions les plus sévères
étaient prises contre les chances d'accident. Ainsi,
à la porte, la sentinelle était armée d'une lance
sans fer, qui ne pouvait produire aucune étincelle.
Un immense paratonnerre nous préservait de la
foudre à chacun des quatre côtés du bâtiment.
C'était, chez nous, bien pis que dans vos théâtres.
Les visiteurs devaient d'abord déposer cannes,
épées, sabres et parapluies au vestiaire! Il fallait
aussi enlever sa chaussure, qu'elle fût vissée,
clouée ou cousue, et mettre de légères sandales
de feutre. Encore ne marchait-on que sur des
tapis de jonc ou de paille.

Toutes les parties métalliques, charnières des
portes et fenêtres, serrures, clefs, étaient en cuivre. Dans chaque salle était suspendu un récipient
de chlorure de calcium, pour absorber l'humidité
de l'air, car, ainsi que j'ai déjà eu l'avantage de
vous le dire, la poudre est très-hygrométrique,
et se détériore rapidement par l'influence de la
vapeur d'eau contenue dans l'atmosphère.

Malheureusement, l'architecte avait compté sans
le soleil, c'est-à-dire avait mis des carreaux aux
fenêtres, au lieu d'y fixer des toiles métalliques
en laiton. L'astre du jour, humilié du mépris que

l'architecte avait eu de sa puissance, résolut de se venger. Il lança, un beau jour, ses flèches de feu sur les vitres d'une des croisées de la poudrière. Un carreau de cette croisée avait un léger défaut, une sorte de boursoufflure formant lentille. Les rayons solaires se réunissent en faisceaux, et, passant par la lentille, enflamment le poussier répandu dans l'intérieur de la pièce. Il s'ensuit une explosion formidable, que répètent plusieurs fois les échos. La terre tremble, une épaisse colonne de fumée s'élève jusqu'aux nuages. Des pierres énormes, détachées des voûtes ou des murs, sont projetées à une hauteur étonnante, et, dans leur chute, causent de nouveaux désastres. La poudrière n'est plus qu'une ruine, et l'on entend sous les décombres de lugubres plaintes, des gémissements étouffés.

Ce déplorable accident servit du moins à ouvrir les yeux des constructeurs. L'on abandonna les constructions massives, incapables de résister efficacement à la force explosible de la poudre, et on les remplaça par des cloisons minces et des toits légers. J'ai même entendu parler de toitures en serge, recouvertes de couches de peinture, de telle sorte que les gaz de la poudre, crevant la toiture, s'échapperaient librement, sans ébranler la poudrière.

— Le mieux, reprit Baruch, serait peut-être

de faire perdre à la poudre sa trop grande impressionnabilité.

— On y a songé. Bien plus, un Anglais, M. Gale, a la prétention de se servir de la poudre pour éteindre le feu.

— Ah! c'est trop fort, par exemple! Je savais déjà qu'un célèbre farceur avait trouvé le moyen d'éviter la pluie en se jetant dans l'eau ; mais éteindre un incendie en jetant de la poudre dessus, voilà bien une invention plus étrange encore !

— Et, pour arriver à ses fins, M. Gale mélange la poudre dans quatre fois son volume de verre pulvérisé. Cette nouvelle substance fait alors le même effet que le sable. Des expériences nombreuses ont donné raison au fameux chimiste. Une fusée enflammée éclata au milieu d'un baril de poudre ainsi travaillée, sans produire le moindre effet; une barre de fer rouge, plongée dans la poudre enchantée, laissa le mélange parfaitement intact. M. Gale prit alors un peu de cette poudre inoffensive, et il la fit passer à travers un crible, pour la séparer du verre pulvérisé. Ce tamisage lui rendit toute son inflammabilité primitive.

— Je vous crois sur parole, monsieur Chi-ko, et cependant si le feu prenait à ma maison, j'aurais plus de confiance dans l'eau de la Seine que dans la poudre de M. Gale. Cette réserve faite, vous pouvez continuer le récit de vos aventures.

— Les malheurs que causa cette explosion m'émurent profondément; mais telle est l'infirmité de notre nature, que j'oubliai bientôt le désastre pour m'enivrer de cette douce pensée qu'une vie nouvelle me permettrait peut-être de rencontrer ma bonne Wou-héou, et de m'élancer avec elle, d'un vol hardi, vers l'infini des espaces.

Que de nombreux voyages, depuis ce jour!

Je me suis trouvé dans un sac de dix mille capsules chargées de fulminate de mercure, dans des caisses pleines de paquets de mèches à canon ou bondées d'étoupilles fulminantes en cuivre rouge. J'ai été roche à feu, torche de résine; tourteau de poix noire, pour éclairer les marches de nuit; fascine goudronnée, pour incendier les maisons; balle à feu, pour arrêter les travaux de siége; fusée volante, pour avertir de l'heure des attaques de places; fusée à la congrève, pour incendier les navires; pétard pour enfoncer les portes de villes et les fortifications. Bref, j'ai beaucoup vu, j'ai fait beaucoup de mal, mais je suis d'une force extraordinaire dans l'art de détruire, et les compositions incendiaires n'ont plus de secret pour moi.

— Donnez-nous, je vous prie, dit l'infatigable brigadier, quelques détails sur ces diverses substances qui vous sont si familières.

— Très-volontiers. La roche à feu, qui provoque l'éclatement des projectiles creux, se compose de térébenthine, de colophane, de salpêtre, d'antimoine et de suif de mouton.....

— Ah! je vous fais grâce de toutes ces vieilleries, que je connais sur le bout du doigt. Parlez-nous plutôt du fulmi-coton, de la dynamite, etc., des nouveautés à la mode, enfin.

— Parfaitement. Je puis d'autant mieux vous en parler, que je me suis trouvé un instant à l'état de fiole de nitro-glycérine, chez un ancien membre du comité scientifique pour la défense de Paris en 1870, qui discutait souvent, le soir, avec un vieil officier du génie, sur le moyen le plus expéditif de mettre le feu aux quatre coins de la Prusse, et de la réduire en atomes invisibles, elle, ses maisons, ses habitants et ses tonnes de choucroute, qu'il ne pouvait sentir. C'était, d'ailleurs, un fort bon homme, plein de tendresse pour son vieux perroquet, et qui se fût fait un scrupule d'écraser la plus infime chenille de son jardin.

Le savant et l'officier n'étaient d'ailleurs jamais d'accord. Le premier ne voyait que par la nitro-glycérine; l'autre ne jurait que par le fulmi-coton.

— Quoi de plus simple que cette substance? disait celui-ci. Vous plongez du coton dans de l'acide azotique, et le tour est joué!

— Votre poudre ne vaut rien, répliquait le savant. Elle s'enflamme au moindre choc, détériore les bouches à feu, les brise. Et l'on ne peut pourtant pas changer le matériel tous les ans; l'argent entier des contribuables ne saurait y suffire. Au reste, comptez les explosions des fabriques, et vous apprécierez le bon caractère de votre coton favori.

— Non, non! reprenait l'officier; une fois comprimé d'une façon particulière, le coton-poudre n'est pas si irascible que vous voulez bien le dire.

— En tout cas, il se décompose à la chaleur et par l'effet du temps.

— Pourquoi? Parce qu'il y a encore de grands défauts de fabrication. Quoi qu'il en soit, le fulmi-coton est léger, il coûte très-bon marché, et ne fait aucune fumée, ce qui permet au moins de voir son ennemi quand on le tue.

Le savant répondait que la nitro-glycérine, formée de salpêtre et du principe doux des huiles, était la plus énergique des substances explosives, qu'elle disloquait les montagnes, déchirait le fer, qu'un seul litre pouvait projeter à un mètre de distance neuf cent millions de kilogrammes, en produisant onze cent trente-cinq litres de gaz, c'est-à-dire six fois autant que la poudre ordinaire, et le double de chaleur.

— La nitro-glycérine détone pour un rien, disait l'officier.

— C'est vrai, répondait l'autre; mais en la mélangeant à certaines variétés de silice ou d'alumine, on forme ainsi une nouvelle substance, appelée *dynamite,* et d'un maniement bien moins dangereux. Une preuve de sa bonté, c'est que je viens de m'en servir pour dégager la flotille des canonnières prises dans les glaces, près de Charenton.

Ils étaient un jour plongés dans une discussion interminable, lorsqu'un petit vieillard tout courbé entra dans la chambre, et leur dit : « Voilà trente-six ans que je m'occupe de poudres explosives. C'est moi qui, le premier, ai découvert la poudre blanche allemande au chlorate de potasse, dans laquelle on ajoute un peu de sucre. J'ai aussi étudié le picrate de potasse (à l'acide azotique et à l'indigo), qui est d'un effet prodigieux dans les torpilles sous-marines. Enfin, j'ai pâli avec M. Abel sur le fulmi-coton, avec M. Nobel sur la nitro-glycérine, et je connais le fort et le faible de ces deux substances, qui, je le sais, sont l'objet de vos disputes perpétuelles. Eh bien ! messieurs, vous pouvez vous tendre la main. On dit que l'union fait la force; rien n'est plus vrai. Je viens de trouver avant-hier une poudre merveilleuse, composée à la fois de coton-poudre et de dynamite. Il est impossible, n'est-ce pas, d'être plus conciliant? »

Le vieillard fut invité à dîner, pour expliquer son affaire. Mais pendant que les trois convives mangeaient leur filet de cheval en causant avec véhémence, un des aides du savant vint prendre

la fiole où j'étais enfermé, et je ne pus connaitre
la fabrication de la dynamite au coton-poudre.

Chi-ko en était là de son histoire, lorsque
minuit sonna à l'obus-pendule du brigadier.

— Mes amis, il est temps de nous coucher, dit
Baruch. A minuit, les honnêtes gens doivent dormir. Mais je ne veux pas que nous nous quittions
sans que M. Chi-ko ait une preuve éclatante de
notre sympathie pour son âme si pleine de bontés
et de complaisances.

Illustre et bienveillant *esprit*, j'ai une magnifique rose de Chine dans la jardinière de ma salle
à manger. Peut-être renferme-t-elle l'âme de celle
que vous aimez. Je vais approcher la rose de vous,
et son parfum exquis sera sans doute pour vous
un indice révélateur.

Le domestique de Baruch apporta alors le pot
de fleurs, et le plaça auprès de la fiole de dynamite.

— Rapprochez-la de moi, dit Chi-ko. Encore...
encore un peu... Là, très-bien. Ouvrez la fenêtre,
maintenant... C'est cela; merci. Baissez un peu
la lampe... Parfaitement.

Le domestique exécutait sans rien dire les
ordres de l'esprit, et les trois témoins de cette
scène étaient dans un grand étonnement.

Spectacle vraiment étrange! Une rose magnifique, qui semblait se balancer légèrement sur sa

tige, en exhalant je ne sais quelles suaves odeurs; tout près, une fiole noire agitée de mouvements extraordinaires; la chambre peu éclairée, remplie d'ombres mystérieuses; la fenêtre ouverte, laissant une échappée vers le ciel brillant d'étoiles; et tous trois, muets, immobiles, frissonnant sous l'influence maligne de la fraîcheur des nuits...

Soudain l'appareil électrique tressaille; la sonnette d'appel se livre à de fantastiques ébats, et le jeune officier recueille les paroles suivantes :

« Adieu et merci ! Vous m'avez rendu mon bonheur. Mon âme et celle de ma tendre Wou-héou sont entrelacées dans une chaste étreinte... Merci encore! Nous allons partir pour les régions idéales où vivent les esprits supérieurs..... Les portes de la prison s'ouvrent..., nous voilà envolés vers les rives lointaines de l'infini... Adieu, ou plutôt au revoir, mes amis, dans l'azur des cieux éternels! » Puis tout rentra dans le silence.

Instinctivement, on se tourna vers la fenêtre, et l'on aperçut deux brillants bolides partir du zénith, traverser le voûte céleste de l'ouest à l'est, en suivant deux lignes parallèles, et se cacher derrière un épais rideau de nuages, qui commençait à voiler l'horizon.

Étaient-ce les deux âmes libres de Chi-ko et de Wou-héou?...

4.

CHAPITRE IV

Chute de lord Stick dans un four à réverbère. — Confection
des bouches à feu. — Canons géants.

Le mercredi suivant, l'officier d'artillerie et
M. R... étaient réunis dès huit heures du soir chez
le brigadier Baruch. Celui-ci avait rêvé de Chi-ko
toute la semaine, et surmontait à peine la vive
impatience qu'il avait de recommencer ses évocations d'esprits.

— Ce que c'est que la chance! disait-il à son
neveu. Si je n'avais pas revu mon brave Dartois,
— c'est lui qui m'a déterré, par le plus grand des
hasards, — qu'arrivait-il? D'abord, les arcanes
du spiritisme restaient éternellement cachés à
mes regards; de plus, la soirée extraordinaire d'il
y a huit jours n'aurait pas eu lieu; enfin nous ne
serions pas en ce moment prêts à apprendre peut-
être des choses jusque-là impénétrables à la faible
intelligence des mortels.

— Vous l'avez été voir, sans doute, votre vieux
camarade? demanda l'officier. Moi, je n'ai pas
encore eu le temps de passer chez lui.

— Dartois? Oui, j'ai été le voir; mais il n'est pas encore revenu à Paris. Je ne sais ce que m'a raconté sa bavarde de concierge, qu'il devait se fixer en Angleterre, qu'on ne le reverrait pas de longtemps, que son adresse était inconnue, etc. Ces gens-là ne savent rien expliquer. Il aura, j'en suis convaincu, été mandé là-bas par quelque haut personnage qui s'occupe de spiritisme. Ce n'est certes pas la première fois que cela lui arrive. Je regrette qu'il soit parti, parce que le récit de notre séance de mercredi l'aurait bien intéressé, et que je lui aurais dit de venir nous aider de ses lumières et de son expérience. Enfin, heureusement que toi, mon neveu, tu es passé maître dans l'art d'évoquer les esprits et de les contraindre à raconter leurs surprenantes aventures. Il n'existe pas, je parie, de vieux médium capable de se faire obéir mieux que toi des esprits invisibles.

— Voyez-vous, mon oncle, avec ma méthode, il leur est impossible de me résister, fussent-ils papes ou empereurs!

— C'est tout à fait merveilleux, répliqua Baruch. Puis, se tournant vers M. R... : Vous ne dites rien, vous, mon cher monsieur. Est-ce que, par hasard, vous ne seriez pas encore converti? De nos jours, il est vrai, les écrivains sont d'un scepticisme!...

— Monsieur Baruch, il me faut vous avouer,

répondit M. R..., que les théories surnaturelles n'ont jamais été ma passion dominante... et cependant, ce que j'ai vu ici, la semaine dernière, m'a causé une surprise dont je ne suis pas bien revenu, même à présent. La machine électrique de votre neveu, les révélations de ce Chinois, le bizarre dénoûment de son histoire, les deux étoiles filantes,... tout cela m'a vivement impressionné, et je ne serais pas bien éloigné de voir là-dedans quelque puissance occulte, que ne peut comprendre ma raison. Mon incrédulité est donc un peu ébranlée, et je n'attends plus que les explications dernières que nous a promises d'ici à quelques jours monsieur votre neveu, pour me fixer définitivement sur la vérité de cette science mystérieuse.

— Parfait! parfait! dit Baruch en se frottant les mains; je vois que la foi vous gagne. Encore deux ou trois séances comme celle de la semaine dernière, et vous êtes des nôtres!

On se demanda alors quel objet il conviendrait de déposer sur le plateau de la machine. Après quelques discussions, le brigadier opina pour une fusée d'obus à percussion, qui lui avait été donnée par un de ses amis attaché à l'arsenal de Cherbourg, et qu'il avait fait monter en presse-papier.

— C'est le pauvre Busnach, un de mes bons

camarades de régiment, dit Baruch, qui m'a offert cette fusée, juste trois mois avant sa mort... Ce serait curieux que ce presse-papier renfermât son âme!... Tiens, Georges, prends-le pour le déposer sur ta machine, et commence tes questions d'usage.

L'officier fit alors marcher l'électro-aimant, et dit :

— Qui es-tu, toi qui te caches dans cette pièce de cuivre rouge?

— C'est moi, lord Stick, citoyen de la libre Angleterre. Que me voulez-vous?

— Nous désirons que tu racontes les principaux événements de ta vie, et les pérégrinations de ton âme depuis le jour où la mort est venue ouvrir les portes de sa prison.

— Je vous obéirai. Accordez-moi seulement quelques minutes de réflexion pour rassembler mes idées, et je suis à vous.

— Très-volontiers, dit l'officier. A neuf heures sonnant, nous vous écouterons... En attendant, je vais demander à mon oncle une tasse de thé bien chaud pour me faire la voix.

— Prends, dit le brigadier, prends, mais écoute. Le nom de lord Stick ne m'est pas inconnu. Le *Figaro* en a parlé, je crois. Te rappelles-tu?

— Oui, je me souviens vaguement... N'est-ce pas un Anglais célèbre par ses originalités et ses paris excentriques? Si c'est bien celui-là, son histoire sera curieuse. Nous allons le savoir tout à l'heure.

— Eh bien ! je ne suis pas fâché, reprit Baruch, d'entendre causer un Anglais après un Chinois, afin de savoir lequel des deux aura la vie la plus aventureuse, du buveur de thé ou du fumeur d'opium ; d'autant plus que le thé que boit l'Anglais vient de la Chine, et que l'opium que fume le Chinois vient d'Angleterre. . . . .
. . . .
. . . .

A neuf heures, chacun se remit à son poste, et lord Stick débuta ainsi :

— Ce qu'il y a de plus intéressant dans ma vie, c'est ma mort. Commençons donc par là, si vous voulez.....

Sir Pudding était mon meilleur ami. Je ne pouvais vivre sans lui, il ne pouvait vivre sans moi, et lorsque les habitants de la bonne ville de Londres passaient devant nos deux hôtels, à Saint-James' street, ils ne manquaient pas de dire : « C'est là que demeurent les Frères Siamois. »

Quel lien nous attachait l'un à l'autre? C'était la passion des paris. Tantôt il s'agissait de monter sur la cime la plus haute du Chimborazo; tantôt de traverser l'Océan en ballon, le Bosphore à la nage, ou l'Afrique en chaise de poste.

Moi, je proposais sans cesse les paris, et lui les gagnait toujours. Une fois, poussé à bout par mes sarcasmes, il se plongea tout entier, — sauf la téte, — dans une cuve de métal fondu, et en sortit sans la moindre brûlure : il est vrai qu'il s'était enduit le corps d'une couche de graisse. A mon tour, j'y plongeai la main : elle fut entièrement carbonisée, mais je ne l'avais pas graissée. La partie fut déclarée nulle. Heureusement que c'était la main gauche.

Nos affaires particulières n'étaient pas pour cela négligées, et nous nous lancions dans les plus vastes entreprises, afin d'accroître notre fortune, déjà considérable.

En 1868, j'étais à Rueil, chez le directeur de la fonderie de canons pour la marine, et je lui proposais un marché fort avantageux. J'avais à céder un chargement complet de charbon de sapins de Norvége, destiné à être mélangé au minerai des hauts-fourneaux.

On peut évaluer à deux millions de kilogrammes de charbon de bois l'approvisionnement nécessaire pour l'alimentation d'un haut-fourneau pendant la durée d'un fondage.

Chaque mille kilos que je vendais, rendu pour cent vingt francs, me rapportait trente francs et en économisait dix à l'établissement. Tout le monde y gagnait, moi surtout.

J'avais aussi du coke gras, bien cuit, sans la plus petite parcelle de soufre, à livrer pour cinquante francs les mille kilos.

Jamais l'Angleterre n'avait été aussi clémente! J'offrais enfin mes houilles à trente francs la tonne, sept francs moins cher que celles de l'Aveyron.

Voilà une affaire, me disais-je, que j'ai habilement soustraite à sir Pudding, lui qui est toujours à Frédérickstadt, à discuter avec le gros Petersen! Quelle déconfiture, lorsqu'il va apprendre que je suis arrivé bon premier!

L'affaire était conclue avec le directeur, qui prenait déjà la plume pour signer le contrat, lorsqu'un courrier pénètre brusquement chez lui, et lui présente le télégramme suivant :

« J'offre Charbon 50 fr. la tonne.

» Coke   25   —

» Houille 10   —

» Perds énormément en détail; me rattraperai sur la quantité!

» Amitiés à Stick, s'il est chez vous.

» Sir PUDDING, à Frédérickstadt (Norvége). »

Ma défaite était terrible, irrémédiable. Jamais coup plus rude ne m'avait été porté par mon ami, dont l'ironie cruelle mettait le comble à mon désespoir.

Il m'était donc impossible de prendre une revanche contre cet ami de malheur, contre ce lutteur toujours heureux !

Une pensée aussi accablante pour mon orgueil me découragea profondément, et l'existence ne me sembla plus, alors, qu'un inutile fardeau, qu'une voie sans issue, sans but, sans avenir.

En quittant le cabinet du directeur, qui, dès la lecture de la dépêche, avait changé d'avis, et refusait maintenant les offres qu'il avait, une demi-heure auparavant, acceptées avec un empressement si marqué, je descendis dans l'usine, regardant machinalement tous ces détails de fabrication qui, d'ordinaire, plaisent tant aux visiteurs.

Ma pensée était ailleurs, et le sort qui s'acharnait après moi avait brisé tous les ressorts de ma volonté.

Cependant je me rappelle merveilleusement tout ce que j'ai vu. Ici, on séparait les minerais des terres et des gangues qui y sont toujours mêlées, et on cassait tous les fragments qui dépassaient le volume d'une noix ; là, les minerais étaient exposés à l'air, et perdaient peu à peu leur magnésie et leur soufre ; plus loin, on les passait au lavoir, pour les débarrasser des matières étrangères ; enfin, on les égouttait et on les mélangeait en tas, par couches horizontales. La halle aux hauts-fourneaux était ouverte; l'idée me vint d'y pénétrer. Les émouvantes occupations auxquelles se livrent les ouvriers de cette partie de la fonderie attireraient peut-être mon attention et distrairaient ma douleur.

La halle était alors en pleine activité. Certains fondeurs montaient jusqu'à l'ouverture du haut-fourneau des chariots entiers de charbon de bois; d'autres veillaient aux *souffleries* ou à la *tuyère;* d'autres encore déblayaient les *laitiers,* je veux dire cette matière écumeuse que bave le minerai en fusion; enfin les mouleurs de *gueuses* préparaient dans le sol les rigoles destinées à conduire la *coulée* jusque dans les moules......

Du *gueulard* béant et prêt à engloutir la houille sortait une flamme légèrement bleuâtre, ardente et sans fumée. Je fixais cette flamme avec une sorte de plaisir étrange, et je me sentais fasciné par elle, comme l'est, dit-on, l'oiseau par la brillante prunelle du boa. Je m'approchai lentement de ce gouffre, poussé par une force fatale. Dès lors ma résolution était prise; le sort en était jeté, je devais mourir.

Tout le reste ne fut que l'affaire d'un instant. J'écrivis sur ma carte de visite le mot suivant :

« A sir Pudding.

» Je me jette dans un haut-fourneau. Faites-en autant, si vous l'osez! »

Puis faisant voler la carte de visite au milieu de la salle au moment où les ouvriers descendaient, sur le plan incliné, le wagonnet vide de minerai, je m'approchai rapidement de l'ouverture de cet enfer où tourbillonnait la flamme qui m'avait attiré par ses charmes irrésistibles, et je me précipitai, la téte la première, au milieu de la fournaise incandescente.

Vous dire ce que je ressentis est impossible, tellement l'impression fut vive et de courte durée. Tout mon être grésilla sous l'action mordante du métal en fusion, et quelques secondes après, mon àme seule flottait dans un océan de feu. A vous parler avec franchise, je ne me trouvais pas extraordinairement mal.

Une fois mon corps calciné et réduit en atomes, la douleur n'existait plus. Toutefois, je voyais, je sentais comme on sent, et comme on voit dans un rêve, et mon àme éprouvait une grande joie du courage qu'elle venait de déployer dans cette circonstance.

L'ouvrage de la fonderie n'en marchait pas moins pour cela. Déjà les *laitiers* avaient passé par toutes les nuances de l'arc-en-ciel, depuis le violet sombre jusqu'au vert foncé. Ils étaient en ce moment d'une teinte vitreuse et fort légers, signe infaillible que le travail de la fonte se faisait régulièrement.

De l'intérieur de ma prison, j'entendais de vagues rumeurs, un bourdonnement de voix confus et de grands coups frappés sur une des parois du haut du fourneau. L'intention du chef d'équipe n'était certainement pas de me repêcher. D'abord une tentative de ce genre eût été ridicule; et ensuite on n'eût pas voulu perdre la somme énorme que représente un fondage pour sauver le peu qui pouvait rester d'un Anglais original poussé par la manie du suicide. Non, tout ce bruit avait une raison d'être très-naturelle; il provenait simplement de ce que, la fonte étant prête, on pratiquait dans la maçonnerie une ouverture pour son passage.

J'eus un moment d'indicible émotion. Qu'allais-je devenir? A quelles terribles épreuves mon âme allait-elle être condamnée? Cependant sous les coups répétés du *ringard* la cloison tombe et la fonte se met à couler, non avec fracas et en lançant des étincelles, mais lentement, posément, comme un fleuve majestueux de lave brûlante. Mon âme s'engagea dans les rigoles et suivit la coulée jusque dans le moule où elle devait se solidifier en blocs allongés nommés *gueuses*.

Me voilà donc passé à l'état de lingot. Ce ne fut pas pour longtemps. Le bloc de métal que j'habitais fut bientôt cassé en morceaux et abandonné sous un hangar en compagnie de plusieurs autres *guéuses* qui avaient subi le même sort.

Là, j'eus le loisir de songer tout à mon aise à la fragilité des choses humaines, et ma nouvelle vie s'écoula dans une monotone obscurité. Une seule pensée vint dans ma retraite forcée relever mon courage un instant abattu : c'est que jamais aventures plus extraordinaires n'avaient été réservées à un mortel, et que sir Pudding lui-même, vaincu cette fois d'une façon éclatante, ne pourrait qu'admirer les surprenantes péripéties de ma fin tragique.

Quelques semaines après, des ouvriers enlevèrent brutalement mes *membres* épars et les jetèrent pêle-mêle dans un énorme fourneau à réverbère. Ce four était solidement bâti en briques, maintenues par de grosses pièces en fer, et se composait de deux enveloppes séparées par un intervalle rempli de sable. On alluma en dessous un grand feu de houille pour liquéfier la fonte. Lorsque celle-ci entra en fusion, un signal fut donné ; alors un ouvrier, d'un vigoureux coup de *ringard,* perça une des parois amincie à dessein, et le métal liquide coula, en bouillonnant, dans des rigoles circulaires de vingt centimètres de largeur, légèrement inclinées du côté de la fosse.

Pour modérer le jet de la coulée, un des fondeurs boucha en partie l'ouverture du four avec une *quenouillette,* sorte de bouchon en terre réfractaire moulé autour d'une longue baguette de fer; plus loin un autre fondeur, armé d'une pelle à manche recourbé, arrêta au passage toutes les impuretés qui flottaient sur la fonte. Le métal, arrivé au terme de sa course, se précipita le long du *chenal,* pénétra dans le moule par la partie inférieure et s'éleva jusqu'en haut, entraînant ainsi à sa surface les *scories* qui demeurèrent bientôt emprisonnées dans la *masselotte* dont on devait plus tard se débarrasser.

Pendant ce temps, un ouvrier jugeant opportun d'arrêter la marche du liquide, abaissa à coups de masse dans le chenal une valve en tôle, nommée *arrêt de coulée.*

Mon âme qui assistait — aux premières loges — à ce travail imposant, glissa avec la fonte dans le moule du canon. Ce moule était disposé d'une façon bien simple. D'abord on avait confectionné les modèles en bois de sapin dans l'atelier de menuiserie, puis on les avait placés au milieu de forts châssis cylindriques en fonte, renforcés euxmêmes par de puissantes armatures, et c'est entre les modèles faits de plusieurs pièces et les châssis, qu'on avait jeté le sable comme on jette du plâtre sur une statue de terre glaise pour avoir, en creux, l'empreinte de cette statue. Le sable une fois durci, les pièces de bois avaient été enlevées et les moules (enduits à l'intérieur de poudre de charbon de bois) portés dans les étuves. Enfin les moules, desséchés et refroidis, avaient été placés l'un sur l'autre, le moule de volée en bas, au-dessus la culasse, et tout en haut la masse-lotte, partie du canon qui contient toutes les impuretés de la fonte et qui est destinée à disparaître. Ces trois tronçons avaient été descendus dans la fosse, à l'aide de grues, de poulies, de rails et de plaques tournantes fort ingénieuses.

— Dans un canon c'est la culasse qui doit offrir le plus de solidité, interrompit le brigadier; pourquoi donc alors n'a-t-on pas mis le moule de la culasse au fond de la fosse? La fonte aurait été, il me semble, plus dure à cet endroit, puis-qu'elle aurait supporté tout le poids de la coulée.

— Monsieur Baruch, il ne faut pas se fier aux apparences, même en métallurgie, répondit lord Stick. La disposition qui vous paraît si contraire au bon sens est basée sur ce principe, aujourd'hui bien connu des fondeurs, que la partie la plus dense d'un long cylindre en fonte coulée n'est pas son extrémité inférieure qui pourtant supporte tout le poids de la masse, mais bien le milieu de sa longueur totale. Or, dans le cas qui nous occupe, le milieu de la longueur totale est la culasse, qui se trouve entre la volée et la masselotte.

— Votre science est prodigieuse, cher milord, et l'Angleterre a dû pleurer la perte d'un homme aussi universel que vous me paraissez l'être. Veuillez continuer à nous instruire ; je m'engage, en retour, à faire auprès de sir Pudding toutes les commissions dont vous me chargerez pour lui.

— Je vous souhaite, monsieur Baruch, de ne pas le rencontrer de longtemps, car vous ne pourrez lui causer que dans l'autre monde, à moins d'évoquer son âme par les moyens spirites, comme vous avez fait de la mienne.

En attendant, revenons à Ruelle, d'où nous a éloignés cette courte digression.

Quatre heures après la coulée, la pièce dans laquelle j'étais enfermé fut entièrement solidifiée, et au bout de huit jours son refroidissement permit de la retirer de la fosse et de la débarrasser du moule qui l'entourait.

La gueuse s'était ainsi métamorphosée en canon.

Comme le phénix, je renaissais de mes cendres, à cette exception, qu'il s'en fallait de beaucoup que je fusse aussi magnifique que l'oiseau de la fable.

Il fallut me buriner au marteau pour enlever toutes les imperfections, toutes les saillies et bavures qui déparaient ma surface, comme des boutons et des verrues déparent le visage d'une jolie femme. Plus heureux qu'elle, je pouvais facilement réparer les outrages de la nature, sans avoir recours à ces onguents trompeurs qui ne profitent guère qu'à ceux qui les vendent.

5.

Cette petite toilette terminée, je fus placé sur un banc, et de forts burins fixes, dont la pointe était taillée en bec d'âne, découpèrent la masselotte suivant des cercles d'environ trois cents kilogrammes, qui plus tard reprirent le chemin du four à réverbère pour servir à d'autres coulées.

J'avais encore une piteuse mine, et il me fallait passer par bien des mains avant de pouvoir figurer dignement sur un vaisseau de guerre!

Je vais indiquer sommairement la série de mes embellissements successifs.

Après la découpure de la masselotte, on procéda au *forage*. Il me faut vous dire que le moule était traversé en son milieu d'un *noyau*, sorte de colonne en fer, recouverte d'étoupe, et autour de laquelle s'était répartie la fonte. Le futur canon avait donc en son centre une cavité à laquelle il suffisait dès lors de donner le diamètre réglementaire. Je fus donc placé sur un banc de *forerie* ou table horizontale en fonte : un couteau, en tournant dans l'intérieur, donna peu à peu à l'âme du canon la largeur voulue.

Le *forage*, ou mieux *l'alésage* terminé, on saisit solidement la pièce avec différents systèmes de griffes, de façon à pouvoir la faire pivoter sur son axe et *tourner* la partie cylindrique qui devait recevoir les *frettes*.

Après le *tournage*, la pièce fut remise sur un

chariot qui la roula jusqu'à l'atelier de *frettage*. Là les anneaux — ou frettes — furent chauffés fortement dans un four à briques, puis pendus à une chaîne qui supportait un trépied. En balançant la chaîne, on amena le premier anneau au niveau de la culasse du canon, qui s'engagea dedans, de quelques centimètres. Lorsqu'il fut à la place convenable, on le refroidit en laissant tomber dessus de l'eau goutte à goutte. Les autres frettes furent placées de la même façon et également refroidies.

On conçoit quelle pression doivent exercer sur le canon, en se rétrécissant, tous ces cercles d'acier qui l'entourent! C'est un véritable ressort qui est appliqué autour de la pièce de fonte et qui lui donne le moyen de résister efficacement à l'énorme augmentation de volume des gaz de la poudre. On me remit alors sur le tour pour effacer au burin toute distinction entre les frettes et me donner l'apparence d'un manchon.

— Et quelles étaient, milord, les réflexions auxquelles se livrait votre âme pendant qu'on travaillait ainsi votre imposante personne?

— On a beau être mort, monsieur, l'âme emporte toujours avec soi certaines de ces mesquines passions qui font mouvoir les hommes. Est-ce un bien, est-ce un mal? Je n'en sais rien, ni vous non plus peut-être, et les philosophes anglais ne disent rien de satisfaisant à ce sujet. Toujours est-il qu'à la curiosité bien légitime qui me possédait alors se joignait le plaisir de voir que mon extérieur gagnait de jour en jour et que je finirais par avoir bientôt des façons beaucoup plus présentables.

Où les goûts aristocratiques vont-ils se nicher!

— Oh! milord, je vous comprends bien, et quoique ce ne soit pas la vanité qui m'étouffe, si jamais je passais, en ma qualité d'ex-artilleur, dans le corps de quelque vulgaire pièce à feu, encore voudrais-je ne pas manquer d'une certaine tournure avenante qui me conciliât les sympathies de l'espèce humaine en général et de mes servants en particulier.

— Tous les hommes sont ainsi sans doute. Ils aiment à plaire, même après la mort.

Je reviens à mon canon.

Lorsqu'il eut reçu sa garniture de frettes, il retourna à la forerie. Là, on creusa à l'arrière de la pièce, au moyen d'une machine à fileter, l'écrou dans lequel devait s'engager la vis pratiquée sur le bouchon — fermeture de la culasse. Vous n'ignorez pas complétement le procédé de fermeture des canons de marine?

M. R... répondit à l'honorable Anglais qu'il n'avait là-dessus que des notions assez confuses et que quelques explications sur le chargement par la culasse lui seraient à la fois très-utiles et très-agréables.

Baruch appuya ces paroles, et lord Stick reprit ainsi :

— Je vais m'empresser de répondre à la question de M. R..., mais, auparavant, permettez-moi d'achever ma toilette.

Lorsque le travail de l'écrou fut terminé, on porta la pièce sur la machine à rayer. Le canon étant fixé solidement sur un banc horizontal, un certain nombre de lames auxquelles on imprimait un mouvement particulier s'avancèrent peu à peu dans l'âme et y tracèrent les rayures, sous la direction d'ouvriers très-exercés et habitués à la plus grande précision.

Enfin, quand le canon fut rayé, on traça verticalement sur la culasse un trou de lumière, dans lequel on adapta un grain en cuivre rouge doublé d'acier.

Le grain étant pesé, il ne resta plus qu'à ajuster les différentes parties constituant la fermeture de culasse, c'est-à-dire la vis-bouchon, la console, le verrou, la charnière, etc.

La *vis-bouchon* ou vis de culasse est un cylindre en acier fondu qui pénètre dans l'ouverture de la culasse et *bouche* le canon à l'arrière.

S'il fallait à chaque coup tiré dévisser ce bouchon de culasse et le revisser d'un bout à l'autre d'une vis ayant une quinzaine de filets, l'opération serait beaucoup trop longue et trop compliquée. On y a remédié de la façon suivante : la vis-bouchon et l'écrou sont divisés en six sections égales : trois lisses et trois filetées, alternant entre elles. Les parties lisses du bouchon s'engagent dans les parties filetées de l'écrou, et les parties filetées dans les parties lisses, de sorte qu'en faisant tourner d'un sixième de tour la manivelle du bouchon, les parties filetées du bouchon entrent dans les parties filetées de l'écrou et la fermeture est assurée.

La vis-bouchon est maintenue par une console qui tourne autour d'une charnière fixée à la culasse.

Pour ouvrir ou fermer la culasse, rien de plus simple, non pas à dire, mais à faire. En tirant vivement la vis de culasse hors de son logement, elle dégage, en arrivant à l'extrémité de sa course, un crochet à ressort qui maintient la console fixée au canon ; cette console, ainsi rendue libre, tourne d'elle-même autour de sa charnière verticale, par l'impulsion que lui transmet la vis, et démasque de cette façon l'ouverture de l'âme.

Pour fermer, le mouvement est inverse et ne présente pas plus de difficultés. On donne à l'ensemble de la console et de la vis un mouvement vif de rotation au bout duquel la console vient heurter la tranche de culasse ; ce choc fait mordre le crochet à ressort qui doit la maintenir en place, et la vis de culasse, que l'on continue à pousser à la main, s'engage d'elle-même dans son logement, où un sixième de tour de manivelle la fixe solidement.

A l'extrémité de la vis est adaptée une manivelle à poignée qui donne plus de force au mouvement de rotation.

Cette manivelle est nécessaire, car un appareil tournant, de plus de deux cents kilogrammes, ne se manœuvre pas comme une muscade.

A la partie de la vis-bouchon qui regarde la culasse, se trouve fixé l'*obturateur*, mince culot d'acier très-tenace, mais très-élastique, qui est dilaté par les gaz, et pressé sur les parties environnantes, de manière à empêcher que ces gaz ne se frayent un passage en arrière. Cet obturateur, qui se détériore assez souvent, se remplace avec une grande facilité.

— Peut-être, milord, pourriez-vous nous parler des quelques modifications que l'artillerie de la marine française a subies en 1870?

— Parfaitement! Quoique ces modifications aient eu lieu deux ans après ma chute dans le four de Ruelle, elles ne me sont pas inconnues, parce que mon âme a voyagé en France à cette époque.

En 1870, les bouches à feu furent fortifiées à l'intérieur par un tube en acier, trempé à l'huile.

Les rayures furent plus nombreuses et de faible profondeur. L'obturateur de culasse reçut aussi un perfectionnement dans les détails duquel il serait trop long d'entrer.

Le projectile fut à forcement complet et à obturation, au moyen d'une ceinture circulaire en cuivre placée à l'arrière.

La poudre de la charge fut à gros grains.

Enfin on adopta un calibre plus élevé, celui de trente-deux centimètres, pesant trente-cinq mille kilogrammes, et lançant un projectile de trois cent cinquante kilogrammes.

Telles sont les réformes de 1870, réformes importantes, et qui font le plus grand honneur à votre département de la marine.

Je ne vous ai pas encore fait connaître la taille, et partant, la puissance du canon qui renfermait mon esprit.

C'était, ma foi, un beau bloc de fonte! Il mesurait en tout quatre mètres et demi et pesait quatorze mille kilogrammes.

L'âme était munie de cinq rayures paraboliques. Avec la charge de vingt kilogrammes, il pouvait lancer, à environ deux lieues de distance, un boulet massif en acier de cent quarante-quatre kilogrammes. Mais à mille mètres il détruisait, en un petit nombre de coups, les plus fortes murailles de vaisseau construites jusqu'à ce jour.

Votre très-lourd serviteur était *mollement* installé sur un affût en fer, fixé lui-même sur un châssis également en fer ; tous deux — affût et châssis — pesant six mille cinq cents kilogrammes.

— Le piédestal était digne du colosse, dit Baruch.

— Pauvre colosse, que quelques grains de poudre ont fait sauter en l'air comme on fait sauter une balle d'enfant. Mais n'anticipons pas sur les événements. Il faut d'abord que je vous dise deux mots de la fermeture des pièces de sept.

Cette fermeture a une grande analogie avec celle de vos canons de marine. Ainsi la vis est réunie à la culasse au moyen d'un anneau nommé volet, dans lequel la vis manœuvre d'avant en arrière et d'arrière en avant, et qui tourne autour d'une charnière verticale.

Sur la partie du volet opposée à la charnière se trouve le verrou, disposé de telle sorte que le volet ne peut s'ouvrir que lorsque la vis est complétement retirée, et que la vis ne peut être poussée en avant dans la culasse qu'au moment où le volet est fermé.

Bref, la pièce étant chargée, il faut trois mouvéments pour fermer la culasse :

1° Fermer le volet ;

2° Pousser la vis à fond ;

3° Faire exécuter à la vis un sixième de tour

pour engager ses filets (quel qu'en soit le nombre) dans ceux de l'écrou. Cet écrou est une bague d'acier vissée dans le métal de la pièce.

— Rien de plus simple, comme vous le voyez, dit Baruch en se tournant vers M. R.... Lord Stick nous a expliqué d'une façon vraiment admirable ces ingénieux mécanismes que je connaissais d'ailleurs quelque peu, mais que vous ignoriez sans doute. Il va en ce moment nous donner une nouvelle preuve de son obligeance en nous fournissant quelques détails sur le mode de fermeture des canons Krupp.

Lord Stick ne se fit pas prier :

— Messieurs, dit-il, je suis à vos ordres, et quelque difficile que soit le rôle de professeur que vous me faites jouer ce soir, je le remplirai de mon mieux, sans vanité si je réussis, sans honte si je ne suis pas heureux. Votre neveu qui sort des écoles serait certainement plus capable que moi de se tirer d'affaire, et il est assez bizarre que ce soit lui qui vous rapporte mes paroles, lui que je devrais plutôt écouter avec vous !

Le jeune officier s'inclina, en souriant, devant ces éloges, puis l'Anglais reprit ainsi :

— Les canons Krupp se ferment très-rapidement, mais l'appareil est lourd et offre certains désavantages reconnus des Allemands eux-mêmes. Il suffit, pour ouvrir ou fermer la pièce, de pousser à droite ou à gauche un verrou latéral, fait d'un bloc d'acier massif, et percé d'un trou circulaire par lequel pénètre le projectile dans le canon. Ce bloc d'acier est donc une sorte de tiroir qui dégage ou bouche la culasse de la pièce.

Voici en quoi consiste le trou circulaire. La portion du verrou qui correspond au fond de l'âme porte une lunette d'acier, c'est-à-dire une pièce percée d'une ouverture qui se place juste en face du trou de la culasse du canon. Lorsque la gargousse et l'obus ont été introduits par cette ouverture, on pousse le verrou. La lunette passe alors dans l'intérieur du canon et se trouve remplacée par une partie d'acier pleine qui bouche parfaitement le large trou de la culasse.

— Ce système a beau être excellent, dit le brigadier, je lui préfère encore ma bonne grosse vis française à filets interrompus.

— Je regrette de vous contredire, monsieur Baruch, mais cette vis, il est vrai, adoptée en 1866 par la marine française, est d'origine étrangère.

— Quoi! la fermeture de nos canons de marine n'est pas une invention française! Votre science va, décidément, me faire perdre toutes mes illusions, et à force de m'instruire je finirai par ne plus oser rien croire!

Quoi qu'il en soit, cher milord, ce n'est pas de votre faute si la vis en question est née sur un autre sol que celui de ma patrie. J'en fais aisément mon deuil ; la France est encore assez riche d'autre part. Donnez-nous donc l'histoire de cette remarquable disposition mécanique.

— A ma connaissance, elle a été appliquée pour la première fois en l'année 1836. On voyait à une exposition de l'industrie vers cette époque un scaphandre dans lequel le casque qui complète l'appareil se fixait sur le corps par une disposition de ce genre. Lorsque, en 1840, la Prusse étudiait les armes portatives se chargeant par la culasse, un fusil muni d'une vis de ce système figura parmi les compétiteurs du fusil à aiguille (Dreyse) qui fut adopté. Le premier brevet pour l'application de cette disposition aux armes de guerre date du 16 août 1853 ; il fut pris en Amérique.

En 1855, l'Américain Gastman construisit à Boston six canons munis de fermetures de ce genre pour l'Angleterre.

En 1859, le colonel Treuille de Beaulieu proposa d'appliquer aux bouches à feu de votre marine ce système, qui fut adopté officiellement en 1866, pour l'artillerie de marine, et en 1872 pour l'artillerie de terre.

Lord Stick venait de s'arrêter, lorsque M. R... prit la parole en ces termes :

— Mes bons amis, j'ai beaucoup étudié les langues mortes, l'histoire et la géographie. Mais pour ce qui est de l'artillerie et de tout ce qui l'avoisine, hélas! soyez-en convaincus, mon ignorance est profonde. Vous causez depuis longtemps des canons de toutes les grandeurs et de toutes les formes, et je ne suis même pas encore bien fixé sur le nom et la destination des différentes parties d'une bouche à feu. Donc, si vous me l'accordez et si milord en a le courage, il parlera pour moi, après avoir parlé pour vous. N'est-ce pas équitable?

Le brigadier et son neveu trouvèrent cette demande fort naturelle, et lord Stick accéda aussitôt au désir du littérateur.

— Vous avez certainement vu, dit-il, soit au Champ de Mars, soit à Longchamps, défiler des pièces de campagne devant un général ou même un souverain. C'est une de ces pièces qui va me servir, car vous n'avez sans doute jamais jeté des yeux bien attentifs sur les canons de marine dont je vous expliquais la construction tout à l'heure.

Prenons par exemple la pièce de douze, c'est-à-dire la pièce dont le projectile pèse douze kilogrammes. Sa longueur est de dix-huit *calibres,* le *calibre* étant le diamètre de *l'âme,* c'est-à-dire du vide intérieur cylindrique. Le canon est plus épais à la culasse qu'à la bouche, parce que c'est la culasse qui supporte le choc de l'explosion de la poudre.

Aussi a-t-il la forme générale d'un *cône tronqué,* ou si vous voulez, d'un pain de sucre dont on aurait cassé le petit bout. En précisant davantage, on diviserait ce cône tronqué en trois autres : le premier et le deuxième *renfort* formant la culasse, puis la *volée,* qui est le cône le plus long et le plus étroit.

On masque le *ressaut* que forme la jonction des deux *renforts* à l'aide de moulures.

La volée se termine par un renflement appelé *bourrelet en tulipe.*

Dans d'autres pièces la volée se termine par une *plate-bande.* Ces différentes augmentations d'épaisseur consolident la bouche de la pièce.

Près de la *chambre* ou logement du projectile est percé dans l'épaisseur supérieure de la culasse un canal cylindrique appelé *lumière,* qui sert, à l'aide d'une *étoupille,* à communiquer le feu à la charge. Comme la chaleur produite par les gaz qui s'échappent par la lumière arriverait bientôt à fondre l'étain que contient le bronze, la *lumière* est percée dans un *grain* en cuivre rouge, sorte de vis que l'on adapte à la pièce et qui peut se remplacer facilement lorsqu'elle est détériorée.

— Je demande, dit Baruch, au très-honorable lord la permission d'ajouter que dans les pièces en fonte, le même inconvénient n'existant pas, la lumière est percée dans le métal même de la pièce.

— Vous me ravissez l'avantage de le dire, ce que j'allais faire lorsque vous m'avez interrompu si courtoisement.

La *lumière* est oblique par rapport à l'axe du canon et pratiquée au fond de l'âme. Je m'empresse de vous avertir (au risque de devancer la pensée de M. Baruch) que l'on pourrait faire arriver l'orifice du canal de lumière au milieu de la charge sans qu'il en résultât d'inconvénient bien sérieux.

Sur les côtés de la pièce sont placés deux cylindres nommés *tourillons*, dont la grosseur est proportionnée à la force du recul, et qui sont coulés en même temps que la bouche à feu, vers le tiers de sa longueur. Ces deux ailettes cylindiques qui tiennent le canon en équilibre, reposent dans des *encastrements* ménagés à chacun des deux *flasques* ou côtés de *l'affût*.

Pour faciliter les manœuvres de force, la pièce est terminée par un *bouton de culasse* relié à la culasse à l'aide d'un étranglement appelé *collet*, et d'un *cul-de-lampe*.

A la partie supérieure de la bouche à feu et à peu près en son milieu se trouvent les *anses*, qui servent également aux manœuvres de force.

— Les pièces en fonte n'en ont pas, à cause de la fragilité du métal.

— Bien entendu. Je vous fais grâce, monsieur,

des enjolivures, armoiries, devises, chiffres, etc., que l'on semait autrefois à profusion d'un bout à l'autre de la pièce, et qui commencent à disparaître peu à peu, notre siècle essentiellement pratique n'attachant qu'une médiocre importance aux choses dont la vue est seule à profiter.

— C'est très-bien, reprit le brigadier, mais pourquoi ne pas parler de la hausse, des crans de mire, de la tige graduée, de la vis de pression, de l'écrou à oreilles, de.....

— Je ne voulais pas abuser de la patience de M. R..., répondit courtoisement lord Stick, et je le trouve déjà fort aimable de m'avoir écouté jusqu'ici.

Au moment où M. R... allait remercier l'Anglais de son obligeance, le domestique de Baruch entra et lui remit un télégramme.

Le brigadier le décachette aussitôt, met son lorgnon, approche le papier de la lampe et lit le mot suivant :

« Découverte merveilleuse! photographie instantanée des Êtres invisibles! appareil d'une grande délicatesse, mais d'un prix considérable. Me dévoue jusqu'à la fin au spiritisme transcendant. Je n'ai plus besoin que de quinze cents francs. Compte sur toi de suite.

» Londres, poste restante.   DARTOIS. »

— Ceci est sérieux, dit Baruch. Je crois bon

d'interrompre la séance. Milord, vous êtes libre pendant un instant. Nous espérons que votre bonté jusqu'ici inépuisable ne nous refusera pas tout à l'heure de nouvelles confidences.

Puis, se retournant :

— Messieurs, dit-il, les deux soirées pendant lesquelles mon neveu, grâce à son influence magique, a évoqué des morts illustres à plusieurs titres, pourront compter parmi les plus attrayantes de toutes celles que j'ai passées jusqu'à ce jour.

A qui les dois-je, ces soirées? A qui Georges doit-il les premiers éléments de sa science spirite? A qui, par conséquent, devez-vous, vous, monsieur R..., vos nouvelles connaissances en artillerie? C'est à M. Dartois, n'est-il pas vrai?

D'autre part, quoi de plus admirable que cette course d'un homme audacieux à travers les mondes extraterrestres, que cette idée de photographier un esprit, un fluide! La pensée seule de ce travail, devant lequel reculerait le plus grand génie, m'éblouit et m'enivre. Et qui se charge de cette œuvre?

Dartois encore !

Donc, je suis d'avis d'envoyer les quinze cents francs demain.

— Et moi, répliqua son neveu, je suis d'avis que vous les gardiez pour vous.

Ah! si vous aviez reçu une lettre de M. Dartois,

avec sa signature et son adresse, je ne me mettrais pas en travers de votre générosité. Mais cette dépêche m'a tout l'air de vous être envoyée par un escroc au courant de vos relations avec le fameux spirite, et désireux d'en profiter.

Si votre ami avait besoin d'argent, il ne vous le demanderait pas d'une façon si brusque et si sèche ; il vous donnerait au moins son adresse, n'ayant pas peur de se compromettre. Croyez-moi, attendez encore. Cette belle invention photographique ne perdra rien pour attendre quelques jours, tandis que vous, mon oncle, vous perdriez sans doute quinze cents francs à les envoyer de suite.

Le brigadier fut bien obligé de se soumettre à la justesse de ce raisonnement. Et tout en prenant le thé, on causa de l'affaire mystérieuse qui survenait si inopinément, laissant dans l'esprit de chacun des doutes et des incertitudes.

CHAPITRE V

Les grands voyages de lord Stick. — Artillerie nouvelle. —
Les canons géants. — Exposition de Vienne.

— Puisque vous désirez, dit lord Stick à la reprise de la séance, que je vous entretienne encore de moi, je vais vous raconter rapidement comment j'ai quitté le canon qui me tenait si bien enfermé, et ce que j'ai fait depuis ma délivrance jusqu'au jour où mon âme fatiguée des voyages s'est choisi une retraite dans le cabinet de travail de M. Baruch.

Mon existence s'était écoulée obscurément de 1866 à 1873, lorsqu'à cette époque, des expériences furent faites à Boulogne-sur-Mer, expériences dont le but était d'étudier la meilleure fermeture de culasse, et dans lesquelles j'eus l'honneur de figurer comme modèle. Soixante-quinze coups furent tirés par le *Tonnant*, — c'est moi qui portais ce nom de guerre, — avec des projectiles de 144 kilogrammes. Je résistai admirablement aux chocs de la poudre. A peine remarquait-on dans l'intérieur du *Tonnant* quelques érosions insignifiantes.

On voulut essayer ensuite de nouveaux projectiles de forme très-allongée, contenant une plus
forte charge de poudre et pesant, en plus que les
premiers, près de 45 kilogrammes. Les trois premiers coups furent excellents. Mais au quatrième
coup, il se produisit une épouvantable explosion.
La vis-bouchon fut projetée en arrière avec une
violence inouïe et tua deux servants. Le *Tonnant*
venait d'éclater par suite du *desserrement* d'une
frette dont le boulon était brisé.

Mon âme ressentit une impression analogue à
celle qu'éprouvent les aéronautes, lorsqu'au cri
de : Lâchez tout ! le ballon s'élève, rapide et léger,
dans les airs.

Je me retrouvai bientôt au sein d'un silence
profond, comme noyé dans une demi-clarté vapo-
reuse, ému d'une pareille secousse, affligé d'avoir,
en partant, donné la mort à deux braves serviteurs, heureux de ma liberté nouvelle. Vous le
dirai-je ? ma première pensée fut d'aller à Londres
savoir ce qu'était devenu sir Pudding. Comment
supportait-il sa défaite mémorable ? survivait-il
seulement à son déshonneur ? Une nuit, je me
rendis dans le magnifique hôtel de mon rival. Sir
Pudding dormait aussi profondément qu'un bien-
heureux ! Ce calme m'exaspéra. Voltigeant alors
comme un songe au chevet de son lit, ainsi que
peuvent le faire les êtres surnaturels, je frappai

son imagination par le souvenir de ma glorieuse victoire ; je soufflai dans son cœur la jalousie, cette terrible passion qui empoisonne la vie tout entière. Plusieurs fois je vins ainsi troubler le sommeil de mon ancien ami, chuchotant à ses oreilles cette phrase monotone : « Battu par lord Stick... battu par lord Stick ! »

Vous verrez tout à l'heure de quelles conséquences fâcheuses fut suivie la mauvaise plaisanterie que je déplore aujourd'hui. Pour le moment, je vais vous mettre au courant de mes occupations en 1873. Un mois après la catastrophe de Boulogne, j'entrepris un long voyage chez la plupart des nations civilisées, avec l'idée de rechercher quels avaient été les plus gros canons construits depuis les origines de l'artillerie jusqu'à nos jours. Je dis : *long voyage,* pour emprunter une expression commune, car les esprits se meuvent avec la rapidité de la pensée ; pour eux les distances existent à peine, et en quelques millièmes de secondes ils peuvent faire le tour de la terre.

Ma première visite fut pour *Marguerite l'Enragée.*

— Quelle est cette étrange personne ? fit Baruch tout surpris.

— Marguerite l'Enragée ou Margot la Folle, si vous aimez mieux, est un énorme canon de 5 mètres de long, de 1 mètre de large, et d'un calibre de 64 centimètres. Margot pèse 16,400 kilogrammes ; son boulet de pierre en pèse 340. La volée et la culasse sont faites d'une trentaine de barres en fer forgé, réunies comme les douves d'un tonneau au moyen d'une cinquantaine de cercles soudés ensemble. Ce procédé auquel certains constructeurs semblent vouloir revenir, ne date pas d'hier, puisque Marguerite l'Enragée, que l'on peut voir toujours à Gand, a été forgée en 1382, — il y a 500 ans ! — par Philippe d'Arteveld, fils du célèbre Jacques, le brasseur de Gand, et peut-être a servi contre le roi de France Charles VI, à la grande bataille de Rosebecque, où ce dernier remporta d'ailleurs une magnifique victoire.

J'eus l'occasion de voir deux autres pièces construites de la même façon ; l'une, le *Mons-meg*, conservée au château d'Édimbourg, mais un peu plus petite que Margot ; l'autre, le canon de *Moorshedabad* dans les Indes orientales, qui mesure plus de 5 mètres en longueur.

A Brunswick, j'entendis parler de la *Messe pourrie*, bouche à feu qui ne pesait que 9,000 kilogrammes, mais lançait des boulets en pierre de 375 kilogrammes, et d'un diamètre de 66 centimètres. Il semble que la *Messe pourrie* ait été bien inoffensive, car dans une existence longue de près de 400 ans, elle n'a tiré que 9 coups, ce qui ne fait pas tout à fait 1 coup par 40 ans. Encore le projectile allait-il s'abattre à 1 kilomètre plus loin

que le point visé ou éclatait-il en sortant de la
pièce.

J'ai pris aussi des informations à Andrinople
sur le fameux canon que le Hongrois Orban Wen-
gerez fabriqua pour le compte de Mahomet II. Ce
canon de bronze avait 71 centimètres de calibre
et lançait un boulet de pierre de 300 kilogrammes
à une distance de près de 1,300 mètres.

La secousse occasionnée par le tir de la pièce
s'étendait à plus d'une lieue. Pour le transporter
il fallait un train de 30 voitures réunies, attelées
de 300 bœufs, et un bataillon de 250 ouvriers pour
aplanir les chemins et consolider les ponts. Orban
disait que sa pièce eût été capable de réduire en
poussière les murailles de Babylone, ce qui n'était
guère rassurant pour celles de Byzance, beaucoup
moins épaisses sans doute. Mahomet fit publier le
jour où on y mettrait le feu pour la première fois,
de peur que quelques-uns n'en perdissent la parole ou que les femmes n'en accouchassent de
frayeur. Les Byzantins épouvantés du premier
coup, tombèrent à la renverse, criant : Seigneur,
ayez pitié de nous !

Cette prière fut exaucée, car le canon monstre,
que l'on mettait deux heures à charger et que l'on
ne tirait que sept fois dans la journée et une fois
le matin pour donner le signal de l'attaque, ne
tarda pas à crever, et l'un de ses éclats tua Orban.

Le canon détruit, la terreur resta tellement profonde dans l'imagination des peuples que, cent ans après, les Turcs, faisant le siége d'un château en Hongrie, n'eurent qu'à faire traîner, à grand bruit, par plusieurs paires de bœufs, une poutre énorme sur une montagne voisine, pour que la garnison du château, effrayée à la pensée que ce pouvait être un canon à la façon de celui d'Orban, se rendît immédiatement et sans conditions.

— Cependant, milord, tous les échantillons de la grosse artillerie turque ne devaient pas avoir apparemment une taille aussi imposante que le canon géant de Mahomet II.

— Croyez-moi, leur stature était, pour le plus grand nombre, fort respectable ; et l'on raconte cette histoire qu'il y avait aux Dardanelles un canon dont la bouche était si large qu'un tailleur d'habits, poursuivi pour dettes, s'y blottit tout entier et y resta caché plusieurs jours, à l'abri des investigations de la police. Quelques-uns de ces *kemerliks* avaient 33 pouces de calibre, 5 mètres de longueur, et lançaient des blocs de pierre de 1,600 livres.

Il ne faudrait pas croire que le plus grand avantage des *kemerliks* était de servir de refuge aux débiteurs dans la gêne. En 1807, les batteries des Dardanelles obligèrent la flotte de l'amiral anglais

Duckworth à s'enfuir au plus vite, non sans subir de sérieux dommages.

Dans les Indes, à Bedjapour, je vis un beau canon en fonte de cuivre, nommé Malikè-Meidan ou le Seigneur de la plaine. Construit en 1685, il pesait 40,000 kilogrammes ; sa longueur était de 4 mètres 20 centimètres, son calibre de 72 centimètres, et il lançait un boulet de 1,680 livres.

En Prusse, le pays des canons Krupp, j'espérais trouver quelque lourd colosse du passé. Hélas ! j'arrivai plus d'un siècle trop tard. La célèbre *Asia*, fondue à Berlin en 1704 sous Frédéric-Guillaume Ier, fut renvoyée à la fonderie à l'âge de trente-neuf ans, par les ordres du fils du roi-caporal, Frédéric II, qui préférait plusieurs petits canons légers à une grosse masse immobile. Le plus grand intérêt de l'*Asia* consistait dans la richesse de ses décorations. On y voyait, depuis l'astragale jusqu'au cul-de-lampe, de nombreuses ciselures représentant des batailles, les armes de Prusse, trois chameaux, un palmier, un Turc, Minerve en pantalon, une caravane, des aigles et des couronnes, tout cela dans un touchant désordre qui, suivant l'expression d'un de vos poëtes, est parfois un bel effet de l'art. Ce canon, d'une si originale beauté, coûta 13,617 thalers, c'est-à-dire un thaler et demi par kilogramme, et je ne compte pas les frais de décoration, qui s'élevèrent à 593 autres thalers, dont 40 pour le *triomphe asiatique,* et 100, — un peu plus du double, — pour les gracieux chameaux à genoux, formant les anses.

A Liége, je pris sur des plans spéciaux les dimensions de l'énorme mortier Paixhans fondu en 1832, lors de la guerre de l'indépendance belge. Ce mortier pesait près de 8,000 kilogrammes, avait un calibre de 60 centimètres et lançait des bombes de 587 kilogrammes. Il fallut 36 chevaux pour le transporter de Liége à Anvers, dont, vous autres Français, vous faisiez alors le siége. La reddition de la place n'en fut pas avancée d'une minute, car le mortier tira en tout dix bombes qui ne firent aucun mal. En revanche, à la paix, on recommença avec lui des essais de tir, et il éclata aux premiers coups, allant ainsi rejoindre le canon d'Orban et tant d'autres !

De retour chez moi, je vis exposé à l'arsenal de Woolwick le mortier Palmerston, mieux connu du public anglais sous le nom de *Folie* Palmerston. Formé de barres de fer réunies par des frettes et des boulons, il pesait sans affût 91,500 kilogrammes. La bombe avait 35 pouces de diamètre, contenait 212 kilogrammes de poudre et avait un poids total de 1,562 kilogrammes. Le mortier coûta 18,750 francs, et comme on ne tira que quatre coups, — au quatrième un des boulons sauta, —

on peut dire que chaque coup représenta une dépense de 4,687 fr. 50 cent., ce qui explique bien le surnom de *Folie* Palmerston.

— Tous ces insuccès, dit Baruch, n'empêchent pas qu'on revienne, de nos jours, aux énormes constructions du passé.

— Et ce retour au passé se comprend très-bien, car on a aujourd'hui des alliages nouveaux, des métaux plus résistants ; la métallurgie a fait de grands progrès. Enfin, — et c'est là la meilleure raison, — l'invention des plaques de blindage nécessite des projectiles puissants et des portées considérables. Je venais de rentrer à Londres, lorsque s'ouvrit la grande exposition de Vienne. Y voler d'une aile rapide ne fut que l'affaire d'un instant. Que de choses admirables groupées sur la belle promenade du Prater ! Je passai des journées entières à visiter ces merveilles, et ma curiosité fut tout aussi vive que si je n'avais pas déjà vu dans mes nombreux voyages les magnifiques objets que chaque pays s'était fait une gloire d'exposer. La collection d'artillerie m'intéressa d'autant plus, que mes longues visites dans les différentes usines d'Europe et d'Amérique me permettaient de juger sérieusement de la valeur de chaque fabrication.

Je ne vous cacherai pas toutefois que je fus fort désappointé en parcourant le pavillon des bouches à feu. C'était la section de l'artillerie, la plus incomplète de toutes, tandis qu'en 1867, à votre exposition de Paris, elle avait été si brillante !

Ceci s'explique ; d'abord, la guerre qui venait d'être livrée entre la France et la Prusse avait rendu les gouvernements circonspects sur l'étalage de leurs forces respectives. Ensuite l'armement était en 1873 en voie de formation chez la plupart des puissances européennes, qui ne pouvaient rien présenter qui soit digne d'elles, et d'un autre côté ne désiraient pas dévoiler le résultat de leurs expériences.

— Peu importe, milord ! Les nations ont voulu se cacher à Vienne. Eh bien ! avec vous, nous irons chez elles jeter un regard indiscret sur leurs travaux. Vous avez dû surprendre bien des secrets, puisqu'une âme peut passer par le trou d'une aiguille. Nous allons donc écouter vos confidences avec une grande attention, et je vous promets de ne vous interrompre que lorsqu'il me sera impossible de faire autrement. Vous avez la parole.

— Supposez-vous donc à l'exposition de Vienne, en face du pavillon américain. Je commence par l'Amérique, parce que c'est elle une des premières, sinon la plus heureuse, dans la voie des réformes.

Les inventeurs de ce pays s'étaient départis de leur fécondité ordinaire et n'avaient exposé que quelques modèles donnant une bien faible idée de leur génie industriel.

L'on remarquait seulement une bouche à feu à deux coups, d'un mécanisme peu pratique, et une charrue-canon très-originale, mais plutôt faite contre des sauvages que contre des armées régulières.

Voilà les Américains à Vienne! mais allons les voir dans leur propre pays. Depuis quarante ans, ils se livrent à d'immenses travaux. Quatre inventeurs se disputent le prix de la meilleure fabrication des canons de gros calibre : ce sont MM. Rodman, Dahlgren, Parrott et Ames. Leur lutte est digne d'intérêt, mais serait bien longue à raconter.

Tous les quatre ont compris qu'il fallait abandonner le bronze, dont la ténacité n'était pas suffisante, et lui substituer des métaux plus durs et plus élastiques, tels que la fonte, l'acier ou le fer forgé des anciennes bombardes.

Le principe d'où partit le major Rodman est très-ingénieux, et son application se généralisera peut-être un jour. Le voici : pour augmenter la résistance d'une bouche à feu, il faut que les parties du centre se contractent plus que les parties extérieures. Or, comme le fer se contracte d'autant plus qu'il se refroidit vite, le major, à l'aide d'un courant d'eau froide tombant dans l'âme du canon, fit se contracter les couches intérieures avant les autres. Le canon, naturellement, était coulé autour d'un noyau creux, à travers lequel passait le

jet continu d'eau froide, pendant que le moule
était entouré d'un feu assez vif pour maintenir
l'extérieur de la pièce à une plus haute température. Le refroidissement avait donc lieu du centre
à la circonférence, contrairement à ce qui a lieu
dans les coulages à noyau plein. Les expériences
ont été favorables au procédé Rodman pour les
petits calibres. La fonte, malheureusement, ne
résiste pas assez bien aux fortes pressions de l'artillerie nouvelle.

Les canons lisses de ce système ont rendu de
grands services pendant la guerre de sécession, à
laquelle j'ai assisté en chair et en os avec sir Pudding, qui venait de me gagner le pari du Chimborazo.

J'ai vu là des coups merveilleux ! des effets
d'une prodigieuse puissance qui enthousiasmaient
mon ami, si admirateur des grandes choses ! Que
penser de ceci ? Un canon Rodman de 15 pouces
de calibre, envoya dans l'entre-pont de la batterie
de l'*Atlanta* un projectile de 400 livres qui produisit une voie d'eau de 6 pieds de longueur, et
par les éclats qui furent lancés en tous sens, tua
quarante-huit hommes qui se croyaient parfaitement en sûreté derrière la cuirasse de leur navire.
Deux autres coups firent tant de ravages, que le
capitaine fut obligé de se rendre.

Et dans la baie de Mobile ! Il me semble y être

encore. Le monitor *Manhattan* avait déjà criblé de boulets le bélier cuirassé *Tennessee* des États du Sud, qui, malgré cela, tenait la mer et combattait avec furie, lorsque le monitor lance deux boulets de 15 pouces qui font de larges plaies dans le poitrail du redoutable bélier, ébranlent sa cuirasse de fer, et l'envoient s'échouer, mourant, sur la côte !

Magnifique spectacle que ces géants aux armures épaisses, qui combattent à plusieurs kilomètres de distance et se lancent à la tête des quintaux de métal avec une force incomparable !

— Quelles sont les dimensions du canon de 15 pouces dont vous chantez les louanges ?

— La longueur d'âme de ces canons est de 10 calibres, c'est-à-dire de 150 pouces, puisque le calibre est de 15 pouces. Il pèse près de 21,000 kilogrammes et envoie des boulets de plus de 400 livres et des obus de 330 livres.

D'ailleurs le major Rodman, ébloui par ce premier succès, eut l'idée d'en faire un plus grand encore, le canon de 20 pouces, du poids de 172,000 livres, d'une longueur de 6 mètres 50 centimètres, et lançant un projectile de 1,000 livres, que l'on élevait jusqu'à la bouche au moyen de leviers. Le canon de 20 pouces a été essayé au fort Hamilton, avec des charges qui allaient jusqu'à 180 livres. Les expériences furent satisfaisantes, et cependant je ne crois pas qu'il en ait été fabriqué d'autres.

J'ai eu l'avantage d'assister à la fabrication de cette énorme pièce, à la fonderie de canons du fort Pitt. Rien de plus curieux, de plus grandiose qu'un pareil travail !

— Soyez donc assez aimable pour nous le faire connaître, dit Baruch.

De son côté, le jeune officier assura que les professeurs de l'École spéciale avaient glissé légèrement sur les travaux métallurgiques des États-Unis, et que cependant il était bon de tout connaître.

Lord Stick commença alors son explication :

— Trois fourneaux du fort renfermaient le métal destiné au fondage.

Le premier fourneau contenait 30,844 kilogrammes de métal ;

Le deuxième fourneau contenait 16,782 kilogrammes de métal ;

Le troisième fourneau contenait 15,875 kilogrammes de métal ;

Ce qui donnait un total de 63,501 kilogrammes de fonte !

Les trois fourneaux furent mis en feu le samedi à quatre heures et, demie du matin, et peu après midi, la fonte était bonne à couler dans le moule.

Ce moule, malgré sa dimension prodigieuse, était préparé avec autant de soin et ajusté aussi habilement que le moule d'une statue ou d'un vase en bronze d'art. Il avait été préparé plusieurs semaines à l'avance et consistait en deux sections longitudinales, recouvertes chacune d'une couche épaisse d'un mélange de poussière de charbon de terre et de sable. Avant d'être ajustées, ces deux parties avaient passé plusieurs semaines au four, jusqu'à ce que l'enduit fût devenu aussi dur que la pierre et complétement exempt de la moindre humidité. Vous comprendrez la nécessité de cette dernière condition, lorsque vous saurez qu'il eût suffi de la valeur d'une tasse d'eau, humectant le fond ou les parois du moule au moment de l'arrivée du métal en fusion, pour que le moule sautât, et le fort Pitt avec.

Une grue gigantesque maintenait le moule dans une grande fosse. Un noyau creux de vingt pouces de diamètre fut alors suspendu à l'intérieur du moule et parfaitement ajusté pour fermer l'âme du canon.

A midi deux minutes, les deux premiers fourneaux furent débouchés, et le troisième à midi trois minutes. Au bout de vingt minutes, les différents fourneaux cessèrent de couler.

Immédiatement après que le moule eut été rempli, l'appareil hydraulique commença à verser de l'eau dans le noyau creux du moule, afin de refroidir l'intérieur du canon plus rapidement que l'extérieur, comme j'ai déjà eu l'honneur de vous l'expliquer. Quand l'eau commença à couler, sa température s'élevait à 27°. Le noyau rempli, l'eau avait 37°; dix minutes après, elle atteignit 45°, et au bout de vingt minutes, près de 47°. Quelques minutes après le commencement de la coulée, le gaz se dégagea du noyau et brûla jusqu'à deux heures de l'après-midi. Ce gaz était formé par la carbonisation d'une certaine quantité de cordage en chanvre qui entourait le noyau. La combustion du cordage permit au noyau de se resserrer, de manière qu'il pût être retiré du corps du canon.

A une heure quarante minutes de l'après-midi, on alluma des feux au fond de la fosse, autour du moule. Ces feux furent alimentés plusieurs jours. Ces deux modes de refroidissement intérieur par l'eau et par le feu, produisirent sur la masse de la pièce l'effet du serrage d'une frette en fer. Le noyau fut ensuite enlevé vivement hors de l'âme, laissant la surface intérieure du canon durcie, mais à la chaleur blanche. L'opération du refroidissement fut continuée en amenant dans l'âme un filet d'eau froide de la grosseur d'une paille. Le premier contact de l'eau avec le métal brûlant, produisit une explosion presque semblable à une décharge d'artillerie. Le filet d'eau fut, quelque temps après, remplacé par une colonne d'air froid poussée par un puissant ventilateur.

Il fallut environ vingt-cinq jours pour que la pièce fût refroidie, de manière à pouvoir être retirée du moule, et conduite sur le terrain d'épreuve.

Vous pensez si tout ce travail captiva mon attention ! Après avoir été reconnu propre au service, le canon monstre (il lançait un projectile plein de 493 kilogrammes !) servit à armer la tour du *Puritan* qui se trouvait alors dans le port de New-York. Je ne puis juger la valeur des *colombiades* de Rodman, mais elles ont du moins un grand avantage, c'est qu'elles coûtent plusieurs fois moins cher que les canons Krupp, et que la plupart des pièces européennes. Cette différence se comprend : on travaille plus facilement la fonte de fer que l'acier fondu, le mode de chargement par la bouche nécessite moins de travaux délicats que le mode de chargement par la culasse, enfin il faut moins de machines et d'outils pour les âmes lisses que pour les âmes rayées.

Le système Parrott est le même que le précédent, avec cette différence que le canon en fonte est renforcé par un manchon de fer forgé, placé à chaud pendant le refroidissement de la pièce.

Les canons Ames sont formés de trois tubes

ajustés l'un dans l'autre et exerçant l'un sur l'autre certaines pressions particulières.

Tous ces systèmes sont encore peu connus parce qu'ils ont été dès l'origine étudiés trop à la hâte. Dans la guerre de sécession, la quantité des canons fut plus recherchée que leur qualité. Aussi combien de pièces éclatèrent ! Je me rappelle avoir vu des artilleurs, plus intimidés par leurs propres canons que par les batteries ennemies, se demander avec effroi s'il fallait faire feu !

Aujourd'hui que la paix est revenue, les Américains ont abandonné beaucoup de leurs audacieuses fabrications ; les officiers, sacrifiant moins à la fantaisie inventive, demandent surtout à la science le résultat du problème, et il est probable qu'ils adopteront les réformes nombreuses qui ont transformé de nos jours l'artillerie européenne.

En quittant la section américaine de l'Exposition de Vienne, mes pas se portèrent vers la section française.

— Ah ! nous voici chez nous, interrompit le brigadier. Je suis bien désireux, milord, de savoir ce que vous pensez de mon pays. Dites la vérité, toute la vérité, rien que la vérité. Je vous pardonne d'avance si vous êtes sévère, pourvu que vous soyez juste.

— Vous me mettez à mon aise. J'en profiterai à l'occasion.

Votre exposition était bien pauvre. Un canon de 7 en bronze, et un affût en fer forgé, c'est tout ce que vous aviez offert de remarquable. Cependant votre métallurgie était dignement représentée par les produits des usines du Creuzot, des forges et fonderies de Saint-Étienne. Les aciers Martin, les bronzes Laveyssière et les fontes de la Vienne attirèrent l'attention des constructeurs et furent appréciés par le jury de l'Exposition.

Mais cette pénurie d'objets ne prouve absolument rien, et chacun sait que vous travaillez silencieusement à réparer les désastres d'une guerre funeste. C'est votre droit et votre devoir. Vous ne serez libres que quand vous serez forts, et aujourd'hui que la force triomphe plus que jamais, c'est à l'artillerie que chaque nation doit confier son avenir et son indépendance. La France fut la première qui fit sur les champs de bataille l'essai des canons rayés. On se rappelle l'émotion extraordinaire que causa en Europe, dans l'année 1859, l'apparition inattendue de ces nouveaux engins de guerre.

Malheureusement pour elle, la France s'endormit sur ses lauriers, et quand elle se réveilla... la Fortune l'avait déjà abandonnée pour courir après le travail et le progrès! On dit que la victoire autrefois souriait aux jeunes. Elle est devenue plus pratique de nos jours, et ses plus tendres sourires sont pour les rayures, les culasses mobiles et les projectiles d'acier. Il faut donc en prendre son parti, et gagner les bonnes grâces de la belle capricieuse à coups de marteaux-pilons.

Voilà pourquoi vous avez été battus en 1870.

Il faut excepter de ce reproche l'artillerie de marine qui, préoccupée des progrès continuels faits par les étrangers, avait, dès 1860, adopté le chargement à l'arrière dont je vous ai parlé tout à l'heure au sujet de ma mésaventure de Ruelle, et, en 1864, avait apporté de nouvelles modifications à ce système.

Cette transformation de l'armement n'était pas peu de chose, car il fallait passer de bouches à feu pesant trois ou quatre mille kilogrammes à d'autres en pesant quinze ou vingt mille, et les usines n'étaient pas préparées pour exécuter couramment de pareils travaux. Mais avec du courage, que ne fait-on pas? Votre flotte fut bientôt armée d'un grand nombre de pièces nouvelles, capables de traverser aux distances de combat tous les navires cuirassés qui étaient alors à flot. Grâce à ces réformes, le canon de 24 centimètres put traverser des plaques de 12 centimètres à 3,300 millimètres, et de 20 centimètres à bout portant ; celui de 27 centimètres traversa des plaques de 12 centimètres à 5,900 millimètres et de 23 centimètres à bout portant, résultat magnifique, les cuirasses ne dépassant guère à cette époque 15 centimètres d'épaisseur.

Qui n'a entendu parler du steeple-chase effréné auquel se livrent depuis longtemps boulets et cuirasses? Lequel des deux sera victorieux? je ne sais. Le boulet sans doute. Toujours est-il que les constructeurs de navires répondent par une nouvelle cuirasse à chaque progrès de l'artillerie, et que l'artillerie répond par un nouveau boulet à chaque progrès des constructeurs de navires. Cette lutte épique pourra durer des années encore !

La marine française a dû suivre la course furibonde qui entraîne toutes les marines vers un effrayant inconnu. Je vous ai dit ce qu'elle avait fait en 1870 pour augmenter sa puissance, et avoir raison de plaques de 30 et 35 centimètres d'épaisseur.

Pendant ce temps, votre artillerie de campagne faisait de timides essais de chargement par la culasse et se retranchait dans une sécurité voisine de l'aveuglement. Cependant les expériences belges de 1869 émurent si vivement le gouvernement français, que l'on hâta la fabrication de mitrailleuses ou canons à balles, ce qui ne constituait d'ailleurs qu'une réforme bien insuffisante et bien tardive.

Vous savez le reste aussi bien que moi. La guerre de 1870 vous a ouvert les yeux, et l'artillerie de terre s'est lancée dans les voies nouvelles.

Le canon de 7 de Reffye avait été fort apprécié pendant le siége, malgré sa fabrication naturellement défectueuse. Son mode de chargement est simple, la culasse est solide, et cependant la pièce est assez peu lourde pour être traînée sur le champ de bataille.

M. de Reffye a obtenu une obturation plus complète en logeant la poudre dans une gargousse imperméable et indestructible en tôle mince qui s'oppose à toute déperdition des gaz, et réduit la culasse au simple rôle de point d'appui. Cette gargousse, une fois le coup parti, est entraînée en arrière dans le mouvement d'ouverture de la culasse et tombe à terre.

La poudre de la gargousse est comprimée en rondelles dures et résistantes, qui ne s'enflamment que successivement, et ne fatiguent pas la pièce par la violence des coups.

L'obus à fusée percutante éclate en trente ou trente-cinq fragments au moment où il frappe le but.

Votre comité d'artillerie, respectant le principe, a seulement remplacé le calibre de 7 par celui de 5, en acier, qui vous donne une pièce plus légère, plus mobile, et digne de figurer sur un champ de bataille.

— A bientôt donc l'expérience ! Vous ne savez

pas, milord, combien il me tarde que la pièce de 5 fasse ses preuves et relève la réputation de l'artillerie française !

— Quelle fougue vous enflamme au moindre mot, monsieur Baruch ! Déjà vos yeux étincellent, vos sourcils se froncent, et il semble que vous allez pourfendre quelque ennemi invisible. Pour vous calmer un peu, je vais vous parler de l'Autriche.

Cette nation n'avait fait figurer que deux ou trois mitrailleuses, un affût de casemate sorti des ateliers de la fabrique de Sommering, et quelques échantillons de ses aciéries de Léoben et de Vocklabrück.

L'Autriche n'a pas encore d'idées arrêtées sur son artillerie.

La guerre de 1859 lui fit adopter les rayures, mais elle hésita et hésite encore entre les deux chargements par la bouche et par la culasse. En somme, son armement est à peu près le même que celui qui figura dans les plaines de la Bohême en 1866.

Seule, son artillerie de marine a été modifiée complétement. Reconnaissant après la guerre de Danemark la nécessité d'armer des vaisseaux cuirassés de pièces de gros calibre, elle a fait des commandes importantes dans les ateliers de Wolwich et à l'usine d'Essen.

Je ne quitterai pas l'Autriche sans vous dire un

mot de deux inventions qui lui sont particulières, le métal *sterro* et les pièces au fulmi-coton.

Le métal dit *sterro* (en grec, ferme), découvert par le baron Bosthon, se compose d'un certain alliage de cuivre, de zinc, fer et étain. Son prix de revient est inférieur au bronze, et on le soumet aujourd'hui à des expériences qui confirment sa ténacité et son élasticité.

Les pièces au fulmi-coton, système du général Lenck, ont été acceptées avec faveur, puis abandonnées, puis reprises, puis rejetées encore, de telle sorte qu'il serait bien difficile de prévoir leur avenir. On ne peut avancer qu'une chose, c'est que le fulmi-coton, qui a une bien plus grande force expansive que la poudre noire, nécessitera, si on l'adopte, l'emploi de l'acier ou d'un autre métal plus résistant que le bronze ordinaire des canons.

Sur ce, entrons ensemble dans le pavillon de l'artillerie russe. C'était un des plus beaux, un des plus remplis. L'usine de M. Oboukhoff, à Colpino, la plus importante fonderie qui existe après l'usine Krupp, avait exposé un assez grand nombre de pièces en acier, toutes se chargeant par la culasse et se fermant à l'aide du coin cylindro-prismatique en usage dans l'armée prussienne. La plus remarquable de ces pièces était le canon de douze pouces de la marine, entièrement en acier, magnifique bouche à feu qui n'est dépassée que par le canon-obusier de cinquante tonnes de 1870.

L'intérieur de l'âme est pratiqué dans un tube d'un seul morceau qui va d'un bout à l'autre du canon. La longueur totale est de six mètres cent douze millimètres. Cela fait un décimètre de plus que le fameux canon Krupp, à votre Exposition du Champ de Mars, en 1867.

Le canon, recouvert jusqu'à la bouche de plusieurs rangées de frettes ou manchons, a un diamètre d'un mètre quarante-six, et pèse quarante mille quatre cent soixante kilogrammes.

— Dites-moi, milord, n'est-ce pas un luxe inutile que tous ces manchons superposés jusqu'à la bouche, puisque c'est à la culasse que la poudre fait sentir tout son pouvoir ?

— Les ingénieurs russes ont été déterminés par ce fait que les pièces en acier qu'ils avaient commandées à l'usine d'Essen avaient éclaté près de la bouche. Aussi les canons fabriqués en Russie même n'ont-ils jamais éprouvé d'accidents de ce genre.

— Et quelle sera la destination de cette pièce monstre ? Ce n'est pas seulement, sans doute, pour faire crever de dépit les constructeurs prussiens, que les Russes ont dépensé plusieurs centaines de mille francs?

— Leur but pratique est de faire servir ce canon,

avec un autre d'égale grosseur, à l'armement du *Pierre-le-Grand,* monitor colossal construit à Cronstadt, dont la cuirasse a une épaisseur de quarante centimètres et dont le pont porte une seule tour où manœuvrent les deux pièces de douze en question.

Les Russes doivent, en outre, être très-heureux de montrer à leurs voisins qu'ils sont aussi bons constructeurs qu'eux, qu'ils peuvent s'affranchir du tribut payé à l'étranger, que leurs canons n'éclatent pas à la bouche comme les canons Krupp, que les artilleurs ont repris avec leurs pièces nationales la confiance qu'ils avaient perdue avec les bouches à feu d'Essen, enfin que l'usine Oboukhoff a aussi son marteau de cinquante mille kilogrammes et que la nation veut se suffire à elle-même, fût-ce au prix des plus grands sacrifices.

— Très-bien, messieurs les Russes, j'applaudis fort à votre résolution. On n'est jamais si bien servi que par soi-même, et d'ailleurs une grande nation comme la vôtre ne doit être à la merci de personne. Recevez donc tous mes compliments. C'est un vieil ennemi de Crimée qui vous les adresse. Vous pouvez croire à sa sincérité.

Sur ce, milord, la parole vous appartient. Mille pardons de la couper si souvent.

— Avec votre permission, je reprends mon

récit. Il me reste peu de chose à dire sur le pavillon russe. L'arsenal de Saint-Pétersbourg et la fonderie de Perm avaient exposé des pièces de campagne atteignant trois mille à quatre mille cinq cents mètres de portée. L'établissement métallurgique de Kama exposait des plaques de blindage en fer laminé, d'une épaisseur de douze pouces. Enfin, plusieurs autres ateliers avaient aussi envoyé quelques échantillons fort remarquables de leurs produits.

Le pavillon Krupp, au Prater, était d'autant plus remarqué que la Prusse, prise depuis long-temps d'une sorte de frénétique activité pour les choses militaires, toujours perfectionnant avec ténacité son armement déjà formidable, victorieuse dans les ateliers aussi bien que sur les champs de bataille, attire les regards de tous, et soit par crainte, soit par curiosité, force les plus indifférents à se rendre compte de ses travaux grandioses, à étudier ses incessants progrès.

A l'entrée du pavillon on voyait se dresser, menaçant, un énorme bloc d'acier fondu en forme de prisme octogonal, dont le diamètre était d'un mètre quarante centimètres, et le poids de cinquante deux mille cinq cents kilogrammes. Il avait fallu pour le couler employer dix-huit cents creusets, et il revenait à plusieurs centaines de mille francs. Ce bloc, — véritable tour de force métallurgique, — devait servir à faire un canon gigantesque de trente-sept centimètres de calibre. Outre ce spécimen imposant du travail de l'acier, on trouvait là toutes les espèces possibles de canons, depuis ceux de montagne jusqu'aux canons de six cents livres, avec leurs affûts et leurs accessoires, tous fabriqués avec une même sorte d'acier, et tous se chargeant par la culasse. Les grosses pièces étaient frettées, celles de moindre calibre étaient d'un seul morceau d'acier martelé. Les affûts eux-mêmes et la presque totalité des pièces accessoires étaient en fer forgé.

D'ailleurs, dans la construction des affûts et du matériel roulant, le fer a généralement remplacé le bois, qui, outre les difficultés de sa conservation, n'offre plus une solidité suffisante pour résister aux efforts exigés de l'artillerie nouvelle.

Les roues à moyeux métalliques sont partout adoptées. On rencontre déjà même quelques roues entièrement métalliques, moyeux et jantes en bronze, rais en fer.

Je ne puis entrer, quoiqu'il s'y trouve de l'intérêt, dans le détail des petits canons de montagne dont le Chili a fait une commande importante, des canons longs ou courts, de siége, de place et de côte, dont les projectiles en acier ou en fonte durcie sont revêtus d'une enveloppe de plomb fixée par le procédé chimique et sont munis, à l'intérieur, de rainures ayant pour objet de produire une fragmentation systématique de l'obus.

Il faut pourtant que je vous entretienne du canon de côte de trente centimètres et demi, devant lequel s'arrêtaient tous les visiteurs et qui eut le même succès de curiosité que l'obusier de mille livres, exposé à Paris en 1867.

Cette pièce se compose de l'âme et de trois frettes superposées. Sa longueur totale est de six mètres soixante-dix centimètres, quatre fois la taille d'un cuirassier ordinaire. Placée debout, elle atteindrait les fenêtres d'un deuxième étage parisien. Dix de ces pièces superposées verticalement, dépasseraient de sept mètres le sommet de la lanterne du Panthéon.

L'âme est sillonnée par soixante-douze rayures parallèles.

La pièce pèse trente-six mille six cents kilogrammes, et l'affût en pèse vingt et un mille.

Le projectile en acier, destiné à perforer à cent cinquante mètres des plaques de blindage de quatorze pouces d'épaisseur, pèse, tout chargé, deux cent quatre-vingt-seize kilogrammes.

— Cinq fois plus que moi ! dit Baruch.

— Et remarquez, répliqua lord Stick, que l'obus de la pièce de mille livres, exposée à Paris en 1867, pesait deux cent quatre kilogrammes en plus que celui-ci, c'est-à-dire près de neuf fois votre poids. Quel effroyable trou cela doit faire dans un bataillon et dans un édifice ! Mais aussi il faut bien en avoir pour son argent, car chaque coup de la pièce de trente centimètres revient à environ deux mille cinq cents francs. Ce sont des canons de luxe dont ne peuvent faire usage que des nations riches ou des nations qui vident la bourse du vaincu.

La pièce et l'affût, quoique pesant ensemble cinquante-sept mille six cents kilogrammes, sont extrêmement faciles à manœuvrer. Grâce à un mécanisme fort ingénieux, deux hommes suffisent à les faire mouvoir dans le sens vertical et un seul dans le sens latéral.

— Vraiment, ce M. Krupp est un grand homme !

— C'est surtout un homme persévérant. La raison de ses merveilleux succès est dans sa patience, dans sa volonté, dans son désir d'aller toujours plus loin. Rien ne le rebute, et rien ne le satisfait. De là, des améliorations sans nombre. En 1851, à Londres, il exposa un bloc de deux mille deux cent cinquante kilogrammes, qui obtint la médaille unique de la classe. A Paris, en 1855, un nouveau bloc pesa dix mille kilogrammes. A Londres, en 1862, le bloc atteignit vingt mille kilogrammes. Enfin, lorsqu'en 1867, à l'Exposition de Paris, parut le bloc de quarante mille kilogrammes, les industriels furent d'avis que M. Krupp en resterait là. Ils se trompaient. Le colosse de cinquante-deux mille cinq cents kilogrammes fut jeté à Vienne par M. Krupp, comme pour répondre au défi de l'Europe, et ce n'est pas encore son dernier mot. Que l'on juge par ces chiffres des efforts surhumains accomplis dans l'usine d'Essen, cet immense creuset où s'élaborent en quelque sorte les triomphes militaires de la Prusse !

Si vous voulez bien, messieurs, je vais vous faire pénétrer dans le pavillon anglais. Ce n'était pas le plus méprisable, et vous verrez par mes explications, que les efforts tentés dans mon pays pour obtenir une artillerie digne de notre influence dans le monde, s'ils n'ont pas été couronnés d'un plein succès, ne manquent cependant pas d'une certaine grandeur. Voyons d'abord les pièces exposées.

Vavasseur et Armstrong avaient envoyé de beaux spécimens de la fabrication de leurs usines.

Le premier (dont plusieurs canons de campagne ont été expérimentés à Calais, en 1872) est un partisan exclusif de l'emploi de l'acier combiné avec les méthodes de frettage. Outre un grand nombre de perfectionnements, dans lesquels il a déployé les ressources de son esprit à la fois inventif et pratique, M. Vavasseur est l'inventeur d'un système en-

tièrement nouveau dans lequel les rayures profondes de l'âme sont remplacées par des rails ou
côtes en saillie au nombre de trois seulement. Le
projectile, au contraire, au lieu d'ailettes saillantes,
porte trois rayures qui s'engagent sur les côtes du
canon. Ce système paraît réaliser de grands avantages pour le chargement par la bouche.

En voici quelques-uns :

1° Pour un même calibre, les côtes saillantes
augmentent la résistance de la pièce ;

2° Le projectile est plus solide. Il est moins
coûteux ;

3° Le canon se fatigue moins et se conserve
mieux ;

4° L'écouvillon nettoie plus facilement les côtes
saillantes que les rayures ;

5° Le projectile ne peut se déformer par le choc.

— Je vois bien, dit le brigadier, qu'il ne manque
pas de bonnes raisons pour adopter le système
Vavasseur. Mais je ne vois pas qu'il soit encore
bien répandu, malgré ces raisons excellentes.

— Il n'y a pas là de mystère. On reproche à
ces canons un manque de justesse assez sensible ;
la question est toujours à l'étude, et je crois
M. Vavasseur assez tenace pour ne pas abandonner la partie de sitôt.

Le canon à côtes saillantes qu'il avait exposé,
a le tube, les frettes et la vis de culasse en acier

fondu, la frette-tourillon en fer forgé ; le tube est trempé à l'huile après le forage, suivant la méthode de M. Anderson, directeur de la manufacture de Woolwich, savant de premier ordre que je connais tout particulièrement.

Les ateliers de M. Vavasseur occupent chez nous une place des plus honorables. Indépendamment d'une série de marteaux-pilons s'échelonnant jusqu'à douze tonnes, la forge de l'usine comprend deux marteaux de vingt-cinq tonnes chacun, à double effet, avec vapeur dessus et dessous, tombant de trois mètres de hauteur, et donnant, avec une rapidité de fonctionnement très-grande et une force d'action de cinquante tonnes, un martelage énergique qui pénètre jusqu'au cœur des plus gros lingots coulés à l'usine.

L'exposition de sir William Armstrong était aussi fort intéressante, sinon par l'énormité des pièces, du moins par la variété des types. Canons rayés se chargeant par la bouche et par la culasse, de tous les calibres et de toutes les formes, fusées de divers modèles, mitrailleuses, affûts de casemate à frein hydraulique ou à éclipse, plaques de blindage, frettes en fer forgé à rubans, torpilles électriques, tout s'y rencontrait et s'y distinguait d'ailleurs par la précision du travail et le fini de l'exécution.

Je vous dirai bientôt les honneurs, les récompenses dont fut comblé ce fertile inventeur, et la disgrâce gouvernementale qu'il eut à subir à la suite de violentes attaques, nouvelle preuve qu'il n'y a pas loin du Capitole à la roche Tarpéienne.

Quoique la nouvelle puisse vous étonner, je vous apprendrai que c'est en Angleterre qu'appa·· rurent les premiers canons rayés.

Ils furent construits en 1853, par M. Lancaster, et partirent pour la Crimée. Malheureusement ils ne rendirent pas les services qu'on attendait d'eux, et les nombreux éclatements qui survinrent les rendirent moins redoutables aux Russes qu'à nous-mêmes. Malgré son peu de succès, cette nouveauté fut un grand bien pour notre pays. Elle réveilla la paresse des constructeurs et fit éclore un nombre considérable de brevets d'invention.

De la foule sortirent quelques systèmes remarquables.

Sir Joseph Withworth, de Manchester, mettant en pratique le principe de l'ingénieur Mallet, son compatriote, fabriqua dans la manufacture dont il était propriétaire, des pièces d'un métal spécial, se chargeant par la bouche, et formées de sept ou huit anneaux concentriques, superposés à froid et chassés par l'action d'une presse hydraulique autour d'une âme massive.

Le métal est une espèce particulière d'acier fondu et forgé sous le marteau à vapeur. M. Withworth entoure cette préparation d'un grand mystère. Un jour qu'il me faisait visiter sa manufacture, je le priai d'ouvrir une porte qui paraissait aboutir à son aciérie. Il s'approcha alors de mon oreille et me dit à voix basse : « Par cette porte ne passent que les gens qui travaillent mon acier ! »

Un soin méticuleux est apporté à la fabrication, et grâce à certains instruments, on peut répondre d'un dix-millième de pouce.

La résistance énorme du métal lui permet de supporter les plus fortes pressions. Aussi les projectiles atteignent-ils le maximum de vitesse, de portée et de pénétration.

La preuve, selon moi, la plus concluante de la force de résistance des pièces Withworth, est l'expérience singulière à laquelle il les soumet. Le jour de ma visite, on devait essayer un canon rayé de neuf pouces, du poids de quinze mille livres. Un servant mit dans le canon cinquante livres de poudre à gros grains. Jusque-là tout allait bien. Mais quel ne fut pas mon étonnement lorsqu'on vissa sur la bouche un solide tampon de métal ! La pièce était ainsi fermée des deux côtés.

— Qu'allez-vous faire à présent ? dis-je un peu ému au manufacturier.

— Mettre le feu, répondit-il tranquillement.

— Y pensez-vous ? repris-je ; votre canon va éclater en mille morceaux !

— Il se pourrait, fit-il. Et me laissant confus d'étonnement, il veilla aux derniers préparatifs, puis leva le bras.

Un bruit épouvantable se fit entendre, et lorsque la fumée fut dissipée... on retrouva le canon à la même place, sans aucun dommage, le tampon toujours à la bouche.

— Vous voyez, le canon est solide, me dit l'industriel en souriant. Tous les gaz de la poudre sont sortis par l'étroit canal de lumière... c'est un bon coffre, c'est un bon coffre !

Ce qui me surprit encore, ce fut de voir des projectiles remplis de poudre, mais sans fusée.

— Par quel moyen faites-vous donc partir la charge intérieure de l'obus? demandai-je à M. Withworth.

— La charge part bien toute seule, dit-il. Ces obus sont destinés à percer les cuirasses de navire, et l'échauffement produit par le choc du projectile contre la plaque de blindage, suffit à provoquer l'explosion de la poudre, souvent même avec trop de promptitude.

J'arrive à présent à l'homme qui a tant fait parler de lui en Angleterre, soit en bien, soit en mal, et qui a pendant si longtemps excité, au dernier point l'opinion publique, dont les soubresauts capricieux passent si vite de l'engouement le plus vif au blâme le plus sévère.

C'est en 1850 que W. Armstrong commença ses vastes travaux. Il fabriquait les pièces avec des barres de fer de trente-cinq mètres, chauffées au rouge dans un four de plus de quarante mètres, puis enroulées en rubans sur un mandrin de fer, comme cela se pratiquait d'ailleurs depuis des siècles.

Ces spirales, martelées sous un fort pilon, et formant des espèces de manchons, étaient soudées bout à bout. On emmanchait les tubes, ainsi construits, les uns dans les autres, suivant leur calibre, de telle sorte que le tonnerre réunit l'ensemble de tous les tubes au nombre de cinq ou six.

Quelle est la raison de cette disposition particulière? C'est que les fibres du métal résistent ainsi beaucoup mieux à la pression intérieure des gaz de la poudre, qu'il est plus facile de connaître la bonne condition du canon dans toutes ses parties, enfin que la pièce n'éclate pas sans avertir, les cercles s'écartant alors d'une façon visible.

Telle était l'opinion de la commission d'artillerie à laquelle avait été soumis le système Armstrong en 1859. Lui-même disait un an plus tard : « Pour donner une idée de la précision et de la portée de mes canons, je ferai savoir qu'à la distance de six cents yards (cinq cent quarante-huit mètres), on peut toucher presque à chaque coup sur un but qui n'est pas plus gros que la bouche d'un canon ; qu'à trois mille yards (deux mille sept cent quarante-deux mètres), une cible de neuf pieds carrés, — laquelle à cette distance ne présente pour ainsi dire, qu'un point blanc à l'horizon, — a été atteinte par un temps calme jusqu'à cinq fois sur dix coups. Un navire, présentant une prise beaucoup plus grande, peut être atteint à des distances plus considérables..., etc., etc. »

Tant que les canons furent sans défauts, la joie fut sans mélange. C'était une vogue, une fièvre à laquelle nous participions d'autant plus volontiers, qu'il ne s'agissait pas seulement d'obtenir une pièce d'artillerie efficace, mais bien encore de soutenir l'honneur métallurgique de l'Angleterre.

Voici quel était notre raisonnement : « On ne sait travailler le fer que chez nous. Or, Armstrong démontre par ses expériences que le fer est le meilleur métal à canon. Donc notre supériorité sur le monde entier brille d'un éclat incomparable ! »

Aussi ne refusa-t-on rien au favori du jour. Notre gracieuse souveraine lui décerna le titre de baronnet, et toutes les feuilles illustrées donnèrent son portrait, ainsi que l'image de ses canons.

Cependant quelques réclamations pressantes, surtout de la part de la marine, des attaques tantôt modérées, tantôt violentes, des enquêtes plus ou moins sévères, vinrent peu à peu obscurcir la sérénité de ce ciel jusqu'alors sans nuage.

Les cercles, disait-on, se relâchaient au bout d'un certain temps et augmentaient le calibre de l'âme ; le canon, frappé par les projectiles ennemis, se brisait facilement ; l'obturateur se dégradait rapidement ; enfin la fabrication était difficile et compliquée. Ces critiques étaient en somme assez justes, mais ce qui frappa le plus le public fut un petit accident qu'il faut que je vous conte.

Armstrong avait construit une énorme pièce, nommée *Big-Will* (Gros-Guillot), qui faisait l'admiration générale. Elle était longue de quatre mètres cinquante, pesait vingt-trois tonnes, supportait des charges de 45 kilogrammes de poudre et lançait des obus de plus de six cents livres.

Le *Times* rapportait avec une sorte de lyrisme, à chaque expérience, le nombre de cibles et de blindages que Big-Will faisait sauter. L'enthousiasme était à son comble. Hélas ! un jour Big-Will sauta lui-même, comme les cibles, en plusieurs morceaux, et avec lui s'anéantit à jamais la faveur populaire.

Le capitaine Fishbourne ajouta, en façon d'oraison funèbre, aux tristes aveux du *Times*, que les finances anglaises trouveraient une consolation dans cette pensée que chaque coup tiré représentant la somme de quinze cents francs, on pourrait ainsi réaliser quelques petites économies !

Armstrong, plein d'une généreuse audace, entassa améliorations sur améliorations. Mais le vent était contraire ! On lui refusa tout crédit, que dis-je ? on lui demanda compte des millions qu'on avait jetés à ses pieds : la chute fut complète. En 1865, le système Withworth fut déclaré supérieur à celui de son malheureux rival.

Étrange victoire que celle de l'ancien chargement par la bouche sur le nouveau par la culasse ! Les expériences font parfois de ces malices.

Les canons Armstrong ont perdu leur dernier prestige en Chine et au Japon. Un grand nombre de lumières ont été brisées, et la marine, bien fixée sur la valeur de ces pièces, a dû changer son armement.

Sic transit gloria mundi.

Aujourd'hui, Armstrong, qui a quitté la direction des ateliers de Woolwich et a établi d'immenses usines près de Newcastle, livre, au gré de ses nombreux clients, des canons, des projectiles, des affûts de toute forme et de toute construction.

Je ne finirai pas le récit de cette lutte, qui a ému tout cœur patriotique, sans applaudir aux efforts immenses de cet homme, qui, après tout, a travaillé pour la gloire de son pays, et sans lui dire de loin : « Honneur au courage malheureux ! »

— Milord, ces louanges désintéressées sont un éclatant témoignage de la noblesse de vos sentiments et de la grandeur de votre caractère. Mais ne trouvez-vous pas que nous sommes terriblement éloignés de notre sujet? Ce n'est pas une plainte que j'exprime ; je passerais avec vous des nuits entières à vous entendre. Cependant nous vous prions de continuer votre petit tour à l'Exposition de Vienne, en glissant légèrement sur les puissances secondaires.

— L'amour de mon pays m'a entraîné trop loin. Je vous en demande pardon, et vous promets de ne plus vous égarer dans les sentiers de traverse, comme je viens de le faire.

Dans la section belge, M. Montefiore-Lévy présentait un canon de campagne en bronze phosphoreux, et divers autres spécimens fabriqués avec cet alliage.

Longtemps discutée, la question du bronze phosphoreux paraît jugée aujourd'hui. Des essais ont eu lieu chez la plupart des puissances, et les résultats ont prouvé, en général, que les qualités dues au phosphore ne sont pas suffisantes pour faire substituer, dans la fabrication des bouches à feu, le nouveau métal à l'ancien.

Je ne dirai rien de l'artillerie italienne, dont les nouveaux modèles sont presque la reproduction du matériel prussien, et qui traverse actuellement une période de transformation complète.

L'exposition de la Suède et de la Norvége était fort remarquable. Dans le premier de ces deux pays, la réforme de l'armement a donné lieu à de longues polémiques. Le chargement par la bouche a été définitivement adopté, et ce ne sont que des pièces de ce système qui ont été exposées. Elles sont d'ailleurs très-résistantes, d'une grande valeur balistique, et constituent des armes excellentes et capables de lutter avec les meilleures pièces d'Europe.

La Suède, vous le savez tous, possède des minerais de fer exceptionnels, d'une très-grande richesse et d'une rare pureté. Les fontes obtenues avec ces minerais offrent donc beaucoup de résistance, soit pour les bouches à feu de gros calibre, soit pour les pièces légères de campagne, fabriquées à l'usine privée de Finspong.

L'armement de la Norvége témoignait également des fortes études et des travaux constants du corps d'officiers scandinaves.

Un dernier mot pour la Suisse. Ce pays avait exposé un canon de bronze, fermé à la culasse par un coin prismatique simple avec anneau obturateur de Broadwell. Ce canon, qui a fait ses preuves, dans vos expériences de 1872, à Trouville, d'une grande puissance balistique et d'une justesse de tir parfaite, était étudié à Vienne avec d'autant plus d'attention que l'artillerie suisse est comptée, avec raison, parmi les plus instruites de l'Europe.

Voilà, messieurs, tout ce que j'avais à vous dire

sur cette brillante Exposition, heureux si j'ai pu vous intéresser.

— Vous venez de nous faire faire là une fort jolie promenade, milord, pleine d'agrément, si charmante enfin, que, malgré sa longueur, j'en éprouve fort peu de fatigue. Toutefois, il ne faut pas abuser de ses forces, et il me semble que quelques minutes de repos ne seraient pas, en ce moment, trop inopportunes. Nous allons donc entamer une bouteille de *pale ale* et fumer un *londrès* en l'honneur de l'Angleterre, votre ancienne patrie. Puis nous reviendrons vous écouter avec une joie nouvelle.....

M. R... ne fut pas fâché de la proposition ; toutes ces questions techniques commençaient à lui rompre la tête, et il sentait ses yeux se fermer malgré lui.

Le brigadier, lui, était enchanté. Il ne songeait qu'à ce qu'il venait d'entendre.

— Est-il savant, ce lord Stick ! disait-il en lançant d'énormes bouffées de fumée ; en connaît-il des histoires de tous les pays !

— C'est extraordinaire, répliquait son neveu en souriant d'une façon étrange. Son savoir est immense, et je crois que je gagnerais beaucoup à le fréquenter.

CHAPITRE VI.

Les dernières confidences de lord Stick avant son départ pour
le centre de la terre. — Le meilleur canon et le meilleur
projectile. — L'usine Krupp.

Un quart d'heure après, l'officier d'artillerie
revint à son appareil, et la fusée d'obus à percussion fit sonner la sonnette : lord Stick était
donc prêt à répondre aux questions du brigadier.

Elles ne se firent pas attendre.

— Vous nous avez fait connaître, très-honorable milord, dit Baruch, un grand nombre de
procédés de fabrication des canons; mais vous ne
nous avez pas dit lequel vous semblait le meilleur.
Quelle est donc votre opinion là-dessus?

— Je n'en ai guère, monsieur Baruch. Les expériences faites dans tous les pays ne donnent
aucun résultat bien concluant, et l'on ne peut se
livrer aujourd'hui qu'à des conjectures plus ou
moins plausibles. Bref, la question est à l'étude,
et, en attendant que le canon-type de l'avenir sorte
de quelque atelier d'Europe ou d'Amérique, les
puissances ont choisi, quelquefois même un peu

à la hâte, le modèle d'armement qui leur paraît le plus compatible avec l'industrie nationale et le plus propre au genre de guerre qu'elles ont à entreprendre, modèle essentiellement provisoire, que l'on modifie, que l'on perfectionne ou que l'on transforme même radicalement, suivant la circonstance.

Aussi peut-on voir, soit dans un pays, soit dans un autre, et peut-être bien dans le même, des canons en bronze, en fer forgé, en acier doux ou puddlé, en fonte, ou faits d'un alliage de deux ou plusieurs métaux; garnis ou non de frettes, de manchons, de cylindres s'engageant l'un dans l'autre; enroulés en rubans autour d'une âme d'acier; se chargeant par la culasse ou par la bouche; à rayures profondes ou légères, au nombre de quatre ou de soixante-douze, droites ou en hélice, tournant de droite à gauche, ou de gauche à droite; du calibre de 4 ou de 500 kilogrammes; lançant des projectiles ronds, oblongs, cylindro-coniques, à ailettes, à rayures, à chemises de plomb ou à anneau de cuivre; enfin, présentant les formes les plus diverses, les plus simples comme les plus compliquées, ainsi que des dimensions extraordinaires de grandeur ou de petitesse.

Et je ne parle pas des essais morts en naissant, ou qui sont tombés après avoir fourni une certaine carrière, ou qui dorment, déjà oubliés, au fond de quelque musée charitable.

— Cependant, milord, vous ne disconviendrez pas que l'acier tient aujourd'hui le haut du pavé parmi tous les métaux à canon. Si ce n'est pas l'effet d'un caprice, ce doit être le résultat d'études consciencieuses.

— Je vais vous dire ce que j'en sais.

L'acier a certainement sur le bronze l'avantage d'être plus résistant, même avec des épaisseurs moindres, ce qui permet de fabriquer des canons sensiblement plus légers. Mais il faut considérer aussi que, pour les petits calibres de campagne, une trop grande légèreté, en augmentant considérablement le recul, gênerait beaucoup le tir. Votre canon de 7 en bronze pèse 640 kilogrammes, et son recul est déjà de 2 mètres. Jugez quel serait le recul du même canon de 7 en acier, qui pèse 100 kilogrammes de moins! Ce métal n'a donc une supériorité incontestable que pour les pièces de siége, qui ont besoin de résistances énormes et en même temps d'un transport facile.

D'autre part, les aciers sont soumis à certaines transformations moléculaires pour la plupart inconnues, et qui déterminent des éclatements, même sous des pressions normales. De plus, ils sont sensibles aux changements de température, et ne peuvent supporter le plus léger défaut. Enfin, s'ils sont moins chers d'achat que le bronze, par contre leur fabrication est bien plus difficile.

Il ressort de tout ceci que l'acier, ce métal capricieux rejeté par les Allemands eux-mêmes pour leurs nouvelles pièces de campagne, n'a pas encore complétement détrôné son vieux rival, le bronze.

Le bronze, à son tour, a ses avantages et ses inconvénients. Ainsi, il possède une très-grande ténacité, ce qui permet de diminuer l'épaisseur des bouches à feu et d'augmenter leur longueur. En outre, il est à peu près inaltérable à l'air et à l'humidité. Mais le haut prix de la matière limite forcément le nombre des pièces ; de plus, l'âme des pièces de bronze s'altère facilement par le choc des énormes projectiles de l'artillerie nouvelle. Il faut changer les proportions de l'alliage, me direz-vous. Cela est plus simple à dire qu'à faire. Le bronze est composé de cent parties de cuivre et de onze d'étain. En augmentant la proportion d'étain, le métal deviendrait plus dur, mais aussi plus cassant et plus fusible. Au contraire, diminuons cette proportion : l'alliage devient alors trop mou, et perd une partie de son élasticité.

Arrivons à la fonte : elle coûte bien moins cher, mais son défaut de ténacité oblige à donner aux pièces des épaisseurs plus grandes et des longueurs moindres pour un poids déterminé ; elle manque complétement d'élasticité; enfin, elle se rouille très-promptement.

Et il en est à peu près de même de tous les autres métaux ou alliages, dont les défauts et les qualités dépendent aussi beaucoup de la fabrication, de l'usage qu'on en fait (que ce soient des frettes, des manchons, des tubes ou des projectiles), enfin de la forme et de la dimension des bouches à feu de campagne, de siége ou de marine.

— Bien, milord, nous voilà fixés. Nous savons qu'on ne peut pas savoir quel est le meilleur canon! Vous faites-vous la même idée des projectiles?

— La question des projectiles est moins complexe, parce qu'ils ont bien moins de conditions à remplir. Il n'en manque pas d'excellents, qui éclatent au milieu des réserves, ou font d'énormes brèches dans les remparts des villes assiégées, ou enfin traversent les épaisses cuirasses des navires de guerre. La forme cylindro-ogivale est généralement reconnue la meilleure; cependant on a imaginé des projectiles de toute espèce, pleins ou creux, avec des enveloppes de fonte ou de papier mâché (système Schenkl), revêtus de terre réfactaire ou de vernis isolant, contenant des balles explosibles, de la fonte en fusion, de l'eau pure, et même des chemises de flanelle (pour prévenir l'échauffement prématuré de la poudre au passage à travers les plaques) ; en forme de ballon, d'œuf, de boîte à conserves, de pain de sucre....... Je m'arrête ; vous ne me croiriez plus, tellement les inventeurs sont allés loin dans le genre fantaisiste !

Quoi qu'il en soit de tous ces systèmes, le vrai projectile de campagne, qui a fait ses preuves dans les dernières guerres, est toujours l'obus cylindro-ogival, — c'est la forme recommandée dès le siècle dernier par mon illustre compatriote Isaac Newton, — qui lance soit des balles, soit ses propres éclats au moyen d'une fusée métallique à percussion, c'est-à-dire dont l'explosion est produite par le choc contre la terre ou tout autre corps solide.....

Mais, monsieur Baruch, je vous vois rêveur. Est-ce le sommeil qui vous gagne, ou allez-vous enfanter quelque projectile de forme extraordinaire ?

— Non, répondit le brigadier. Je ne suis ni fatigué, ni distrait. Je songeais seulement à cet homme dont vous avez fait l'éloge, à M. Krupp, et je me disais que si, au lieu d'être Prussien, il avait été Français, peut-être que cela aurait changé la face des choses. Enfin, oubliant les devoirs de la politesse, je ne vous écoutais plus, et je me promenais au milieu de l'usine d'Essen, ou plutôt au milieu d'une usine colossale, que construisait mon imagination, et où j'empilais des montagnes de canons monstres, dont la gueule menaçante était tournée vers la France! Tout vient de disparaître, et je ne vois plus rien... Cher milord, je vous prie de m'excuser de ma distraction.

— Comment, monsieur! mais vous êtes tout excusé d'avance. Et puisque vous êtes à Essen, veuillez y rester. Je vous servirai de *cicerone;* vous jugerez de la différence qui existe entre la réalité et le produit de votre fertile imagination.

— Votre obligeance me confond, milord, et votre offre est acceptée avec plaisir. Qui d'entre nous ne serait pas désireux de savoir où et comment nos ennemis mortels forgent leurs meilleures armes?

— Je commence donc, dit lord Stick. L'établissement créé en 1810 par Frédéric Krupp est situé dans la Prusse Rhénane, à Essen. Il est dirigé depuis 1826 par le propriétaire actuel, M. Alfred Krupp. S'augmentant chaque année, il couvre aujourd'hui une superficie de 400 hectares, dix fois la surface du Champ de Mars de Paris, deux fois celle du Prater. L'usine occupe 12,000 ouvriers et 2,000 entrepreneurs de travaux divers. 6,000 ouvriers fondeurs et mineurs sont, du reste, employés encore par M. Krupp, tandis que l'établissement n'occupe pas moins de 739 commis.

En 1872, un an avant ma visite, l'acier produit

s'élevait au chiffre fabuleux de 125 millions de kilogrammes.

Pour arriver à une production aussi formidable, il faut, vous pensez bien, un nombre considérable de machines. On y voyait, à la fin de 1872, 920 fourneaux de constructions diverses, 175 fourneaux au coke, 221 forges, 307 chaudières (couvrant une superficie d'environ 16,000 mètres carrés), 71 marteaux à vapeur, du poids de 1,000 à 6,000 quintaux ; 286 machines à vapeur, d'une force variant entre 2 chevaux, 500, 800 et même 1,000 chevaux.

Quel piteux effet, ce me semble, feraient à côté les fameuses forges de Vulcain, d'où sortirent pourtant le bouclier d'Achille et le sceptre d'Agamemnon !

L'établissement a consommé, en 1872, 500 millions de kilogrammes de charbon, 125 millions de kilogrammes de coke, et 3 millions et demi de mètres cubes d'eau, à peu près ce que fournit la Seine en dix jours !

Les voies de communication à l'intérieur de l'établissement sont des plus multipliées. Outre un nombre considérable de routes et de chemins, on a établi plusieurs lignes ferrées, l'une de 37 kilomètres avec 180 aiguilles ; l'autre de 16 kilomètres, avec 147 aiguilles et 65 plaques tournantes : toutes deux sillonnées par 15 locomotives et 800 wagons.

Trente postes télégraphiques font communiquer entre elles les différentes parties de cette immense usine.

Cent soixante-six hommes sont chargés de veiller contre l'incendie.

Tout autour de l'usine, on a construit des hôtels, des brasseries, des moulins à vapeur, des boulangeries, des logements pour les commis et les ouvriers, et des hôpitaux. De plus, on a établi des caisses pour les malades, des caisses de pensions de retraite, des assurances sur la vie.

L'usine Krupp possède 4 mines de charbon, et a un intérêt dans plusieurs autres mines de la rive gauche du Rhin. Elle dispose en tout de 414 puits de minerai de fer, dont les gisements ont une étendue totale de 2 millions de mètres carrés.

L'usine possède 5 forges et 11 hauts fourneaux, un établissement de coke, où 144 fours sont en service, et dans lequel on a construit dernièrement 120 nouveaux fourneaux.

Les forges donnent par mois environ 12 millions de kilogrammes de fer brut.

Je vous ai, tout d'abord, donné ces quelques chiffres que ma mémoire fidèle a retenus, afin que vous puissiez tout de suite vous faire une idée de l'immensité de l'usine d'Essen.

A présent, vous allez me suivre dans tous les

coins de l'établissement... Rapprochez-vous bien de moi surtout, car il n'est pas aussi facile de se promener chez M. Krupp qu'aux Champs-Élysées ou à London square.

La circulation est, au contraire, assez dangereuse au milieu de locomotives roulant sans cesse, de machines aux mouvements imprévus et terribles. Partout sont des fours qui s'ouvrent béants pour vomir des lingots incandescents volant au travers l'espace, en suivant la courbe décrite par les grues qui les transportent aux marteaux. Les cours sont pleines de lingots d'acier, les uns déjà refroidis, les autres n'étant plus rouges, mais encore assez chauds, sous leur teinte grise, pour brûler au moins les chaussures sinon les pieds des imprudents qui marcheraient dessus.

Ce qui m'a frappé surtout, c'est le bruit des machines et le silence des ouvriers.

Quelle différence entre Ruelle et Essen ! Là, on entend, comme dans presque toutes les usines françaises, les chants et le bruyant langage des travailleurs, qui crient, qui gesticulent et remplissent l'air de leur voix. A Essen, au contraire, on n'entend, le matin, à l'ouverture des portes, que les pas d'une foule compacte, qui résonnent sur le pavé, et dont le bruit ressemble à une grosse pluie d'orage. Ce sont vingt mille ouvriers qui entrent dans l'usine, silencieux, calmes, fumant gravement, sans rien dire, leur longue pipe de porcelaine.

Question de tempérament !

Une autre observation que je fis, ce fut la préoccupation de la forme qui présidait à la construction des ateliers. Au lieu de ces lignes droites si tristes de la plupart des bâtisses d'usines, je vis des bâtiments aux allures élégantes, rappelant l'architecture gothique : des tours à mâchicoulis, des fenêtres ogivales, etc. C'est toujours la poétique Allemagne aux yeux bleus qui rêve du passé en préparant l'avenir, et conserve dans son cœur le culte de l'art, même lorsqu'elle travaille au triomphe de la force qui prime le droit !

La première opération qui se fait dans l'usine est la fabrication de l'acier fondu. Pour cela, M. Krupp, — je veux dire sa légion d'ouvriers, — fait fondre, dans des creusets, de l'acier puddlé coupé en morceaux, que l'on mélange avec du fer provenant d'un minerai particulier.

Les creusets sont faits avec un mélange de débris d'anciens creusets, de débris de briques, de diverses terres réfractaires et de plombagine. Toutes ces substances sont broyées sous des roues en fonte, passées au pilon, et moulées mécaniquement, de manière que tous les creusets ainsi formés soient absolument identiques. La consommation de ces vases est telle chez MM. Krupp, que les séchoirs contiennent toujours au moins cent mille creusets destinés à ne servir qu'une fois et à être brisés après la première coulée.

La halle où se font les grandes coulées peut contenir jusqu'à douze cents creusets placés dans des fours par quatre, huit ou douze, suivant leurs dimensions. Les moules (qui doivent recevoir de 60 kilogrammes à 50,000 d'acier fondu) sont disposés en ligne, dans une tranchée médiane.

C'est, je vous assure, un spectacle imposant que celui de tous ces ruisseaux d'acier qui s'échappent des creusets, au coup de sifflet du chef des manœuvres, et descendent lentement vers les moules! Les ouvriers conducteurs de la fusion, qui étaient attentifs à leur poste, vont et viennent, calmes, silencieux, disciplinés, aussi méthodiques que leurs machines. Les uns découvrent les fours en tirant le couvercle sur des rails; d'autres saisissent les creusets avec une pince; deux fondeurs les portent sur leurs épaules et les déposent au-devant des fours. Les creusets sont repris par une autre équipe, et le contenu en est versé dans le canal désigné d'avance. L'acier coule alors dans des canaux recouverts d'une légère plaque de tôle, se repose quelques instants dans une cuvette et descend régulièrement, sans arrêt aucun, dans le moule qu'il doit remplir en un certain nombre de minutes.

Quelle adresse, quel sang-froid, quelle énergie il faut à ces hommes pour mener à bonne fin une opération aussi délicate, pour éviter la moindre négligence, qui causerait certainement à l'usine des pertes immenses ou vaudrait aux imprudents des blessures horribles ! Mon âme, — habituée pourtant à des scènes grandioses, — n'en suivait pas moins avec une véritable émotion les diverses péripéties de cette magnifique coulée.

Au bout de deux heures à peine, une grue gigantesque enlève le moule auquel n'adhère déjà plus l'acier refroidi. On attache ensuite le bloc avec des chaînes et des crochets, et l'on va le déposer à la forge.

C'est à ce moment qu'il y a lieu d'admirer l'objet le plus extraordinaire de l'établissement d'Essen, l'incomparable marteau-pilon de plus de 50,000 kilogrammes et de 8 mètres cubes. Ce marteau déjà légendaire, qui sert au martelage des gros blocs d'acier, a coûté trois millions et n'a pas de rival en Europe, car le plus fort qui vient après lui ne dépasse guère 20,000 kilogrammes. Vous comprenez qu'il ait fallu, pour installer une machine d'une telle puissance, des constructions toutes particulières. Trois fondations superposées, — en maçonnerie, en troncs de chêne et en cylindres de fonte, — supportent une enclume mobile qui peut se changer fréquemment.

Des colonnes de près de six mètres de circonférence soutiennent le marteau qu'une forte machine à vapeur soulève et laisse retomber d'une hauteur de trois mètres.

Le grand marteau-pilon a été exécuté tout entier dans l'usine ; il eût été d'ailleurs presque impossible d'en apporter les pièces d'une usine éloignée ; il faut, pour conduire de pareils poids, une voie ferrée établie dans des conditions spéciales de solidité et des wagons dont les roues et les essieux ne s'écrasent pas sous des charges aussi considérables.

Toutes les manœuvres du martelage absorbèrent mon attention, et vous allez voir s'il y avait de quoi. Lorsqu'on eut ouvert la porte du four, le lingot de 45,000 kilogrammes apparut, et aussitôt tous les yeux se baissèrent, éblouis par sa vive lueur, brûlés par ses rayons pénétrants. Cependant une chaîne attire le lingot hors du four ; une grue pivote pour le dominer et de grosses chaînes en descendent, faisant au monstre une sorte de collier qu'on lui passe délicatement autour du cou ; ces chaînes sont mues par de longs crochets, car la chaleur du four et du lingot ne permet pas d'en approcher à plus de deux mètres.

Enfin le métal incandescent est amené sur l'enclume.

Une fois là, un système de poulies et de treuils

se met à manœuvrer pour arriver à présenter au marteau le point que veut frapper le forgeron en chef. Quand ce dernier trouve que les dispositions sont bien prises, il fait un signal... le marteau descend alors doucement, comme retenu par une main invisible, et appuie à peine sur le bloc d'acier, marquant seulement la place où il aurait frappé s'il eût été libre. C'est ce qu'a voulu voir le forgeron. Le marteau remonte et, au second signal, tombe avec une telle violence que tout tremble et vibre dans l'atelier. A partir de ce moment les coups continuent sans interruption, ébranlant le sol de l'usine entière, tandis que l'énorme bloc est tourné et retourné dans tous les sens par quelques hommes qui semblent des pygmées jonglant avec un quartier de roche !

— Ce marteau, quelque lourd qu'il soit, peut-il bien avoir raison de 45,000 kilogrammes d'acier? Sera-t-il assez fort contre de plus grosses masses de métal ?

— C'est ce que s'est demandé souvent M. Krupp ; il n'est même pas éloigné de croire (et avec lui bien des ingénieurs) qu'il faudra remplacer un jour le martelage par la pression, car en face de blocs d'acier aussi considérables que ceux que l'on est obligé de manier maintenant, les marteaux-pilons devraient prendre des proportions véritablement impraticables. Déjà, dans mon pays,

M. Withworth, dont je vous ai parlé, soumet avec succès à la presse hydraulique l'acier encore en fusion, qui obtient ainsi une grande homogénéité.

Cet exemple sera sans doute suivi bientôt dans les usines qui construisent des pièces d'acier de gros calibre.

En parcourant l'usine d'Essen, je vis encore une cinquantaine de marteaux-pilons, dont quelques-uns pouvaient peser 10,000 kilogrammes. Ils servaient, soit au martelage des canons de campagne commandés par la Prusse ou par l'étranger, soit à la fabrication des bandages de roues pour locomotives, des ressorts ou des essieux de wagons; soit enfin à forger des ancres, des hélices de navires, ou des tiges de pompes de vingt mètres de longueur.

Que de choses me frappèrent encore !

Au milieu des ateliers s'élevait une tour octogonale de 60 mètres de hauteur sur laquelle était installé un réservoir de 150 tonnes d'eau. Le liquide s'échappait de ce réservoir par des canaux de plusieurs kilomètres de long.

Je traversai ensuite l'atelier des chaudières ; le laboratoire, où des chimistes analysaient sans cesse les minerais, les houilles, les fontes, les fers et les aciers ; le laboratoire de physique, où l'on essayait les qualités du métal et sa force de résistance à l'arrachement, à l'écrasement et à la torsion ; enfin l'atelier de photographie, qui avait pris de très-belles vues de l'usine.

Puis ce furent des glacières, des casernes où logeaient près de deux mille ouvriers, l'usine à gaz, la boulangerie, qui fournissait du pain à plus de trente mille âmes, et je ne sais combien d'autres établissements d'aspect varié et de destinations diverses. En passant dans la halle aux canons, je fus frappé de la quantité des pièces de tout calibre et de toute forme qui y étaient fabriquées. La plupart de ces pièces avaient été commandées par les nombreux clients de M. Krupp, qui travaille pour l'Europe, l'Amérique, le Japon, et travaillerait pour les Cafres, si les Cafres étaient bons débiteurs.

Il y avait même des canons pour l'Angleterre !

Ma fierté nationale en fut froissée, et la honte s'empara de mon âme, en songeant que mon riche pays, qui pendant si longtemps avait dominé le marché de l'acier, en était réduit à réclamer les services d'un constructeur allemand !

Aussi cette visite à Essen me fit-elle perdre à tout jamais le goût des voyages. Frappé dans mes plus chères affections patriotiques, je crus inutile de chercher, de par le monde, de nouvelles preuves de l'infériorité industrielle qui nous menaçait dans un prochain avenir.

A la fin de 1873, je revins donc à Londres, où

j'appris que sir Pudding, inconsolable de sa défaite, avait suivi mon exemple et s'était donné la mort.

Un jour il disparut de son splendide hôtel de Saint-James's street, et l'on trouva sur sa table, à l'adresse des principaux journaux de Londres, quelques lettres ainsi conçues :

« Plutôt la mort que le déshonneur ! Il ne sera pas dit que j'ai reculé devant le défi que m'a porté mon courageux et infortuné rival, au moment où il se jetait dans une fournaise incandescente !

» J'ai déjà trop longtemps attendu.

» Adieu ! Ne cherchez pas mon corps ; vous ne le trouveriez pas plus que celui du fameux Empédocle, car au moment où vous lirez ces lignes, je serai perdu au fond du gouffre de l'Etna !

» Sir PUDDING. »

La fin tragique de mon noble ami acheva de m'assombrir. Des remords cuisants déchiraient ma conscience. C'est ma sotte provocation, me disais-je, qui l'a poussé à un pareil acte de désespoir. Ce sont mes folles apparitions au milieu de ses nuits agitées qui l'ont déterminé à se débarrasser de l'existence.

Tous ceux qui l'aimaient me maudissent. L'Angleterre même, à laquelle il rendait tant de services, pleure aujourd'hui sa perte et m'accable de reproches !

Toutes ces réflexions plongèrent mon âme dans un profond découragement. Je revins en France, à Paris, et ne sachant que faire et que devenir, je pris le parti de me réfugier, dans votre charmant musée, en attendant l'heure des résolutions viriles, et d'y vivre aussi obscurément que possible.

— A votre place, milord, je sais bien ce que je ferais.

— Et que feriez-vous donc ? dites sans crainte. Je serais si heureux de recevoir des conseils d'un cœur généreux comme le vôtre !

— Vous êtes responsable, dites-vous, de la mort de votre ami. Eh bien, pourquoi votre âme n'irait-elle pas retrouver la sienne au fond du cratère de l'Etna, ou, si elle n'y est plus, la chercher alors, fût-ce même au centre de la terre, et lui demander si elle accepte une noble et sincère réconciliation ?

— Vous venez de m'inspirer une idée digne de votre grandeur d'âme, et je vais la mettre aussitôt à profit. Comment n'y ai-je pas pensé plus tôt ? Sir Pudding m'a dit bien souvent que son plus beau rêve était de pénétrer dans les entrailles du globe, où, d'après ses convictions basées sur des études profondes, devaient se trouver des régions habitables et peut-être même habitées. Selon lui l'hypothèse du feu central était complétement erronée, et il fallait admettre au contraire l'existence d'une mer d'eau douce, parsemée d'îles enchantées, à la végétation luxuriante, et possédant une atmosphère parfaitement appropriée aux organes humains. Qui sait si son âme ne voltige pas, aujourd'hui, joyeuse et légère, au-dessus de verdoyantes prairies et de parterres embaumés ? Je pars. Adieu, mes amis ! Mon âme impérissable va traverser les laves brûlantes de l'Etna, à la recherche d'une de ses sœurs égarées, et vivre d'une vie nouvelle au milieu des splendeurs inconnues que recèle sans doute le sein de notre belle planète !

Ces consolantes paroles de lord Stick mirent fin à la séance, et chacun s'alla coucher bien vite, tout confus de converser avec un esprit jusqu'à une heure et demie du matin.

CHAPITRE VII

Duel en mer et naufrage de William Crampton. — Mitrailleuses.
— Béliers. — Torpilles. — Canons à vapeur. — Fusées.

— Vous paraissiez bien fatigué, dit Baruch à
M. R..., le mercredi d'après. La causerie du lord
anglais ne manquait cependant pas d'intérêt, et
notre petit bagage scientifique s'est augmenté d'un
assez grand nombre de faits nouveaux.

— Permettez-moi, reprit M. R..., de vous
parler sans détour. Je n'ai jamais connu d'*esprit*
aussi bavard, aussi discoureur, et si vous ne l'aviez
arrêté poliment, nous serions encore à l'entendre.
Cinq heures d'artillerie, c'est beaucoup pour un
profane, et je tremble à l'idée qu'il vous prenne la
fantaisie de déposer successivement tout votre arsenal sur le plateau électrique.

— Cela n'est pas à craindre, monsieur, fit le
neveu du brigadier. Je n'ai plus que deux ou trois
semaines à passer à Paris, et il est possible que
mon oncle n'ait pas encore gagné une autorité
suffisante pour faire apparaître les esprits à son

commandement. Dans ce cas les séances de spiritisme se réduiraient à peu de chose.

— Tu en parles bien à ton aise ! s'exclama le brigadier. Et pourquoi veux-tu que les esprits ne m'obéissent jamais ? Je n'aurai qu'à faire ce que tu fais toi-même. Après tout, Dartois reviendra à Paris un jour ou l'autre, et nous arriverons bien à un résultat quelconque !

— Ce n'est pas sûr, mon oncle. N'est pas médium qui veut. M. Dartois et moi avons sans doute certaines facultés occultes qui ne sont pas données à tout le monde. Et puis, entre nous, M. Dartois me paraît bien silencieux depuis son dernier appel de fonds. Serait-ce qu'il néglige par hasard ses études favorites, ou que des affaires imprévues...

— Tu parles là sans savoir. Du reste, tu ne me parais pas avoir de grandes sympathies pour mon vieux camarade. Lorsqu'il m'arrive de prononcer son nom, tu fronces le sourcil comme si je parlais d'un criminel. Que peut-il donc t'avoir fait ?

— A moi, rien ! j'ai une petite dent contre lui, voilà tout. Je vous dirai pourquoi plus tard. En attendant, occupons-nous d'organiser notre séance. D'abord, sachez, messieurs, que j'ai mon plan. S'il vous agrée, nous le mettrons tout de suite à exécution.

— Explique-nous-le, dit Baruch.

— Voici ce que c'est, reprit l'officier en déployant un vieux journal. Avant-hier je rangeais des paperasses, lorsque je mis la main sur un numéro du *Figaro* de 1870. Je l'ouvris machinalement, et je lus cette histoire dans la colonne des faits divers :

« *Un duel en mer*. Nous donnons sous toutes réserves, — on en comprendra aisément la raison, — le récit suivant d'un drame terrible rapporté par le *Standard*.

» Le bruit court qu'un *monitor* commandé par l'ancien colonel fédéral William Crampton et une frégate cuirassée prussienne se sont abordés en plein Atlantique, à hauteur des Açores, après avoir échangé quelques obus. Les deux bâtiments ont coulé au bout d'une demi-heure.

» Personne n'a échappé au désastre.

» On se perd en conjectures sur les motifs de ce furieux combat. L'ex-colonel Crampton, connu par ses nombreuses inventions guerrières, apportait sans doute à Naples, où il réside chaque été, sa magnifique collection d'armes portatives et le fameux canon à vapeur dont on a tant parlé, tout récemment, en Amérique. »

Comme l'avoue le *Figaro*, on n'a jamais su au juste ce qui s'était passé.

Si vous voulez, nous serons les premiers à le savoir et à l'apprendre au monde entier. Il nous suffira d'évoquer l'âme de M. Crampton et de la prier de nous raconter les détails de l'aventure. Si même l'ex-colonel est de bonne composition, qui vous empêchera, mon oncle, de causer avec lui de sa vie agitée, de ses armes, de son canon, et peut-être aussi des moyens pratiques d'arracher à l'Océan tant de trésors que l'Europe devait admirer?

— Mais, mon cher neveu, ton idée est tout bonnement splendide ! J'ai justement un revolver américain, système du colonel Colt, des États-Unis. L'âme de ce monsieur Crampton ne dédaignera pas, je l'espère, de séjourner un instant dans un revolver national. Tiens, Georges, prends-le. Il est accroché là-haut, en dessous de ma carabine Minié.

L'officier d'artillerie prit le revolver, le déposa sur le plateau de l'électro-aimant, et, après avoir pris toutes ses petites dispositions, appela par trois fois l'*esprit* du colonel Crampton, qui tout à coup, faisant danser la sonnette, demanda bruyamment : « Que me veut-on ? »

— Il n'a pas l'air commode, l'Américain, murmura le brigadier en faisant la moue. Encore quelques réponses comme celles-ci, et la machine va être toute détraquée.

— Nous désirerions, *illustre* colonel, reprit le neveu, que vous nous appreniez la vérité sur votre abordage en mer avec un cuirassé prussien, et que par occasion vous nous mettiez au courant des principaux faits de votre existence.

L'épithète d'*illustre* adoucit un peu les brusques manières du colonel, qui répondit : « J'étais au fond de la mer avec mes armes bien-aimées que je visite si souvent, lorsque, par une sorte d'affinité inconsciente, je fus, à votre voix, fatalement attiré vers vous. Aussi me suis-je présenté avec plus de précipitation que je n'aurais voulu. Cette petite remarque faite, je vais me conformer à votre désir en vous renseignant sur mon naufrage.

Tous les ans je vais passer un ou deux mois de la belle saison à Naples. En août 1870 je m'embarquai sur un monitor de mon invention, construit à mes frais, armé d'un énorme canon à vapeur et renfermant mes précieuses collections. Le roi Victor-Emmanuel, qui m'honorait de son amitié, avait manifesté l'intention d'étudier avec moi les armements nouveaux, les différents systèmes de navires à blindage, les nombreux modèles de fusils se chargeant par la culasse. J'avais tout emporté pour lui plaire, et j'ai tout perdu !

Quel plus beau bâtiment et plus gracieux que ce monitor que j'avais baptisé du nom de *Washington,* le fondateur de notre grande république ! Il fendait la lame comme la flèche fend les airs, et semblait plutôt un monstre marin des temps mythologiques, folâtrant à la surface des ondes, qu'un navire construit par la main des hommes !

Poussés par le *Gulf-Stream,* nous filions avec une vitesse de dix-huit nœuds, la plus considérable qu'on ait jamais atteinte.

— Que représente au juste, je vous prie, cette longueur de dix-huit nœuds ?

— Filer un nœud, c'est marcher à raison de un mille marin à l'heure. Or le mille marin est le tiers de la lieue marine, le soixantième d'un degré, c'est-à-dire 1 kilomètre 852 mètres. Donc filer dix-huit nœuds ou dix-huit fois 1852 mètres, c'est parcourir en une heure la distance de plus de 33 kilomètres, comme vous pouvez vous en convaincre par une simple multiplication.

Nous courions donc à toute vapeur, lorsque, par 38° de longitude ouest sur 43° de latitude, nous aperçûmes au loin une grosse frégate cuirassée, au pavillon prussien. Lorsque nous fûmes à portée de nous entendre, je pris la liberté de lui demander pourquoi elle partait ainsi en guerre, toutes voiles dehors, et les sabords ouverts.

— C'est, répondit le capitaine, pour faire des *observations amicales* au président Grant, relativement à l'envoi qu'il aurait laissé faire en France de 564 fusils Remington et de 19 canons Rodmann, qui, naturellement, vont se tourner contre nous à la prochaine affaire. Déjà les réserves françaises du centre ont des armes de provenance américaine, et le roi Guillaume est froissé de l'appui tacite que Napoléon III reçoit des États-Unis, dans la lutte engagée entre les deux nations de l'Europe. Je viens donc informer le Président que mon souverain se contenterait, en compensation de ce préjudice, d'une légère indemnité de 30,000 dollars, se réservant, en cas de refus, d'opérer un débarquement sur tout le littoral et de s'emparer du sol de la République jusqu'aux montagnes Rocheuses.

A présent que je vous ai ouvert mon cœur, continua le capitaine, je compte que vous allez ouvrir le vôtre. Que renferme, s'il vous plaît, votre canonnière?

— Ce qu'elle renferme? vous allez tout de suite le savoir, répondis-je indigné des paroles outrecuidantes que je venais d'entendre. Aussitôt dit, aussitôt fait. Je dirige le sabord de la tourelle mobile du côté de la frégate, je pousse un bouton... et cinq énormes obus, rasant la ligne d'eau, viennent coup sur coup frapper au même point la cuirasse du navire prussien, qu'ils traversent complétement.

L'*Arminius,* — c'était le nom de mon insolent adversaire, — lâcha alors contre le *Washington* une bordée formidable. Mais tous ces obus (qui auraient traversé de part en part un vaisseau ordinaire) glissèrent ou s'aplatirent sur la robuste carapace du *bélier,* comme des balles de pistolet sur un mur en pierre de taille. Une seconde bordée suivit la première, sans faire plus d'effet, sans produire le moindre dommage. Pendant qu'on lui lançait cette avalanche de projectiles, le *Washington* prit son élan, se précipita à toute vapeur sur l'*Arminius,* et lui enfonça jusqu'au cœur son éperon de fer.

Ce choc terrible brisa l'hélice et faussa le gouvernail de la frégate. Gagnant le large, je lançai cinq autres obus à mon adversaire, et je revins à l'abordage avec la même furie.

Figurez-vous la trouée béante que peut faire dans les flancs d'un navire la pointe aiguë d'une masse énorme de quatre mille tonnes transformée subitement en projectile !

L'*Arminius,* dont le capitaine n'était plus maître, dont l'équipage était frappé de terreur, s'enfonça bientôt, l'eau s'engouffrant par la plaie qu'avait ouverte l'éperon du bélier, et disparut peu à peu dans l'abîme. Cependant, avant de sombrer, le capitaine de frégate arma lui-même un de ses canons Krupp et, avec un merveilleux coup d'œil, lança un obus sur le *Washington,* qui n'avait pas encore pu se reculer, par suite d'un dérangement dans la machine. Le projectile brisa le sabord et pénétra jusque dans la soute aux poudres, où il éclata violemment.

Les paroles me manquent pour vous rendre l'effet de l'explosion. On entendit un craquement formidable, produit par la disjonction des plaques métalliques du monitor, qui furent projetées à une grande distance ; une immense flamme rouge embrasa le ciel, et la mer fut bouleversée au loin. Dix minutes après, de jolies vagues vertes couraient, joyeuses, l'une après l'autre en se lançant des petits flocons d'une écume blanche comme la neige.

De *Washington* et d'*Arminius* il n'en était plus question. Tous deux étaient ensevelis au fond de l'Océan, brisés, mutilés, arrachés, tordus, à l'état d'épaves !

Je ne sais ce que devint mon corps. Mais mon âme se retrouva au fond de l'abîme, à côté des restes de mon bélier. Par un hasard bien extraordinaire, mes caisses d'armes n'avaient subi aucune avanie sérieuse ; elles sont encore d'ailleurs parfaitement conservées.

Pour un amateur comme moi, c'est une grande consolation.

— Je doute fort, monsieur Crampton, dit le brigadier, que l'on n'ait jamais entendu parler de combat maritime aussi effrayant que celui dont vous avez été le glorieux héros. Votre courage est au-dessus de tout éloge, et ce haut fait d'armes m'a tellement charmé que je ne vous ai interrompu qu'une fois. Cependant, ce n'est pas l'envie qui me manquait ; et, à un certain moment, je me suis retenu à quatre pour ne pas vous demander la raison qui vous faisait donner au *Washington*, tantôt le nom de *monitor*, tantôt celui de *bélier*.

— En Amérique nous appelons *monitors* la plupart des bâtiments cuirassés, à tourelles, parce que ce fut le nom du premier cuirassé de ce genre dont se servirent les armées fédérales, et qui s'immortalisa dans sa lutte contre le *Merrimac*, batterie flottante appartenant aux confédérés.

— Je me le rappelle fort bien ! En a-t-on assez parlé de ce fameux combat naval de Hampton-Road !

— J'ai appelé aussi le *Washington bélier* parce qu'il est muni à la proue d'un fort éperon de fer, et c'est ce qui le distingue des autres monitors.

Aujourd'hui le combat de navire à navire, — la mêlée avec ses phases diverses, — est la seule façon dont on combattra pour se disputer la victoire. C'est ce principe qui m'a guidé dans la construction de mon bâtiment.

Plusieurs canons d'un calibre médiocre perdraient leur temps contre les blindages actuels. J'ai donc installé sur ma tourelle métallique un seul canon à grande puissance, dont le projectile ébranle les plus épaisses cuirasses, et qui pour champ de tir a l'horizon tout entier.

La mâture devait naturellement disparaître et faire place à la vapeur, afin de donner toute liberté au tir de la bouche à feu. Aussi ne voyait-on que trois objets dépasser la ligne de flottaison de mon monitor : la tourelle, la cheminée, et le pavillon des États-Unis.

Un autre avantage, fort appréciable, du *Washington* sur les autres monitors que mon compatriote Ericsson fit construire au moment de notre affreuse guerre civile, c'est que ces derniers n'étaient guère que des garde-côtes, tandis que le *Washington* tenait parfaitement la haute mer.

Le *Miantonomoah*, à tourelles et hélices, a, il est vrai, traversé l'Atlantique, en 1866, et jeté l'ancre dans plusieurs ports de l'Europe; mais dans quelles conditions ! A chaque gros temps, son pont était recouvert par la lame, et il n'avait aucune qualité de marche ni d'évolution. Mon bélier, au contraire, grâce à son relief, courait et virait de bord comme une goëlette. Ce relief était obtenu par des pavois mobiles en tôle, qui préservaient la tourelle des coups de mer et, pendant le combat, pouvaient se rabattre contre la coque.

Mon plan a été adopté par la suite, et il faut rendre cette justice que personne n'a songé à m'accorder l'honneur de la découverte !

— Que voulez-vous, monsieur ! les absents ont

toujours tort, et l'histoire de la science prouve, plutôt mille fois qu'une, que l'ingratitude de ceux qui profitent d'une invention est à peu près la seule récompense décernée à l'inventeur.

— Je veux être plus équitable envers vous qu'on ne l'a été envers moi, et puisque je parle à des Français, je me fais un plaisir de reconnaître que c'est la marine de votre pays qui, la première de toutes, lança des batteries flottantes cuirassées, audacieuse innovation dont vous fûtes largement payés par l'éclatant succès de Kinburn.

— Je les ai vues en 1855, ces batteries flottantes, la *Congrève*, la *Dévastation*, la *Lave;* elles ressemblaient à de modestes bateaux à charbon, et cependant envoyaient bel et bien des projectiles explosibles à plusieurs centaines de mètres.

Pendant la guerre de sécession, est-ce le Nord, ou le Sud, qui eut les premières batteries flottantes?

— Il faut en laisser la gloire aux confédérés. Lorsque les fédéraux quittèrent l'arsenal de Norfolk, ils avaient mis le feu à une frégate à hélice en bois, nommée le *Merrimac*. Sauvée de l'incendie par les hommes du Sud, cette frégate fut réparée, recouverte d'une cuirasse en fer, armée, aux deux flancs, de gros canons de 12 pouces, et, à la proue, d'un éperon de fer pour éventrer les carcasses de bois de nos navires.

Ainsi, une coque à moitié brûlée fut transformée en une puissante machine de guerre, qui fit de terribles ravages parmi les navires fédéraux, et dont le blindage métallique résista à toutes les attaques.

Comme vos batteries françaises, les batteries américaines ne pouvaient tenir la mer; mais le branle était donné, et, quelques années plus tard, on vit des frégates et des vaisseaux cuirassés dans tous les ports militaires importants. La révolution maritime se continue chaque jour, le progrès marche.....

— Et la poésie s'en va! Car il y avait jadis de la poésie, même dans la guerre!

Souvent, je vais au musée de Versailles, et là j'admire les grandes batailles sur mer, les combats navals entre vaisseaux de ligne. Quelle animation! quel éclat! On est ému, parce que l'on voit des hommes lutter entre eux de force, de courage, d'adresse et d'énergie; parce que la mise en scène est saisissante; et, au milieu de l'horreur qu'inspirent ces tableaux déchirants de vaisseaux qui sombrent, de mâts qui croulent, écrasant tout dans leur chute, le cœur déborde et est transporté du plus vif enthousiasme!

Voyez, au contraire, deux cuirassés lutter ensemble : ce sont des monstres qui crachent le fer et se précipitent l'un sur l'autre avec rage; mais le charme a disparu, l'homme est absent, ou du moins sa volonté, son audace, rentrent dans l'ombre, et la matière brute remplit à elle seule toute la scène.

— Vous êtes bien un Français, amoureux de théâtre, ivre de sentiment, heureux de tomber avec noblesse, comme le gladiateur antique, aux applaudissements d'une foule en délire, mais répugnant à la triste fin que trouve l'équipage d'un *monitor,* au fond d'une cabine enfumée.

Les guerres maritimes actuelles, bien qu'elles ne frappent pas au même degré que celles d'autrefois l'imagination ardente des races latines, ne sont cependant pas dénuées de toute grandeur, car elles ne reposent ni sur le nombre, ni sur la fureur des combattants, mais seulement sur le génie de l'homme d'étude et le sang-froid intrépide du capitaine.

— Nous avons peut-être raison tous les deux. Vous voulez vous battre en savant; moi, je préfère me battre en artiste. Tous les goûts sont dans la nature. Passons donc à un autre sujet, et parlez-nous, si vous le voulez bien, de votre passé et de vos inventions. Là-dessus, nous serons toujours du même avis.

— Voici mon histoire. Je suis né, — ne vous effrayez pas, je serai bref, — dans la boutique de mon père, pauvre mais honnête épicier de New-

York. Ma jeunesse s'écoula, paisible, entre les
pains de sucre et les pots de miel, auxquels je
donnais certaines dispositions savantes qui attiraient les regards des passants. Déjà se dévelop-
pait le germe de mes instincts guerriers. Cependant la trentaine approchait, et mon nom ne
s'était encore illustré que par des découvertes
toutes pacifiques, telles que la merveilleuse huile
de platane et la bougie incombustible, lorsque, en
1861, la République américaine se partagea en
deux camps ennemis.

Ma raison déplora un tel malheur, mais j'éprou-
vai, au dedans de moi, un certain plaisir de cette
guerre, qui allait me permettre de déployer mes
talents stratégiques, en remplaçant les pains de
sucre paternels par des hommes véritables.

Je fus nommé d'emblée colonel de l'armée
fédérale.

La liberté enfante de ces prodiges.

Quel beau jour! Le drapeau étoilé flottait au
vent, et mes soldats ne demandaient qu'à combattre!

L'enthousiasme, à lui seul, gagne fort peu de
victoires, et la science est nécessaire pour triompher d'un ennemi riche et fort. Aussi me fallut-il
travailler sans relâche. Ce fut presque un plaisir
pour moi, et au bout de quelques semaines j'étais
tout à fait digne de ma nouvelle position. Vous

connaissez les gigantesques batailles dans lesquelles le Nord et le Sud ont joué leur existence. Je n'en parlerai pas, non plus que des hauts faits d'armes qui rendirent mon régiment un des plus célèbres de l'armée fédérale. Entre les combats, j'étudiai toujours, car *le loisir* (a dit notre illustre Franklin), *c'est le moment de faire quelque chose d'utile;* et des inventions de toutes sortes jaillirent de mon cerveau fécond.

Je fis des rapports nombreux au ministre, sur le genre d'attaque en rase campagne, sur la tactique des confédérés, sur l'application de la télégraphie aérienne à la guerre de siéges, etc., etc. Le Nord construisit, d'après mes plans, des gabions à l'abri de la bombe pour les sapeurs du génie, des fusils-mitrailleuses à balles asphyxiantes ; des tours roulantes en acier, lançant des jets continus de pétrole ; enfin, des chars blindés et armés de faux horizontales, qui, pressés par la vapeur avec une vitesse extraordinaire, renversaient les lignes les plus épaisses de l'infanterie et même de la cavalerie ennemies.

Mon nom retentit de l'Atlantique au grand Océan, et du fleuve Saint-Laurent au Rio del Norte ; si la lutte avait duré plus longtemps, qui sait jusqu'où m'aurait poussé la fortune? Mais la paix fut conclue, et je retombai à plat dans ma boutique.

Après la réputation que je m'étais faite, je ne pouvais revenir à mon vulgaire commerce. Les sciences militaires m'attiraient fatalement, et c'est à leur étude que je devais désormais consacrer toute mon existence.

L'artillerie me séduisait particulièrement, et je compris bientôt le rôle immense que lui réservait l'avenir.

Il me vint d'abord à l'idée de construire une mitrailleuse de cinquante canons, c'est-à-dire comme il ne s'en était pas encore vu. Les trophées de Claxton m'empêchaient de dormir, et lorsque je voyais, au fort de Far-West, la fameuse batterie Gatling, je me frappais le front en m'accusant de paresse et d'imbécillité. Quoi! pensais-je, furieux, me serait-il impossible de trouver quelque chose de supérieur à ces petits jouets d'enfant?

De là, la mitrailleuse Crampton.

Avant de mettre mes plans à exécution, je partis pour l'Europe, qui, de son côté, étudiait le meilleur système de *canons à balles.*

En Belgique, l'ingénieur Fafschamp s'était épuisé en efforts infructueux pour obvier aux inconvénients de toute mitrailleuse, c'est-à-dire à la faiblesse des aiguilles, à l'imperfection de l'obturateur, à l'encrassement du mécanisme, aux ratés, enfin à la confection imparfaite de la cartouche en papier, que bientôt après devait rempla-

cer la cartouche métallique, plus solide, plus facile
à conserver, plus propre à assurer l'obturation.

MM. Christophe et Montigny, plus heureux,
avaient fait construire une arme bien digne d'attention. Le mitrailleur qui porte leur nom se composait de trente-sept canons groupés en faisceaux
dans une enveloppe métallique. Un tour de manivelle suffisait au départ des trente-sept projectiles.
Mais, afin que le recul ne fût pas trop considérable,
les percuteurs, grâce à un ingénieux mécanisme,
ne frappaient que l'une après l'autre les cartouches, et les trente-sept coups se succédaient ainsi
à petits intervalles. Vous n'êtes pas sans avoir entendu le bruit particulier de la mitrailleuse qui,
en partant, crépite comme ferait un énorme
moulin à café : ce bruit est dû à la disposition
particulière des percuteurs.

— Ce mitrailleur Christophe-Montigny ressemble beaucoup à notre mitrailleuse française. Il doit
y avoir entre les deux quelques liens de famille.

— En effet, la mitrailleuse française, quoique
née à Meudon, est la sœur cadette du mitrailleur
belge, et comme elle était élevée dans le plus grand
mystère, le public français n'a fait connaissance
avec elle qu'après la guerre de 1870. Cependant
la belle inconnue, sur laquelle vous aviez fondé
les plus hyperboliques espérances, n'était pas partout également ignorée, et je soupçonne fort vos

ennemis d'avoir découvert avant vous le secret de son origine. Sinon, pourquoi auraient-ils eu autant de confiance dans le peu d'efficacité de cette arme que vous en aviez vous-mêmes dans sa terrible puissance ?

Baruch demanda alors à M. Crampton de lui expliquer en deux mots le mécanisme de la mitrailleuse adoptée par le gouvernement français.

— La mitrailleuse de Meudon se divise en deux parties principales : 1° les canons; 2° la cage.

Les canons, en acier et à rayures, sont au nombre de vingt-cinq, et rangés par couches horizontales et verticales de cinq chacune. Ils sont noyés dans une enveloppe en bronze, ce qui donne à l'ensemble l'apparence d'un canon ordinaire.

La cage contient la culasse porte-cartouches et le système de percussion.

La culasse est une boîte en acier, percée de vingt-cinq canaux disposés par rangées comme les canons. Chaque canal peut recevoir une cartouche. Cette boîte est placée dans la cage de la mitrailleuse, où elle est fixée par des tenons et des crochets.

Le système à percussion comprend les ressorts à boudin qui poussent les vingt-cinq aiguilles, la plaque de *déclanchement* qui sépare les aiguilles des cartouches, et marche, soit de droite à gauche, soit de gauche à droite, au moyen d'une petite manivelle à vis placée sur le côté droit de la pièce. Dans son mouvement, cette plaque, percée de vingt-cinq trous, laisse passer les aiguilles (lorsqu'elles sont en face des ouvertures), et leur permet de frapper les capsules des cartouches. Enfin, le derrière de la cage sert d'écrou à une vis au moyen de laquelle tout le système avance ou recule, suivant que l'on veut tirer ou charger.

Voici, en gros, tout le système des canons à balles.

Toutes ces armes dont je viens de vous entretenir étaient bien loin de produire d'aussi surprenants effets que ma mitrailleuse de cinquante canons, lançant à huit mille pas des balles explosibles de 375 grammes, et pouvant tirer pendant une heure de suite, sans produire cet échauffement du métal, si incommode d'ordinaire. Un solide blindage disposé en avant de la pièce la mettait à l'abri des projectiles de calibre moyen, ce qui ne l'empêchait pas d'être fort mobile et de se manœuvrer aussi aisément qu'un petit canon de montagne.

La mitrailleuse Crampton pouvait tirer dix fois à la minute, c'est-à-dire envoyer cinq cents balles dans un court espace de temps, et comme chaque balle éclatait en dix fragments de 35 grammes (poids qui dépasse celui de la balle chassepot), l'ennemi recevait donc en 60 secondes la formidable avalanche de cinq mille morceaux de plomb de grosseur raisonnable.

Des expériences consciencieuses, faites à West-point, glacèrent de stupeur tous les assistants : « L'honorable colonel, s'écria-t-on, a trouvé l'arme de l'avenir! Une batterie de huit mitrailleuses Crampton peut foudroyer une armée entière en quelques instants, et cela jusqu'à 2,000 mètres, avec une précision mathématique. C'est un engin de destruction épouvantable pour la guerre de rues, pour la défense ou l'attaque des routes, des défilés, des voies ferrées, etc. »

J'étais le héros du jour!

Sur ces entrefaites, survint la conférence de Saint-Pétersbourg, qui proscrivait l'emploi des projectiles creux pesant moins de 400 grammes. L'Angleterre et les États-Unis, bien que n'ayant pas souscrit aux conditions de cette conférence, ne voulurent pas paraître faire une manifestation hostile en adoptant mon canon-balles. « D'ailleurs, me répondit-on dans les bureaux de la guerre, si le bronze d'aluminium dont vous vous servez est d'une ténacité extraordinaire, il est aussi d'un prix fort élevé, et nos finances, déjà obérées par des dépenses excessives, ne sauraient se permettre un luxe pareil. »

Bref, mes offres furent refusées, et mon invention tomba bientôt dans l'oubli.

Un Américain ne se trouble pas pour si peu.

Malheureux dans les mitrailleuses, je me tournai du côté des fusées de guerre.

L'origine des fusées de guerre se perd dans la nuit des temps. On sait seulement que le célèbre Hyder-Ali, fils d'un fakir mahométan du Pendjah, s'en était servi dans le siècle dernier, aux Grandes-Indes, pour jeter la terreur parmi les éléphants du roi de Mysore, et aussi pour défendre son pays contre l'invasion des troupes anglaises.

C'est là que le colonel Congrève emprunta à ses farouches ennemis l'idée de la fusée qui porte son nom, et dont l'usage se répandit peu à peu en Europe.

Cette fusée à la Congrève, fort semblable à celle des feux d'artifice, porte à sa tête un cylindre de tôle pourvu d'une mèche rendue inextinguible. Si c'est une fusée de bataille, le cartouche (autrement dit le cylindre) reçoit un obus cylindrique rempli de balles de fusil; pour une fusée incendiaire, le cartouche est rempli de roche à feu, et se termine par un chapiteau en tôle portant des trous pour le passage de la flamme.

Ces engins terribles de destruction me semblaient devoir un jour changer du tout au tout le rôle de l'artillerie et devenir l'arme principale des batailles. En effet, les fusées sont d'un transport facile, même sur les montagnes, sur les édifices, d'où elles peuvent incendier des bataillons ou des villages entiers. De plus, elles partent sans le secours d'aucune machine lourde et embarrassante, telle qu'un canon ou un fusil. On pourrait presque les appeler des projectiles intelligents, qui connaissent leur route et se suffisent à eux-mêmes!

Que l'on donne à ces feux le développement d'une batterie de cent pièces, ce qui est possible, et l'effet produit sera si terrible, que l'ennemi, épouvanté, ne résistera pas une heure.

Une infanterie fuséenne de dix mille hommes, conduite par un général habile et audacieux, pourrait ainsi, selon moi, culbuter et anéantir les plus solides armées d'Europe, en répandant à travers les contrées un déluge de feu qui rappelât la pluie brûlante sous laquelle furent ensevelies les deux villes maudites, Sodome et Gomorrhe.

Il faudrait donc que quelque puissant génie, dédaigneux de la routine, employât une première fois cette artillerie foudroyante, dont tous les peuples s'armeraient bientôt, sous peine de disparaître de la carte du monde.

Les armées réduiraient les cités en cendres, ruineraient les campagnes, dévasteraient tout, et l'humanité, frappée d'épouvante, reculerait peut-être alors devant cette guerre épouvantable, devant ce fléau plus meurtrier à lui seul que la peste, la fièvre jaune et le choléra réunis!

C'est dans un de mes rares moments de tendresse mélancolique que j'ai fait ce beau rêve! Arriver par le fer et la flamme à la fraternité humaine et à la paix universelle, quel vaste plan! si généreux, si grandiose, que plusieurs sincères bienfaiteurs de l'humanité, auxquels je me permis de l'exposer, le trouvèrent irréalisable!

Croyez-vous, monsieur Baruch, qu'il est difficile de faire le bien?

— Je crois tout bonnement, monsieur Crampton, que vous voulez agréablement vous moquer de nous trois, avec votre retour à l'âge d'or par le moyen des fusées incendiaires.

— Je suis à cent lieues marines de me permettre une si inconvenante plaisanterie. Mais vos paroles me prouvent, une fois de plus, que l'idée n'est pas mûre encore pour le monde et que la guerre n'est pas finie de sitôt, puisque les philanthropes font tout ce qu'ils peuvent pour la rendre supportable.

— Je crois vous comprendre, à présent. Selon vous, la guerre est une maladie de l'humanité, qu'il faut détruire par le traitement homœopathique.

— Vous l'avez dit. *Similia similibus curantur :* les semblables sont guéris par les semblables.

Lorsque je m'aperçus que cet axiome de la nouvelle école à laquelle j'appartiens ne pouvait être adopté par la majorité des esprits, j'abandonnai les fusées incendiaires à leur malheureux sort, et mon ardente activité trouva un nouvel aliment dans l'étude des torpilles.

Je vais vous dire tout de suite ce que, après bien des réflexions, j'imaginai en ce genre. Figurez-vous des petits bateaux insubmersibles, munis d'une puissante machine et nécessitant quatre hommes d'équipage. Une perche de dix à douze mètres de long, fixée à la proue, porte à l'autre extrémité une mâchoire dans laquelle est logée la torpille. Cette perche peut se mouvoir de façon à ne pas toujours présenter une saillie aussi considérable. La torpille est une caisse en tôle, renfermant deux cent cinquante kilogrammes de poudre-coton, matière dont la force explosive est, comme on sait, très-supérieure à celle de la poudre de mine ordinaire. Lancée contre le flanc d'un navire, elle y pénètre, grâce à sa pointe d'acier, au-dessous de la ligne de la cuirasse. La machine opère alors un mouvement de recul; une étincelle électrique met le feu à la torpille..... et, si tout va bien, le navire saute en l'air, comme le misérable jouet d'un volcan sous-marin!

Des expériences ont été faites sur de vieilles frégates et ont complétement réusssi. Aujourd'hui, plusieurs peuples ont adopté ce système en le perfectionnant.

Mais, pour l'époque, l'invention était superbe,

et je fus chaudement félicité par le gouvernement de mon pays. Remarquez que ce bateau fut construit pour la première fois en 1867, et que, l'année d'avant, un rapport du ministre de la guerre venait d'apprendre que vingt-cinq bâtiments fédéraux avaient été détruits et quatre sérieusement endommagés par les torpilles confédérées, dont on avait plus souffert que de tous les autres engins sécessionnistes.

— Après vous avoir sincèrement félicité de votre coquette trouvaille, je vous prierai de me dire quel est le grand génie qui enfanta la torpille.

— C'est à David Bushnell, né en 1742, dans le Connecticut, que doit être attribuée l'idée d'attaquer un navire en appliquant à ses parties submergées une provision de poudre dont l'explosion doit le désemparer.

La torpille Bushnell fut essayée dans la guerre d'Amérique, en 1776. Ces essais étant restés infructueux, l'inventeur, découragé, abandonna son projet.

Il fut repris, vingt ans après, par Robert Fulton, — toujours un Américain, — dont les plans furent repoussés en France, sous le Consulat, comme impraticables.

Fulton arriva à Londres en 1804, et présenta au ministre ses dessins de torpille et de bateau plongeur. Pitt en fut frappé, et s'écria : « Un tel système, s'il réussit dans la pratique, ne peut manquer d'annihiler toutes les marines militaires. » Mais les résultats foudroyants de ces appareils alarmèrent l'Amirauté britannique, qui proposa à Fulton de supprimer ses inventions de telle façon que personne ne pût en tirer avantage. « Pitt, ne put s'empêcher de dire un Anglais pratique, a été le plus grand fou qui ait jamais existé, d'encourager un mode de guerre dont ceux qui ont la suprématie des mers n'ont pas besoin, et qui, s'il réussit, doit la leur enlever. » L'illustre Américain, indigné des basses manœuvres employées contre lui, retourna dans sa patrie, où il ne fut guère plus heureux.

La torpille, si longtemps incomprise, se vengea avec éclat, dans notre guerre civile, de l'injuste défaveur qui pesait sur elle. Ces engins invisibles, que le Sud répandit avec profusion sur la route de nos canonnières, nous firent un grand mal dans les premières années de la lutte.

Dès le mois de décembre 1862, le *Cairo,* un des plus puissants cuirassés de l'escadre du Mississipi, fut tellement abîmé par l'explosion d'une torpille, que douze minutes après il coulait par six brasses d'eau. A l'attaque de Mobile par la flotte de l'amiral Farragut, le monitor *Tecumseh* fut entièrement détruit, et disparut presque instantanément, entraînant avec lui son capitaine et soixante-dix hommes.

11.

Bien d'autres eurent à subir le même sort, malgré les plus minutieuses précautions dont ils s'entouraient.

On eut aussi fort à faire avec les bateaux-torpilles, nommés *Davids,* parce qu'ils étaient appelés à vaincre les *Goliaths* de la mer.

En octobre 1863, les sentinelles du *New-Ironsides* signalèrent un petit objet s'approchant rapidement du navire et venant du large. Il fut hélé : la seule réponse fut une balle de carabine qui tua l'officier de quart. Au même instant, une épouvantable explosion ébranlait la coque du *New-Ironsides.* Vers le milieu, une immense colonne d'eau inondait ses ponts, produisant à bord une confusion indescriptible, pendant laquelle le bateau-torpille était hors de vue. On envoya des embarcations à sa poursuite, et l'on parvint à découvrir deux hommes flottant sur l'eau au moyen de ceintures de sauvetage. L'un d'eux était le capitaine du bateau; il déclara que l'explosion avait rempli son bateau, et que, pensant qu'il coulait, il l'avait abandonné.

Chose curieuse! le bateau abandonné par son équipage, les feux éteints, dériva pendant une heure, au bout de laquelle il se trouva près du mécanicien, qui se soutenait sur l'eau avec une ceinture de sauvetage. Celui-ci remonta à bord, alluma les feux et regagna Charleston, d'où il était parti.

Pour éviter de nouvelles catastrophes, les navires redoublèrent de vigilance, et durent être prêts à appareiller au premier signal. On doubla les sentinelles, et, la nuit, des rondes furent ordonnées.

Spectacle nouveau, remarquait un de mes amis, que ces belles frégates, puissamment armées, avec des équipages de plusieurs centaines d'hommes, littéralement obligées de fuir devant quatre individus montant une petite coque de tôle en forme de cigare, et ayant pour armement quelques livres de poudre au bout d'un bâton !

Cependant le Nord imita bientôt le procédé de ses adversaires, et des vaisseaux confédérés furent détruits à leur tour.

Notre premier succès fut, si je ne me trompe, obtenu par le lieutenant Cushing, homme d'une témérité extraordinaire, qui, dans le rapport qu'il m'adressa, me raconta ainsi son glorieux fait d'armes :

« MONSIEUR,

» J'ai l'honneur de vous informer que le cuirassé rebelle *Albemarle* est au fond de la rivière Roanoke..... Dans la nuit du 27 octobre, ayant préparé ma chaloupe à vapeur, je me dirigeai vers Plymouth avec treize officiers et marins volontaires de l'escadre..... Notre embarcation réussit à traverser les grand'gardes, et nous arrivâmes, sans avoir été hélés, jusqu'aux vigies du bélier..... Je me dirigeai sur l'ennemi à toute vapeur..... Les rebelles commencèrent le feu..... J'aperçus le cuirassé amarré au quai, entouré de défenses flottantes..... Le feu de l'ennemi était très-vif, mais une volée de mitraille à petite distance modéra son zèle et dérangea son pointage; le *paymaster* Swan de l'*Otsego* fut blessé à mes côtés, et je ne sais combien d'autres; j'avais deux balles en mon habit, l'air en semblait plein..... En un moment, nous fûmes au milieu des défenses.....; l'espar (la perche) de la torpille fut abaissé, et, par un vigoureux effort en avant, je parvins à loger la torpille sous la hanche de bâbord ; elle éclata au moment même où le canon de l'*Albemarle* faisait feu. Une énorme masse d'eau remplit la chaloupe, la désemparant complétement. L'ennemi continua son feu à quinze pieds de distance, nous criant de nous rendre, ce que je refusai deux fois. J'ordonnai à mes hommes de pourvoir à leur salut, et je me jetai à l'eau ; nous nageâmes vers le milieu du courant sans être atteints. La plupart de mes compagnons ont été faits prisonniers, quelques-uns noyés; un seul s'est échappé, mais dans une autre direction que moi.

» Complétement épuisé, je cherchai à gagner le rivage..... Ce ne fut qu'au jour que je parvins à me cacher près du fort. Deux officiers de l'*Albe-*

marle passèrent à quelques pas de moi, disant que le navire était détruit.

» En suivant la côte, je pus m'enparer d'une embarcation abandonnée, et gagner Valley-City. »

— Il faut vraiment des caractères aventureux et des trempes énergiques pour oser tenter des coups pareils, au milieu de la nuit !

— Je suis heureux de pouvoir affirmer que ces hommes ne nous ont jamais manqué, et qu'ils ont, dans chaque affaire, fait preuve d'un courage stoïque.

Mais il faut que je revienne à mes moutons.

Ma dernière invention est celle du canon à vapeur, qui lance consécutivement douze obus d'acier, sans qu'on ait besoin d'ouvrir et de fermer chaque fois une vis de culasse et sans brûler un grain de poudre.

Je ne puis entrer dans le détail de l'appareil. Qu'il vous suffise de savoir que la machine à vapeur du *Washington* comprimait à cent atmosphères une certaine quantité d'air, qui, une fois délivré, s'échappait violemment en chassant devant lui le projectile avec une puissance dont on ne peut se rendre compte.

Ce serait me parer des plumes du paon que de me donner comme le premier qui ait appliqué à l'industrie la force produite par la grande compressibilité des gaz. Qui n'a vu dans les cours de physique de nombreux appareils basés sur ce principe, tels que la fontaine de Héron, le fusil à vent, la pompe foulante et d'autres encore qui font la joie des écoliers?

Le problème du canon à vapeur n'est même pas nouveau, puisqu'il a été posé au milieu du siècle dernier, abandonné un instant, puis repris en 1804 par l'illustre Watt ; en 1814, par le général français Gérard, qui dépensa sans succès beaucoup d'argent ; en 1824, par mon compatriote Perkins, qui s'acharna longtemps et fut près de réussir ; enfin, de nos jours, par un industriel très-distingué et très-pratique, l'Anglais Bessemer, bien connu par son procédé spécial pour obtenir l'acier fondu. La machine à vapeur de Bessemer tire en une minute deux mille cinq cent quarante balles de fusil Enfield, représentant plus de quatre-vingt-dix kilogrammes de plomb.

Mais, selon moi, tous ces savants sont éclipsés par le mécanicien Perrot de Rouen, dont la machine infernale à air comprimé par la vapeur passa en 1837 sous les yeux d'une commission officielle. Arago, qui en faisait partie, manœuvra ce canon comme une plume et inscrivit son nom sur une contrescarpe avec le jet presque continu des balles de plomb lancées par la machine. Malheureusement le récent attentat de Fieschi n'était pas fait pour mettre en faveur les machines infernales. Aussi le roi invita-t-il l'inventeur à garder son secret, ce que fit ce dernier avec beaucoup de délicatesse.

J'ai donc la gloire d'avoir sauvé de l'oubli le canon à vapeur. Mes plans sont restés entre les mains d'un habile constructeur de New-York, et je ne désespère pas de voir un jour ou l'autre les canons Crampton (dont on s'est un peu moqué chez moi) foudroyer des armées entières sur les grands champs de bataille de l'Europe.

Je me suis étendu sur ce sujet à la seule fin de pouvoir proclamer que le rêve d'aujourd'hui est la réalité de demain, et que les inventeurs sont des fous... dont les sages récoltent les idées tout en haussant les épaules.

Que vous dirais-je de plus? Vous connaissez mon duel avec l'*Arminius* et la fin tragique du *Washington*.

Cette catastrophe anéantit brusquement les créations abondantes qui germaient peu à peu dans mon cerveau fertile ; et mon âme perdue au milieu des gouffres de l'Atlantique, irritée de tant de projets évanouis en un jour, chercha à se consoler dans la contemplation des armes nombreuses que la pitié du sort m'avait conservées.

Ce sont ces armes dont je vais vous parler, si tel est votre bon plaisir.

— Tout avant, monsieur Crampton, je vous prie-

rais de nous accorder quelques minutes de délasse-
ment. Nous n'en écouterons qu'avec plus de plaisir
le dénombrement de ces fameuses collections qui
ont fait tant de bruit dans le *Figaro* et en Europe.

Puis, se levant, le brigadier commanda mili-
tairement :

— Mes amis, en place, repos !

L'officier d'artillerie quitta alors son appareil,
s'approcha de la grande table et se mit à servir le
punch, sur l'invitation de son oncle qui lui recom-
manda, en riant, d'être *bon fourrier.*

— Voilà, s'écria Baruch, voilà un Américain de
la vieille roche ! Il est bien de son pays, et il est
bien de son siècle aussi, car on peut dire aujour-
d'hui que ce sont les machines qui font marcher
les hommes, et que le beau langage est détrôné
par le bruit étourdissant des marteaux et des pis-
tons d'usine. N'est-il pas vrai, monsieur R...?

— Pas tout à fait, répondit celui-ci, et certaines
tribunes vibrent encore de paroles éloquentes qui
font taire la voix de vos monstres d'acier. Vous
devriez vous souvenir que même dans la guerre,
qui paraît le triomphe exclusif de la force brutale,
la parole joue son rôle, et non pas le moins utile.

Les magnifiques proclamations de Napoléon I{ᵉʳ}
ont électrisé nos pères et les ont poussés à la victoire. Pendant nos derniers désastres, les jeunes
conscrits puisaient des forces nouvelles dans leurs

chansons guerrières. Enfin, sur tous les champs de bataille, les encouragements énergiques des chefs enflamment les cœurs et ramènent parfois les courages abattus. Ne sont-ce pas là des preuves éclatantes de la puissance des mots?

— Ah! j'étais sûr de vous piquer, reprit Baruch en riant aux éclats. Tudieu, avec quelle vivacité vous avez relevé le gant! Mais, mon cher monsieur, point n'est besoin de tant vous défendre, car, — soyez-en bien convaincu, — je suis tout à fait du même avis que vous. Et la preuve, c'est que pour un mot de mon colonel, je me serais jeté au milieu de vingt-cinq millions de canons rayés crachant leurs obus. D'ailleurs, s'il y avait ici quelqu'un qui ne partageât pas notre opinion, sans faire tant de belles phrases, je me contenterais pour le convaincre de lui rappeler le merveilleux effet que produisit sur les grenadiers de la vieille garde le grand mot de Cambronne, qui pourtant n'avait que cinq lettres!

Prenez donc un petit verre de punch, je vous prie.

CHAPITRE VIII

Crampton reprit ainsi : Mes pauvres caisses !
recouvertes de détritus organiques, souillées de
mollusques étranges, enfoncées dans la vase, elles
vont bientôt disparaître sous une carapace informe
d'ordures, comme le diamant disparaît sous sa
gangue !

— Si votre mobilier se dégrade un peu trop,
nous irons lui donner un petit coup de balai au
fond de la mer, et le transporter même en un lieu
plus sec.

— La chose est possible. Nous en causerons
tout à l'heure. En attendant, je vais vous faire une
description fidèle de quelques-unes des incalcula-
bles richesses que Neptune m'a ravies, sans doute
pour en orner son empire.

Les caisses en question étaient numérotées de
1 à 20, en commençant par les armes blanches de
l'antiquité, du moyen âge et de l'époque moderne,

et finissant par les armes à feu portatives, depuis l'origine de l'artillerie jusqu'à nos jours. Dans chaque caisse se trouvent des subdivisions selon l'ancienneté, le pays et le genre des différentes armes. Bref, il m'a fallu imaginer une classification aussi complète que celles de Tournefort ou de Jussieu, et le simple catalogue de ces engins est déjà une histoire résumée de tout ce que les hommes ont inventé de plus compliqué ou de plus simple pour se tuer dans les meilleures conditions.

Je vais suivre cette classification en m'arrêtant spécialement sur ce qui peut vous intéresser davantage.

Vous n'ignorez pas qu'il y a quelque cent mille ans, — le nombre n'y fait guère, — l'homme, cet être sauvage, méchant, aussi laid qu'un singe (d'où certains savants le font descendre), avait à défendre son existence contre des animaux dix fois plus gros et plus forts que lui, tels que l'ancylotherium monstrueux, l'histrix primigenius, l'elephas meridionalis et d'autres encore que nous n'avons pas l'honneur de connaître. Ses armes étaient des couteaux, des javelots et des haches en silex, ce qui a fait donner à ces temps primitifs le nom d'âge de pierre.

Il est bien naturel que j'aie cherché à posséder quelques échantillons de ces instruments grossiers qui sont aussi loin du fusil Remington que le farouche Océanien l'est aujourd'hui du citoyen de la libre Amérique.

Cependant il en est qui ne sont pas complétement dépourvus d'élégance, preuve indéniable d'un sentiment artistique embryonnaire chez nos arrière-grands-pères.

Du reste, on retrouve actuellement des traces de ces armes chez plusieurs peuples sauvages. Aux Nouvelles-Hébrides, les insulaires se servent, pour combattre, de rustiques hachettes de pierre dont ils font également usage pour creuser leurs canots.

Mais il fallait aiguiser les pierres. A cet effet, les hommes primitifs en usaient les bords patiemment. Puis ils attachaient la pierre à un manche de bois, soit avec des racines d'arbre, soit avec des peaux d'animaux, soit enfin en la serrant entre les deux branches d'un arbre et l'y laissant pendant un an. Au bout de ce temps, la pierre faisait presque corps avec la branche.

Telles sont les haches découvertes dans les *tumuli* de l'ancienne Gaule. Tels sont les *toki* des indigènes dont je me suis procuré un modèle.

Dans la même caisse vous pourriez voir des arrêtes de poisson, des dents de kangourou, des griffes de carnassier, des cornes de cerf, des défenses de pachyderme, des os humains, transformés en lances ou en dards ; des massues garnies de pointes, comme le *tomahawk* de nos bons amis les Indiens ; des javelots, des épieux, des frondes, des arcs de bambou, des *boumerang*, morceaux de bois recourbés, qui, une fois lancés, décrivent des courbes paraboliques avec une rapidité incroyable.

Vous y trouveriez aussi les spécimens des âges de bronze et de fer. Remarquez que l'âge de bronze vient avant ; il est en effet plus facile à l'homme de mélanger le cuivre et l'étain que d'extraire et de travailler le fer.

Si vous voulez, passons au déluge, c'est-à-dire à la caisse n° **2**. C'est à cette époque antéhistorique qu'apparurent les cuirasses en peau de chèvre ou d'autruche, les boucliers en écorce, les casques en peau de cheval ou de renard, comme chez les Éthiopiens et les Thraces.

— Vous avez dû vous donner bien du mal pour collectionner tant de merveilles !

— L'amour de l'art ne recule devant rien ! Qui l'eût dit que moi, ancien marchand de morues et d'huiles grasses, j'aurais appris le grec ancien pour lire Homère et faire fabriquer aussi exactement que possible des armes de bronze et de peau, semblables à celles dont il est parlé dans l'*Iliade !* Croyez-moi, l'étude de la langue de Démosthène m'a demandé plus de veilles que l'invention de ma torpille électrique. Mais aussi quelle satisfaction ! J'avais de longues et lourdes javelines terminées en lance de fer, et dont le manche était en bois de frêne du Pélion ; un glaive tranchant, orné de clous d'argent, avec son fourreau et son baudrier, littéralement pareil à celui que l'intrépide Hector offrit en présent à Ajax, fils de Télamon ; une cuirasse rappelant celle d'Agamemnon, le roi des rois, à dix cannelures d'émail foncé, douze d'or et vingt d'étain, et ornée aux épaulières de trois dragons d'émail, semblables par leur rayonnement aux iris que Jupiter fixa dans la nuée ; enfin un arc en cornes de chèvre, ornées d'une pointe d'or, avec des flèches empennées, *mères des sombres douleurs,* et un casque à crinière flottante, surmonté d'un long cimier qui supportait un éventail en crin.

Mais je ne vous ai pas encore parlé de l'arme la plus précieuse de la caisse n° 2. C'était une copie parfaite du bouclier d'Achille, que chacun sait avoir été fabriqué par Vulcain à la prière de Thétis. Ce bouclier rond, qui couvre tout le corps, est formé de cinq lames de bronze sur lesquelles sont gravés le ciel, la terre, la mer, le soleil, les Pléiades, l'Ourse, des scènes villageoises, des mariages, des festins, puis des guerres, des armées qui luttent sous la haute direction du Désordre, de la Discorde et de la Destinée ; puis des moissonneurs dans des champs d'or, des vignes soutenues par des pieux d'argent, des fossés d'émail, des haies d'étain, des vierges *aux fraîches pensées,* des troupeaux de bœufs, des lions, des chaumières et des couronnes de fleurs.

C'est un travail merveilleux qui ne me revient pas à plus de cinq mille dollars, mais que je ne changerais pas contre les mines de l'Oural ou de Golconde !

De mon voyage en Grèce j'ai aussi rapporté un équipement complet d'hoplite macédonien, du temps du fameux général Lysandre : casaque en peau, bouclier rond, casque à large jugulaire, pique de huit mètres et cnémides flexibles en étain. Il n'est pas nécessaire de vous dire que les armes romaines figurent dans mon musée : cuirasses de peau à écailles de fer dont se revêtait le vélite, bouclier carré du légionnaire, *pilum* de deux mètres de long que les soldats lançaient sur l'ennemi, etc., etc.

J'en passe, et des plus belles !

Il me faut vite arriver aux armes des Francs, qui vous intéresseront davantage. La plupart étaient offensives. C'étaient la *francisque,* hache à deux tranchants que vos ancêtres lançaient à la tête ou contre le bouclier de ceux qu'ils combattaient ; plusieurs sortes de *framées* ou lances emmanchées dans une hampe de bois de chêne, et dont quelques-unes nommées *angons* étaient munies de crochets, en forme d'hameçons, qui en rendaient l'extraction très-difficile, soit que la framée fût enfoncée dans les chairs, soit qu'elle eût pénétré dans le bouclier. C'étaient enfin de larges dagues, des javelots, de riches épées dont la poignée de bois était ornée d'incrustations en cuivre.

Les Francs, comme tous les peuples barbares, avaient peu d'armes défensives. Ne comptant que sur leur courage, méprisant le danger, ils n'auraient pas voulu s'embarrasser de casques, de cuirasses ou de cottes de mailles. Ils n'avaient qu'un bouclier en bois, garni en son milieu d'une calotte de fer qui faisait saillie. J'ai eu le bonheur d'en trouver un parfaitement intact dans un tombeau franc près de Soissons.

Les Gaulois, dont je n'ai pas parlé, n'étaient guère mieux armés ; leur bouclier était petit, leur épée mauvaise, et l'on comprend que, malgré leur grande bravoure et leur obstination dans la lutte, ils aient été vaincus par les Romains.

— C'est ce que Montesquieu avait déjà affirmé, il y a près de cent cinquante ans, dit M. R..., en interrompant Crampton, et il ajoutait que ce qui avait contribué à rendre ces derniers les maîtres du monde, c'est qu'ayant combattu tous les peuples, ils avaient toujours renoncé à leurs usages ou à leur armement, dès qu'ils en avaient trouvé de meilleurs.

— Je suis fier, reprit Crampton, d'être en communion d'idées avec un aussi vaste génie ; mais alors je m'étonne que vous n'ayez pas toujours profité, depuis ces cent cinquante ans, des observations pratiques qu'il avait puisées dans l'histoire des origines de votre nation. De grandes défaites, dont vous portez encore le deuil et la peine, auraient été ainsi évitées, et je ne verrais pas en ce moment M. Baruch mordre, comme il le fait, sa moustache avec fureur, en proférant de terribles imprécations contre ses vainqueurs maudits.

— Maudits, oüi, c'est bien cela ! reprit le brigadier. Je voudrais pouvoir vous serrer la main pour cette bonne parole...

— Cela viendra bien assez tôt, répondit imperturbablement l'Américain, et je vous souhaite même que ce soit le plus tard possible.

— Merci ! j'ajourne donc ma poignée de main.

— Parfaitement. Sur ce, je reviens à mon sujet.

Dans une autre caisse se trouvaient les armes dont se servirent les soldats de Clovis, les leudes de Charlemagne, les aventuriers de Guillaume le Conquérant, c'est-à-dire des lances de quatre à six mètres, des massues, des épées pareilles aux *Joyeuse* et aux *Durandal* de la légende ; des chemises à mailles, des calottes de fer, des masses d'armes, des piques, des frondes, des arcs de toutes dimensions. Puis venaient les armures des chevaliers de l'époque de saint Louis, bardés de fer des pieds à la tête, impénétrables derrière le heaume, le haubert, la cuirasse, les genouillères, les garde-bras, les gantelets, les grevières, coudières et trumelières.

Que vous citerais-je encore, car je ne puis tout vous dire ! J'ai deux flèches lancées par les archers anglais contre les chevaliers de France à la bataille de Crécy, ainsi que trois arbalètes génoises trouvées sur le même champ de bataille : l'une est à *pied de chèvre*, l'autre à *cric*, la troisième à *tour*. Enfin, deux costumes complets, l'un de soldat roturier du quatorzième siècle : pourpoint en peau de buffle rembourré, semé de petites plaques de fer, demi-armure, casque à grande gouttière, protégeant la nuque, et nommé vulgairement *salade;* l'autre, d'un chevalier vassal du sire d'Armagnac : casque à bavière, cuirasse, épaulières, brassards, cuissards, *haubergeon,* souliers en lames articulées, et gantelet de fer.

Les hallebardes, les rapières, les épées à deux mains des *lansquenets,* les piques suisses de dix-huit pieds ne manquaient pas non plus à ma collection.

Et les coiffures ! Il y en avait deux caisses pleines. C'étaient, pour ne parler que des coiffures françaises, le pot de fer de Philippe-Auguste, les casques des piquiers, arquebusiers et hallebardiers, la *bourguignotte* à oreilles, le *morion* originaire des *Maures,* le *cabasset* (ou chapeau de Mercure) que portaient les reîtres et les argoulets, l'*armet* dont étaient coiffés les gentilshommes du prince de Condé à la bataille de Rocroy, la calotte d'acier ciselée à jour, et recouverte d'un chapeau de feutre à larges bords et à plumes, comme en portait la maison du roi Louis XIV.

Vous savez comme moi que la décadence de l'armement du moyen âge date de cette époque et que certaines troupes spéciales ont seules conservé le casque et la cuirasse.

La calotte d'acier, je viens de vous le dire, se cache sous le chapeau de feutre et disparaît peu à peu. Le bouclier ne se retrouve plus qu'en Écosse.

La pique est remplacée par la baïonnette, lame d'épée effilée dont le manche pénètre d'abord dans le canon de fusil, mais que l'on coude bientôt pour le fixer au bout du canon au moyen d'une douille. Cette arme nouvelle, fabriquée pour la première fois vers le milieu du dix-septième siècle à Bayonne (d'où lui vient son nom), est bien vite adoptée en France et devient le jouet favori de vos intrépides soldats.

La cuirasse tombe aussi. Au siége de Maëstricht, Villars jette la sienne qu'il trouve trop pesante et entre un des premiers dans la ville. Un soldat la ramasse, et de main en main elle arrive jusqu'à moi, qui l'achète au poids de l'or pour en faire un des objets les plus curieux de ma collection. Si le musée de Saint-Thomas d'Aquin désire l'avoir, elle est en ce moment empaquetée dans la caisse n° 11.

Cette chute des armures s'explique. La plupart des gentilshommes préféraient s'exposer à une mort probable que de supporter une fatigue devenue intolérable, les armes à feu ayant obligé de renforcer au delà de toute mesure l'épaisseur des diverses pièces de fer qui garantissaient le corps et les membres.

La dernière caisse des armes blanches ne mérite pas qu'on s'y arrête, car vous connaissez parfaitement les sabres d'infanterie et de cavalerie de modèles récents, les épées, les haches de sapeur ou de campement, les casques de carabinier, les poignards triangulaires de la marine, les piques d'abordage et tant d'autres dont il serait oiseux de faire la nomenclature.

— Passez donc, mon cher monsieur, aux armes à feu. J'ai bien besoin de vos lumières pour y voir clair au milieu de tous les fusils qui ont apparu subitement dans ces derniers temps avec une rapidité qui me ferait presque croire à la génération spontanée.

— Je vais commencer par le commencement. Ce sera aussi logique.

Dès la fin du quatorzième siècle apparurent des

canons de petit calibre que l'on appela *canons* ou *coulevrines à main*. Ils étaient tirés par un ou deux hommes et lançaient des balles de fer. Les Anglais, au siége de Saint-Malo (en 1378), avaient quatre cents de ces canons, que l'on peut considérer comme les premières armes à feu portatives. Quelques-uns se chargeaient par la culasse. Mais leur défaut de solidité y fit bientôt renoncer. J'en possède un modèle fort curieux.

Les coulevrines à main, montées sur des chevalets, devinrent, avec quelques modifications, des haquebutes à croc ou à crochet. Dès 1414, les Bourguignons s'en servaient pour défendre Arras contre Charles VI. Elles devinrent plus nombreuses sous Charles VIII et Louis XII, et se généralisèrent sous François Ier. Vous en ignorez peut-être la raison.

— Malgré la honte que j'en ressens, il est de mon devoir de vous avouer que vous êtes beaucoup plus savant que moi dans l'histoire de mon pays. Qu'a donc fait François Ier pour mettre en faveur les arquebuses ?

— Il s'est fait battre à Pavie. Ses charges furent aussi inutiles que brillantes, parce que les arquebusiers espagnols arrêtaient l'élan des troupes françaises. Lorsque le roi eut été fait prisonnier, sa mère, déclarée régente, envoya par toute la France, et surtout aux villes frontières, des commissaires chargés d'encourager au plus vite la fabrication de *bons harquebus*. Les villes et le pays obéirent, et abandonnèrent peu à peu les arbalètes tant aimées, au dire de Brantôme.

Ces arquebuses en fer, du poids de douze à quinze livres et d'un calibre très-faible, se tiraient à la main. Elles étaient garnies d'un bois ou fût et reposaient, au moment du tir, sur un bâton ferré (appelé *fourquine*, fourchette, croc, etc.) que les hommes de guerre faisaient porter par leurs goujats et varlets. La crosse, très-large, était appuyée contre le plastron de la cuirasse ou au creux de l'épaule.

On mettait le feu à la poudre avec une mèche que l'on tenait de la main droite. Cette mèche fut plus tard fixée après un serpentin qui mettait le feu en s'abattant sur l'amorce. Plus tard encore, la mèche fut remplacée par un mécanisme analogue à celui d'une montre ; par l'action d'un ressort intérieur et d'une détente, une petite roue d'acier, cannelée sur son pourtour, était animée d'un vif mouvement de rotation. En tournant, la roue frottait contre une matière métallique tenue entre les mâchoires d'une pièce appelée *chien*, et produisait ainsi des étincelles qui enflammaient l'amorce.

L'arquebuse à rouet qui fait partie de ma collection a été fabriquée chez le fameux Gaspard de

Milan et a appartenu à un des capitaines de M. de Strozze, colonel de Charles IX.

La *fourquine* sur laquelle s'appuyaient ces armes était bien gênante. Le duc d'Albe la supprima, et l'arquebuse devint le mousquet qui franchit bientôt les Pyrénées. C'est, dit-on, Vieilleville, le gouverneur de Metz en 1552, qui introduisit le premier des *mousquetaires* dans votre armée. Voici comment : Sortant un jour de cette ville pour tendre une embuscade à l'ennemi, il fit démonter soixante-dix arquebuses à croc de dessus leurs chevalets et les fit porter par ses gardes qui étaient tous de beaux hommes. L'idée fut trouvée ingénieuse, et des compagnies de mousquetaires ne tardèrent pas à s'organiser. Dans les armes à rouet, le frottement de la pierre contre l'acier offrait bien des difficultés. Ce système défectueux fut remplacé au dix-septième siècle par le simple choc d'un briquet. Cette modification si importante donna son nom à la nouvelle arme qui fut appelée *fusil,* de l'italien *fucile,* pierre à feu, silex, et par extension briquet.

Les fusils étaient plus légers que les mousquets, et l'on crut un instant que, pour cela, ils auraient une portée moins grande. Aussi Louis XIV en défendit-il d'abord l'introduction dans son armée sous les peines les plus sévères. Cependant, sous la pression de l'opinion publique, il dut accorder *six fusiliers* par compagnie. Le nombre s'en accrut peu à peu, et vers 1700 le fusil remplaça définitivement le mousquet.

La première cartouche française que je possède date de 1744. Jusqu'à cette époque on chargeait les fusils en y introduisant successivement la poudre, la bourre et la balle. L'armée apprit à ses dépens que ce n'était pas là la bonne méthode. En 1743, à la bataille de Dettingen, les gardes-françaises, sous le commandement du maréchal de Noailles, marchaient à l'attaque de l'infanterie anglo-autrichienne, comme par le passé, l'épée à la main, lorsqu'ils reçurent un feu si violent qu'ils furent refoulés jusque dans le fleuve.

On les plaisanta cruellement dans une chanson intitulée *les Canards du Mein*. Ce fut un tort, car leur défaite ne résultait pas d'un manque de bravoure, mais de ce que l'ennemi, pourvu de cartouches, avait pu tirer trois fois plus vite qu'eux.

Le maréchal de Noailles jura (mais un peu tard) qu'on ne l'y prendrait plus... et l'année suivante, c'est-à-dire en 1744, furent adoptées les premières cartouches, dont j'ai eu la chance de me procurer un échantillon.

Les belles journées revinrent alors pour les gardes-françaises !

Plus fort que la Fontaine, je tirerai trois morales de mon histoire ·

1° Chaque invention nouvelle a été suivie d'un triomphe pour l'armée qui l'a adoptée, toutes chances égales d'autre part ;

2° C'est dans la paix (en perfectionnant sans cesse son armement) qu'on prépare la guerre ;

3° Les défaites — *lorsqu'on sait en profiter* — valent bien des victoires.

Ces réflexions aussi inconnues que peu appliquées étant faites, je reprends mon interminable nomenclature.

Remarquez que les différents progrès que nous avons vus s'opérer jusqu'à présent sont des progrès mécaniques, du ressort des armuriers, tandis que ceux dont je vais vous parler ont été accomplis dans le laboratoire du chimiste ou dans le cabinet du savant.

Depuis longtemps on avait étudié les propriétés explosives du fulminate de mercure. Au commencement du siècle, cette substance fut essayée pour les amorces d'armes à feu.

De là l'origine des fusils à percussion.

Ma collection en contient deux fort remarquables. L'un est de Forsith, le premier qui prit un brevet (en 1807) pour une arme de ce genre, et dépensa deux cent cinquante mille francs afin d'en prouver tous les avantages. L'autre a été imaginé en 1808 par le Génevois Pauly. Il se chargeait par la culasse, et c'est une tige de fer qui, frappant l'amorce, l'enflammait. Pauly abandonna ce système (que les Prussiens devaient reprendre plus de trente ans après) et inventa le véritable fusil à percussion.

Un autre grand perfectionnement vint bientôt s'ajouter à celui-ci. Depuis longtemps, en Allemagne, en Russie, en Pologne, on se servait de carabines, ou armes rayées. Dès le temps de François Ier on en fabriquait en France. Les rayures était d'abord droites, c'est-à-dire parallèles à l'axe du canon, et la balle, que l'on enfonçait à coups de maillet, se moulant sur les cannelures, formait une sorte de vis dont le canon servait d'écrou.

Aux rayures droites on substitua bientôt les rayures inclinées en forme d'hélice, de telle sorte que la balle, grâce au mouvement de rotation qui lui était ainsi imprimé, échappait en partie à la déviation causée par la résistance de l'air et continuait sa route dans le prolongement de l'axe du canon.

Ces carabines avaient une justesse de tir plus grande que les fusils de l'époque; mais le chargement à balle forcée dans l'âme à coups de maillet offrait de nombreux inconvénients. Aussi la France n'adopta-t-elle ce système qu'en 1793. L'arme porta le nom de carabine de Versailles. Elle fut d'ailleurs abandonnée en 1805. Inutile, n'est-ce pas? de vous dire que je possède une carabine de

Versailles, avec sa balle entourée d'un *calepin*, c'est-à-dire d'un morceau de peau graissée pour faciliter le glissement du projectile. Elle se trouve dans la caisse n° 16, à côté d'une ancienne carabine, dite *merveilleuse*, à cent trente-trois raies !

Cependant de savants officiers, apportant à la carabine de Versailles de grands perfectionnements, firent adopter de nouveau le système de la rayure. On cite parmi eux MM. Delvigne et Minié, que M. Baruch doit bien connaître, au moins de nom.

— Je les ai bien connus tous les deux, de nom et de visage, quoiqu'ils ne fussent pas artilleurs. Ils travaillaient souvent à l'école de tir de Vincennes avec le capitaine d'artillerie Tamisier, un ami de mon colonel.

— Les renseignements que je vais vous donner vous sont alors déjà connus sans doute.

— Cela ne fait rien. J'ai oublié bien des choses ; et puis il faut instruire M. R..., qui appartient à l'armée territoriale.

— Très-bien. Je vais m'exécuter, puisqu'il en est ainsi.

M. Delvigne imagina un mode de chargement à l'aide duquel la carabine pouvait se charger par la bouche, sans l'emploi du maillet et aussi rapidement que le fusil d'infanterie. Cette invention qui a levé tous les obstacles des armes rayées a été le germe d'améliorations considérables.

Le forcement de la balle s'obtenait, au moment de son entrée dans la chambre plus étroite que le canon, en la frappant deux fois de suite avec une baguette à tête concave. La balle s'aplatissait et prenait ainsi l'empreinte des rayures.

La commission militaire chargée de l'examen de cette carabine ne fut frappée que de ses inconvénients, — il y en avait nécessairement, ainsi que dans toute chose nouvelle, — et la rejeta comme impropre au service de guerre.

M. Delvigne se remit aussitôt à l'ouvrage, fit opérer à son arme quelques perfectionnements, et, avec une ténacité que rien ne pouvait rebuter, força ses adversaires mêmes à reconnaître tous les avantages de son invention. Aidé, dans ses études, du colonel d'artillerie Pontcharra, soutenu par le duc d'Orléans, il arriva à faire armer de sa carabine un bataillon de tirailleurs nommé chasseurs de Vincennes. Ce bataillon rendit de si grands services en Afrique que le gouvernement en créa dix autres peu de temps après, tous armés comme le premier. Une nouvelle opposition s'étant élevée contre le projectile oblong de cette carabine, M. Delvigne porta la contestation jusqu'à l'Académie des sciences. Votre grand Arago fit un rapport très-favorable qui se terminait ainsi : « L'arme de M. Delvigne changera complétement le système de la guerre ; elle en dégoûtera peut-être ; je n'en serais pas fâché. »

Qu'aurait donc dit le savant illustre de mes fusées incendiaires !

Le colonel d'artillerie Thouvenin perfectionna la carabine par l'adjonction d'une tige en acier au fond de l'âme.

Puis vint M. Tamisier, qui augmenta la justesse du tir en pratiquant des cannelures à l'arrière du projectile cylindro-conique.

Ce fut ensuite le tour de M. Minié, qui proposa un système tout nouveau d'après lequel c'étaient les gaz de la poudre qui, pénétrant dans un évidement pratiqué à la partie inférieure de la balle, en dilataient les parois et les forçaient de s'imprimer dans les rayures.

Ce nouveau mode de forcement fut adopté en 1857.

Mais le plus grand progrès de tous ceux qui sont venus, en France, modifier les armes à feu portatives est le chargement par la culasse, qui permet de tuer dix, vingt, trente hommes à la minute, tandis qu'autrefois on en tuait à grand' peine un ou deux, et encore à quelques cents mètres tout au plus ! Parlez-moi d'un changement comme celui-là ! C'est plaisir d'en causer !

— Quel enthousiasme ! Vous voilà heureux

comme si vous aviez trouvé le secret de guérir le choléra-morbus !

— J'admire l'invention au point de vue de l'art industriel. Certainement que l'on peut faire d'éloquents discours sur la folie destructive de l'homme, sur les terribles engins meurtriers qu'un génie infernal met à sa disposition... mais je ne suis pas quaker, je suis simplement amateur d'artillerie. Pardonnez donc mon imperfection. Ce sera à charge de revanche.

— Ce n'est pas de refus, monsieur Crampton. Il faut se faire en ce monde bien des concessions mutuelles.

En attendant l'application de ces beaux préceptes, vous pouvez donner un libre cours à la joie que vous cause le chargement par la culasse.

— Salomon a dit : Il n'y a rien de nouveau sous le soleil. Cette vieille sentence convient parfaitement au cas qui nous occupe. Votre canon de 7 est un arrière-neveu des grosses veuglaires du quatorzième siècle. D'autre part, votre chassepot descend en ligne directe du fusil à la Chaumette.

Cette arme, proposée sous Louis XV par M. de la Chaumette, se chargeait aussi par la culasse, et était fort goûtée du maréchal de Saxe. Elle tirait, à balle forcée, avec beaucoup de rapidité et de justesse. Mais son manque de solidité y fit bientôt renoncer.

L'idée fut reprise en 1831 sous la forme du *fusil de rempart,* qui eut une existence aussi éphémère que son devancier.

D'autres systèmes parurent dans la première moitié du siècle, entre autres ceux des inventeurs Julien Leroy, Lepage et Gastine-Renette ; mais l'imperfection du mécanisme les rendait impropres au service de guerre. Les parties mobiles s'encrassaient, jouaient difficilement, fermaient mal, se disjoignaient au bout d'un certain temps et donnaient lieu à un crachement insupportable pour le tireur. Cet état de choses ne faisait que s'aggraver par la rapidité du chargement. On tournait dans un cercle vicieux. Le fusil de M. Lefaucheux, encore en usage, obtint, il est vrai, un grand succès. Vous savez que pour le charger on abat le canon verticalement ; la culasse se relève alors, laissant le tonnerre à découvert. La cartouche une fois introduite, on relève le canon et on le fixe à la partie antérieure du fusil au moyen d'un verrou qui se manœuvre de gauche à droite en dessous de la monture. La cartouche métallique produit une obturation parfaite, son culot de cuivre venant hermétiquement s'appliquer sur le tonnerre au moment de l'explosion de la poudre et fermant ainsi toute issue aux gaz. Mais le fusil Lefaucheux, excellent pour les chasseurs, ne peut guère être employé par des soldats, entre les mains desquels on ne doit mettre que des armes très-solides.

Le mousqueton Treuille de Beaulieu se rapprochait bien des armes nouvelles. Toutefois l'arme était encore imparfaite, son maniement dangereux, et les Cent-Gardes seuls en furent dotés. Ce n'est pas à la France qu'était réservée la gloire de s'armer la première d'un fusil se chargeant par la culasse.

Dès 1841 la Prusse adopta le fusil à aiguille inventé en 1827 par l'armurier Dreyse ; toutes les puissances en étaient encore au chargement par la bouche.

La vérité m'oblige à dire que ce fut de la part des gouvernants de ce pays un beau trait de courageuse initiative. La fortune, qui aide les audacieux, leur a souri depuis lors, comme elle vous a souri lorsque vous avez étonné l'Europe de vos canons rayés, comme elle a souri aux fédéraux dès le jour où ils ont opposé à la puissante organisation des hommes du Sud leur génie d'invention et leur dévorante activité industrielle.

En avant ! en avant ! Telle doit être la devise des races privilégiées ! Depuis les âges de pierre et de bronze, la routine a toujours été vaincue par le progrès. L'histoire des peuples à la main, on peut donc dire que l'empire de la terre appartient à l'homme de l'avenir !

Rien ne m'a été plus difficile que de cataloguer logiquement ma collection de fusils modernes. Jusqu'en 1850 cela allait bien. Les armes étaient classées par époques et par nations. Les changements étaient successifs et les distinctions possibles : après les coulevrines, les mousquets ; après les mousquets, les fusils à canon lisse, puis à canon rayé. De même pour les projectiles : balles sphériques, cylindriques, cylindro-coniques, ogivales, à évidement, etc., etc. Toutes ces améliorations se suivaient comme des grains de chapelet.

Aujourd'hui c'est le chaos, c'est la bouteille à l'encre.

Le nombre des modèles est infini, les mécanismes sont d'une complication extrême et se modifient, se renouvellent à chaque instant.

Un fusil inventé par un Américain est adopté par exemple en Autriche, où il change de nom après une modification insignifiante. Comment le suivre à la piste ?

Deux ou trois armes presque semblables apparaissent simultanément dans différends États. A qui donner la préférence ? Pour éviter une trop grande confusion, j'ai tout classé par genre de mécanisme. Vous allez voir si j'ai bien fait. *Mais il faut un petit préambule.* Quelles sont d'abord les conditions d'une bonne arme de guerre ? Le chargement doit être rapide, la trajectoire tendue afin que le projectile ne s'élève pas trop au-dessus du sol et soit dangereux sur un plus grand espace. Il faut que le coup parte à la volonté du tireur, que la balle aille loin, frappe juste le point visé et pénètre profondément. Enfin l'arme doit offrir une grande sécurité au tireur et à ses voisins, être simple, de maniement facile, et légère ainsi que les munitions.

Un fusil qui réunirait ces conditions serait parfait.

On s'en approche peu à peu.

Autrefois la pluie ou le vent empêchaient le tir. Il fallait deux hommes pour la manœuvre. L'arme était lourde, mal équilibrée, incommode. En 1703 la charge se faisait en vingt-six temps ! Il y avait bien des progrès à accomplir.

Aujourd'hui le chargement par la culasse présente plus de sécurité que l'ancien système. Il est impossible même au soldat le plus maladroit de mettre plusieurs charges dans le canon. Le maniement de la baguette est supprimé, ce qui évite bien des lenteurs et des désagréments. La charge s'exécute en trois ou quatre temps, et cela à genoux ou couché, la nuit aussi bien que le jour, la baïonnette au bout du canon et croisée. La balle est fixe dans le canon et ne glisse pas lorsqu'on porte l'arme la bouche en bas, comme c'est l'usage dans la cavalerie. Enfin, pour décharger, on peut retirer la cartouche au lieu de la brûler.

Nous voilà bien plus près de l'idéal de tout à l'heure.

Voyons quelles sont les armes qui réunissent ces avantages au plus haut degré. Il me faudra pour cela d'abord parler de la cartouche et ensuite du mécanisme.

La meilleure cartouche est sans contredit la cartouche métallique ou à étui rigide, produisant elle-même l'obturation de l'arme. Et la preuve, c'est que les Américains, qui ont cette cartouche, sont bien décidés à la garder, et que les Français, qui ne l'ont pas, sont bien décidés à la prendre [1].

La cartouche métallique est de fabrication facile et rapide avec des machines-outils, tandis que pour la cartouche combustible la fabrication est lente, coûteuse, et exige une surveillance incessante, comme toutes les productions de main d'homme qui doivent avoir une certaine précision de dimensions.

— Oui, interrompit Baruch, mais la cartouche combustible peut être fabriquée dans tout pays où l'on trouvera du papier, du plomb et de la poudre, au lieu que vous, vous ne pouvez renouveler vos munitions si les communications avec vos usines sont coupées par l'ennemi. De plus, la première est d'une grande légèreté, — la cartouche Chas-

---

[1] C'est ce qu'ils ont fait, par l'adoption du fusil Gras, modèle 1874.

sepot ne pèse que trente-deux grammes cinquante centigrammes, — tandis que la vôtre a un poids mort considérable, environ une fois et demie le poids de la poudre.

— Je vous accorde, reprit Crampton, que la cartouche américaine n'est pas parfaite. Je veux seulement prouver que la cartouche française l'est encore moins, sans être pour cela dénuée de toute valeur.

Le graissage extérieur, par exemple, s'altère et finit par disparaître, ce qui n'a pas lieu lorsque la graisse est renfermée à l'abri dans un étui métallique. L'arrêt de la cartouche combustible n'est pas bien assuré, surtout lorsque l'arme est propre. Aussi compte-t-on beaucoup de ratés de premier coup. Elle se conserve bien moins que sa rivale. Les expériences l'ont prouvé cent fois. Ainsi les autorités fédérales de la Suisse ont emmagasiné pendant six mois, dans une cave, quatorze espèces de cartouches. La poudre s'est conservée sans altération dans les étuis métalliques, tandis qu'elle a été plus ou moins avariée dans tous ceux dont la fermeture n'était pas hermétique. Une autre fois, *vingt* cartouches métalliques du système Bardan, *noyées pendant dix-huit heures*, n'ont pas donné lieu à un seul raté.

Enfin, les cartouches que je défends offrent bien moins de dangers d'explosion. On a tiré sur des caissons qui en étaient remplis : celles qui étaient atteintes ont seules pris feu. On a laissé tomber du haut du donjon de Vincennes une boîte pleine de cartouches à percussion périphérique : il n'y a pas eu d'explosion. Les munitions soumises à cette rude épreuve ont pu être tirées.

D'ailleurs tous les hommes compétents demandent aujourd'hui la cartouche métallique. C'est donc que l'expérience et la raison s'entendent pour en affirmer la supériorité incontestable.

— Vous pouvez avoir raison aujourd'hui. Mais je ne sais ce qui me dit intérieurement que la cartouche combustible, théoriquement plus simple et plus logique que l'autre, reviendra sur l'eau, le jour où les armes, après bien des perfectionnements, seront devenues dignes d'elle.

— Si vous y tenez, je vous passe la cartouche combustible de l'avenir. Passez-moi alors la cartouche métallique du présent.

— Très-volontiers. Les bons comptes font les bons amis.

— A présent, ouvrez toute grande votre attention et suivez bien mon raisonnement. Je vais vous parler des mécanismes, mais seulement de ceux des armes les plus connues ; sans cela je noierais mes explications dans une soixantaine de noms propres qui n'intéresseraient que des collectionneurs aussi passionnés que moi.

Le chargement par la culasse exige que l'arrière du canon soit mis à découvert pour l'introduction de la cartouche. Rien de plus simple, n'est-ce pas?

— C'est limpide comme de l'eau de roche.

— L'ouverture du canon doit s'obtenir par le déplacement d'une pièce. Cela se comprend de reste.

— Allez toujours. Nous ne vous abandonnons pas.

— Eh bien, on peut, ou déplacer le canon et avoir une culasse fixe, ou bien immobiliser le canon et déplacer la culasse.

Ainsi deux catégories d'armes :

Les armes à canon mobile, les armes à culasse mobile.

— Nous y voilà !

— Pas encore ! Dans chaque catégorie le déplacement peut s'opérer par glissement ou par rotation autour d'une charnière.

Je ne citerai, de la première catégorie (caisse nº 18, un peu avariée celle-là), que deux armes qui ont joui dans leur temps d'une réputation méritée :

1º Le canon du mousqueton Gastine-Renette, qui tourne horizontalement de droite à gauche autour d'une forte broche implantée dans la culasse; lorsque la cartouche est introduite, on le repousse de gauche à droite.

2º Le canon du fusil Lefaucheux, qui tourne

aussi, mais verticalement. La bouche s'abaisse et la culasse se lève pour le chargement. Le mouvement contraire a lieu pour le tir. Ce système est avantageux pour les armes à deux coups, une même culasse fermant les deux canons accolés.

La seconde catégorie se subdivise en plusieurs séries. Chaque série forme un certain nombre de groupes, et il n'est pas de groupe dans lequel ne se trouvent différents systèmes se décomposant eux-mêmes en quelques variétés.

Je vous fais grâce de cette généalogie dont serait jalouse la descendance d'Abraham, et j'arrive tout de suite aux armes les plus connues de la nombreuse famille des *culasses mobiles*.

Tantôt les culasses glissent dans le canon, tantôt elles tournent autour d'une charnière, soit de droite à gauche (ou de gauche à droite), soit d'avant en arrière (ou d'arrière en avant).

C'est ainsi qu'il y a des armes à *verrou* (à *aiguille* ou à *broche*), des armes à *tiroir*, à *tabatière*, à *barillet*, à *pêne*, à *culasse tombante* et à *rotation rétrograde*.

— Mille bombes ! quels noms baroques ! que d'enchevêtrements ! Mais c'est plus compliqué qu'un roman d'Alexandre Dumas !

— Et moins intéressant. A qui la faute, si ce n'est à la légion innombrable des inventeurs ? Si vous ne pouvez me suivre, je m'arrête.

— Qu'est-ce à dire? sommes-nous des hommes à reculer? Continuez votre route, monsieur Crampton. Nous vous accompagnerions jusqu'au bout de la terre, s'il le fallait!

— En avant donc!

Aux armes à aiguille appartiennent le fusil Dreyse et votre fusil Chassepot. Ce serait vous faire injure que de décrire le mécanisme de ce dernier. Vous savez mieux que moi que la fermeture est produite par un cylindre qui tourne de droite à gauche et se ramène en arrière.

Ce que vous savez moins, c'est que vous êtes redevables à mon pays de cette arme créée en 1866.

— Ah! par exemple, cette fois-ci, vous me semblez un peu paradoxal. Le chassepot ne vient pas d'Amérique, je présume.

— Il ne faut pas se fier aux apparences.

Notre guerre de sécession a tué beaucoup d'hommes, mais en revanche a fait naître beaucoup de fusils, parmi lesquels il convient de citer les fusils *Remington* et *Peabody* à un coup, le mousqueton *Spencer* à huit coups et la carabine *Henry* à seize coups, toutes armes se chargeant par la culasse. Les deux dernières surtout (armes à *répétition* ou à *magasin*) firent des merveilles, au point de vue meurtrier.

L'Europe voulut aussitôt nous imiter. L'Angleterre transforma sa carabine *Enfield* d'après le système *Snider*. La Suisse adopta le fusil à magasin *Winchester*. L'Autriche s'arma du *remington*. D'autre part, la Prusse, depuis longtemps, avait une arme à aiguille, qui s'était brillamment montrée dans le Danemark et à Sadowa. Il est donc bien naturel que votre gouvernement, entraîné par le même courant, ait fait fabriquer des armes à culasse mobile. J'ajouterai qu'il a mis un peu trop de précipitation dans le choix de son arme, et que le *chassepot*, quoique supérieur au *dreyse* (aujourd'hui détrôné en Prusse par le fusil *Mauser*), a fait sentir cruellement toutes ses imperfections dans la campagne de 1870.

— Je vous trouve sévère. Comme vous disiez tout à l'heure, il n'y a pas d'arme parfaite, et notre ministre de la guerre en 1867 a trouvé le chassepot excellent. Il ne peut donc pas être détestable. Tenez, j'ai justement là, dans ce rayon de ma bibliothèque, le rapport du ministre. Écoutez ce qu'il en dit :

« La portée réglementaire efficace du fusil modèle 1866 est de mille mètres et peut facilement atteindre onze cents mètres. Le projectile, animé d'une vitesse initiale de 410 mètres à la seconde, parcourt une trajectoire assez tendue pour qu'à la distance de 230 mètres elle ne s'élève pas à plus de 0,50 au-dessus de la ligne de mire. Par suite de la promptitude et de la simplicité du chargement, les soldats arrivent à tirer sept, huit et même dix coups par minute en visant, et jusqu'à quatorze coups sans viser, tandis qu'avec l'ancien fusil un soldat bien exercé ne pouvait pas tirer plus de deux coups par minute.

« On a remédié aux bris d'aiguilles et de têtes mobiles, assez nombreux d'abord, en modifiant la fabrication.

« Le remplacement d'une aiguille brisée, au feu, est du reste une opération extrêmement simple:

« Les crachements... sont très-rares ; on y remédie en changeant la boîte de culasse ou le cylindre de la culasse mobile.

« Le même accident peut être occasionné par des rondelles défectueuses ; rien n'est plus simple que de changer ces rondelles. »

Je passe sur quelques autres imperfections de détail énumérées dans le rapport, et j'arrive à la fin : « L'ensemble de notre armement est excellent. Le fusil, léger et gracieux, plaît au soldat ; plein de confiance dans son arme, il l'aime, l'entoure de soins tout particuliers..., etc. Étudié à tous les points de vue, ce fusil réunit au plus haut degré, à une précision et une rapidité de tir incomparables, des qualités qui doivent lui assurer le premier rang parmi les armes de guerre aujourd'hui en usage. »

Mettons que le ministre d'alors, pour des raisons quelconques, ait jugé le chassepot avec des yeux complaisants. Quelque critiquable qu'il soit, les Prussiens l'ont trouvé souvent trop juste pour leur peau, dans la guerre de 1870, et c'est ce qui me console. Cependant je ne méprise pas la vérité. Veuillez donc me la faire connaître. Qui n'entend qu'une cloche n'entend qu'un son.

— Il y a bien à dire sur le chassepot.

D'abord l'obturateur en caoutchouc ne vaut rien. Trop sec, il se fendille ; graissé, il se dissout. Par le froid, il devient dur et perd son élasticité : de là un crachement fort peu agréable pour les yeux du tireur. Par la chaleur, il se gonfle, et l'on ne peut plus désarmer, c'est-à-dire tirer en arrière la culasse mobile. L'aiguille, parfois, est trop courte, et le coup ne part pas. Au commencement d'un combat, la cartouche entre trop dans sa chambre, et l'aiguille ne peut atteindre la capsule : d'où un raté. Au milieu du combat, la chambre s'encrasse, et impossible alors d'entrer la cartouche, ce qui n'est pas non plus un petit inconvénient.

Le ressort à boudin se relâche peu à peu ou se casse, et il faut en mettre un autre, opération embarrassante sur un champ de bataille. Quand le ressort est trop dur, autre ennui. J'ai vu moi-même, — lorsque mon âme, comme le dieu Mars, planait au-dessus de vos bataillons, — j'ai vu des soldats, furieux, armer avec leurs talons de bottes.

Enfin, le mécanisme est tellement délicat qu'un rien empêche le coup de partir quand il faudrait qu'il parte, et qu'un autre rien le fait partir quand il ne faudrait point.

J'en ai bien assez dit, non que la matière manque, mais parce que l'heure s'écoule.

La cartouche, que l'on appelle combustible, ne se consume pas entièrement et encrasse rapidement le canon de fusil. L'amorce est tellement sensible que la fabrication des capsules offre de grands dangers. La cartouche, qui se fait à la main, est parfois trop courte. Elle n'est pas assez rigide et se casse dans les gibernes ou par le cahot des fourgons. Elle est sensible à l'humidité. La graisse... mais je ne veux pas recommencer ce que j'ai dit à propos de la cartouche métallique. Je vous répéterai seulement l'aveu que me faisait en 1866 le colonel *Benton*, commandant de l'arsenal de Washington : « Sur des centaines de milliers de cartouches métalliques qui sont revenues de l'armée, très-peu étaient avariées, tandis qu'une grande quantité de cartouches en papier qui nous furent envoyées durent être refaites, parce qu'elles étaient usées ou détériorées par l'humidité. » Il résulte de tout ceci que la cartouche chassepot est très-défectueuse.

Enfin les accessoires nécessaires au démontage

et à l'entretien du mécanisme sont beaucoup trop nombreux et font du soldat un serrurier.

— Bref, le fusil 1867 n'est plus bon qu'à jeter au rebut avec les espingoles et les vieux tromblons.

— Plus tard, oui ; dans soixante ou soixante-dix ans. Aujourd'hui, il faut le conserver précieusement, tant que vous n'en aurez pas un autre [1]. Tel qu'il est, il peut gagner bien des victoires. Les bons ouvriers font de beaux ouvrages avec des outils médiocres.

Quoi qu'il en soit, il est une arme dont vous pouvez vous défaire sans aucun préjudice. C'est le fusil modèle 1857 transformé, que l'on a décoré du nom poétique de *fusil à tabatière*. Il est lourd, disgracieux. Les munitions sont d'un poids exagéré. Les conditions de tir sont médiocres ; la trajectoire est peu tendue ; la hausse est insuffisante ; la portée est faible, et sur dix coups il en rate un. Franchement, ce fusil (qui n'a servi qu'à faire prendre en patience, en 1867, la fabrication des chassepots) n'a plus grande utilité à cette heure, et peut aller rejoindre les vieux tromblons dont M. Baruch vient de parler.

— Les fusils à *tabatière*, je vous les abandonne, mais non sans leur adresser un petit adieu, car ils n'ont pas servi seulement en 1867 ; dans la der-

---

[1] Rappelons ici que le fusil Chassepot vient d'être remplacé par le fusil Gras, à cartouche métallique.

nière campagne, leurs gros grains de tabac ont fait éternuer pas mal de ces messieurs nos ennemis.

— Respectez alors leur souvenir et laissez-les en paix pour me suivre au milieu des détours de ma classification.

On compte encore, dans le groupe des fusils à aiguille, le fusil *Karl,* en partie adopté en Russie, et le fusil italien *Carcano,* tous deux à cartouche combustible.

Les fusils à broche se partagent, avec ceux à aiguille, l'honneur de faire partie du système à verrou. Ils diffèrent en ce que leur cartouche est à étui rigide et fait l'office d'obturateur. La culasse mobile doit alors se débarrasser de cet obturateur et être munie d'un extracteur ou tire-cartouche. Le système à verrou se prête d'ailleurs mieux que tout autre au fonctionnement d'un extracteur.

L'arme de mon compatriote Berdan, qui est du système à broche et a beaucoup d'analogie avec votre modèle 1866, est munie d'un tire-cartouche fort ingénieux, particulièrement sûr, et qui expulse l'étui vide avec une grande vigueur.

Les fusils Burton et de Beaumont (qui a été dernièrement vaincu par le fusil Gras) font aussi partie des armes à broche.

Dans le système à tiroir, la culasse mobile joue dans une coulisse percée *de bas en haut* dans la boîte de culasse. On abaisse le bloc pour découvrir le tonnerre et mettre la cartouche, puis on le fait remonter pour fermer le tonnerre. C'est ainsi que sont construits les mousquetons *Scharps* et *Treuille de Beaulieu.*

Nous voici arrivés aux armes dont la culasse mobile tourne autour d'un axe longitudinal ou transversal, c'est-à-dire autour d'une charnière parallèle ou perpendiculaire au canon.

— Ah! tant mieux! dit le brigadier. Ce sont celles-là qui m'ont le plus tracassé.

— Je commence par le système à tabatière dont vous aviez en France un type des moins élégants. Au surplus, pour vous consoler, je me hâte d'ajouter que les fusils à tabatière sont tous des armes transformées et ne jouissent que d'une estime relative, par plusieurs raisons dont la principale est que le tire-cartouche fonctionne généralement assez mal. Je ne citerai dans ce groupe que le fusil anglais *Enfield-Snider.*

Vient ensuite le système à barillet. Dans le fusil *Werndl* (adopté en Autriche), le barillet, — bloc de métal tournant autour d'un axe parallèle à celui du canon, — s'applique contre le tonnerre et produit la fermeture. Le tire-cartouche est logé sous le tonnerre, dans la boîte de culasse. Sa cartouche est à percussion périphérique, c'est-à-dire est frappée, non en son centre, mais sur son pourtour.

J'ai connu M. Werndl en Amérique. C'est un homme d'un esprit entreprenant, d'une intelligence et d'une énergie peu communes. La manufacture d'armes qu'il a établie, lui le premier, en Autriche jouit aujourd'hui d'une réputation universelle et reçoit, de plusieurs pays, d'importantes commandes. Elle occupe près de trois mille ouvriers et peut livrer par semaine cinq mille fusils, bien que pour achever complétement un fusil il faille 1,437 opérations différentes.

Dans la caisse n° 19 se trouvent trois sortes d'armes dont la culasse mobile est à axe transversal :

1° Les armes à pêne, qui sont en grande faveur, et parmi lesquelles on cite les fusils Waentzel (Autriche), Albini (Belgique) et Springfield (États-Unis). La culasse de ces armes se rabat d'arrière en avant et est maintenue, au moment du tir, par un pêne ou loquet.

2° Les armes à culasse tombante, dans lesquelles le bloc de culasse tombe dans la boîte pour dégager l'ouverture de la chambre où l'on introduit la cartouche. Trois types fameux correspondent au système en question : le fusil Peabody des États-Unis, dont quelques milliers ont été achetés par le gouvernement roumain et le vice-roi d'Égypte ; le fusil Martini-Henry, adopté en Angleterre, et le fusil Werder, de nationalité bavaroise.

3° Les armes à rotation rétrograde, dont la culasse est ramenée en arrière pour le chargement. La plus remarquable de toutes est le fusil Remington, qui vous a été d'un grand secours contre la Prusse, et dont le mécanisme est des plus parfaits.

Je vous ai gardé pour le bouquet les fusils à *répétition* ou à *magasin*.

Vous savez que pendant la guerre de sécession les fédéraux n'avaient eu qu'à frapper du pied la terre de leurs usines pour en faire sortir des légions d'engins redoutables.

C'est ainsi que prit naissance le fusil à magasin.

Il y a deux systèmes principaux :

1° Le mousqueton Spencer, dont le mécanisme est assez simple. Un certain nombre de cartouches, introduites dans un long tube qui va de la culasse à l'extrémité de la crosse, sont poussées successivement dans la chambre par un ressort à boudin, et chacune d'elles passe par-dessus l'obturateur, qui arrête chaque fois les suivantes. Avec cette arme, un bon tireur arrive à tirer en vingt secondes les sept balles emmagasinées, ce qui équivaut à une vitesse de vingt et un coups par minute.

2° Le fusil Henry Winchester, dont le tube-magasin, placé sous le canon, a une longueur double de celui de l'arme Spencer, et permet de tirer quinze coups en trente secondes. Il a un autre avantage sur le précédent, c'est que, après l'épuisement du magasin, on peut continuer le tir comme avec une arme ordinaire, sauf à compléter le magasin quand le combat laisse un moment de répit.

La rapidité foudroyante des armes à répétition nous plut infiniment ; on pensait que le combat se décide bien vite en faveur de celui qui dans un temps donné jette sur un point donné le plus de plomb qu'il est possible. Leur plus grand inconvénient, c'est d'être très-lourdes, puisqu'elles renferment jusqu'à vingt cartouches métalliques dans un tube de fer !

Ces cartouches sont à percussion périphérique. Il serait évidemment dangereux d'en employer à percussion centrale, l'amorce étant dans ce cas en contact avec la pointe de la balle qui précède.

Messieurs, me voilà au bout de mon rouleau. Ce qui reste dans mes caisses n'intéresse que les constructeurs, les armuriers et moi. Les renseignements que je vous ai donnés, et dont quelques-uns sont relatifs à des inventions postérieures à mon naufrage, vous auront paru, j'en suis sûr, bien assez nombreux. Peut-être même en aurai-je déjà trop dit.

— Je crois être l'interprète de ces messieurs,

dit alors Baruch, en vous assurant que, bien loin de nous avoir fatigués, vous avez au contraire excité notre curiosité au plus haut point, et je me permets de vous offrir avec sincérité l'expression de notre collective reconnaissance.

— Je l'accepte avec émotion, reprit Crampton, et muni de ce précieux trésor, je pars, rapide comme la pensée, vers les gouffres mystérieux du profond Océan.

— Non, pas encore! J'ai certaines choses à vous dire, et d'abord une question à vous faire. Il faut donc que vous vous sacrifiiez pour nous dix minutes encore.

— Ce temps ne dépasse pas les limites de mon abnégation. Que me voulez-vous?

— Nous voulons de vous quelques appréciations sur le nombreux armement que vous nous avez fait passer en revue.

— Je serai bref. Toutes les armes citées peuvent se classer en trois groupes :

Armes de gros calibre ;

Armes de moyen calibre;

Armes de petit calibre.

Les premières sont les vieux modèles transformés, et vous connaissez leur médiocre valeur.

Les dernières sont les plus récentes et les meilleures.

A égalité de calibre on choisit de préférence

celles qui ont la trajectoire la plus tendue, la plus grande justesse de tir et la portée la plus considérable.

Toutefois il faut se tenir en garde contre les classifications par genre de mérite. Un fusil jugé très-bon dans un pays sera rejeté comme médiocre dans un autre, et chaque pays aura d'excellentes raisons d'agir ainsi : la préférence dépendra de l'industrie nationale, de la nature et de la configuration du sol, du caractère et des mœurs des habitants, des guerres probables qu'ils auront à entreprendre, de la composition des armées et d'une foule d'autres considérations particulières.

Les sauvages, les peuples nomades, — les Arabes par exemple, — ont tout intérêt à confectionner eux-mêmes leurs projectiles. C'est le plus sûr moyen d'en avoir. Il leur faut, par conséquent, une arme à cartouche combustible, que cette arme soit vieille ou récente, neuve ou transformée, rayée ou lisse.

Aux États-Unis, au contraire, où tout se fait à l'aide des machines, et où le progrès industriel est en honneur, on préfère les cartouches métalliques, les armes à répétition et à grande puissance.

Les armées destinées aux conquêtes doivent avoir des armes et des munitions légères.

Les Suisses feront passer avant tout la rapidité du tir pour suppléer, dans leurs montagnes, au petit nombre des bataillons. Vous, au contraire, qui vous battez le plus souvent en plaine, vous voulez des armes à longue portée.

Il n'y a donc rien d'absolu.

J'ajouterai que ce n'est pas principalement la perfection de l'arme qui fait remporter la victoire. Les Allemands avaient un fusil inférieur au vôtre, mais ils savaient bien s'en servir. La pratique du tir était, chez eux, poussée très-loin, et il n'y avait pas de troupes mieux instruites.

Le fusil est un outil qui n'a de valeur que par l'adresse de celui qui en fait usage, et l'adresse, on ne l'acquiert que par l'habitude.

Donnez le *chassepot* à de mauvais soldats qui ne savent ni apprécier les distances ni attendre l'ennemi avec calme : ils casseront des branches d'arbre à deux mille mètres, et au bout d'une heure n'auront plus de cartouches. Que feront-ils alors quand l'ennemi s'approchera ? ils se sauveront, et cependant dans le nombre de ces mauvais soldats il y aura des hommes très-braves.

Les qualités du fusil n'ont d'effet que par les qualités du tireur.

Il ne suffit donc pas d'avoir de bonnes armes : il faut surtout avoir de bons soldats et de bons cadres.

La science et la discipline : voilà la source des triomphes !

— Sacrebleu! s'écria le brigadier, vous avez bien raison! Il faudrait crier ces vérités par-dessus les toits, les faire pénétrer dans tous les esprits, et surtout les appliquer. La science en haut, la discipline en bas, et le travail partout... Ah! alors, je pourrais voir la revanche!

— Vous avez oublié une qualité, mon oncle, interrompit le jeune officier. Cette qualité, c'est le silence. Ne pas récriminer, ne pas lancer de mot malsonnant, ne rien dire... et attendre!

— Naturellement, naturellement. Mais chez moi, je puis bien, voyons, prononcer le mot de revanche. Comment ouvrir son cœur, comment passer sa colère?... Ça me fait du bien à moi. Dehors, en public, c'est une imprudente forfanterie. A huis clos, entre quatre murs, avec ses amis, c'est une douce consolation! Bref, mon neveu, tu ne me fais pas bien large la part de mon infirmité. Je te pardonne, jeune et sévère philosophe, parce que je sais que ton calme cache les mêmes sentiments que mon humeur. Mais ce n'est pas de tout cela dont il s'agit. Je voulais demander à M. Crampton, avant son départ, s'il serait possible de sauver sa collection et de la mettre en lieu sûr.

— La chose est possible avec de l'argent et de la persévérance.

— Dites-nous ce qu'il faudrait faire.

— Il faudrait tout simplement se placer au

point voulu — 38° longitude ouest sur 43° latitude nord — et descendre, à 3,257 mètres au-dessous du niveau de la mer, une énorme cloche à plongeur, retenue au navire par une longue chaîne de fer, et dans laquelle une quinzaine d'ouvriers dégageraient mes caisses de tout ce qui les entoure, pour les remonter à bord. Le plan est très-facile à saisir, mais l'exécution ne laisserait pas d'être assez embarrassante. Elle nécessiterait plusieurs centaines de désœuvrés ne sachant que faire de leurs dollars, un ingénieur se dévouant à une entreprise incertaine et quelques hommes téméraires que l'on décide à se jeter à mille pieds de profondeur avec des chances de ne pas en sortir, dans le seul but de repêcher une très-jolie collection de ferraille.

— J'y réfléchirai, monsieur Crampton. On donne son argent, son temps et sa vie même pour des choses moins importantes. Quoi qu'il en soit, je vais me mettre incontinent en campagne pour entreprendre ce projet, et si je ne réussis pas à rendre aux hommes toutes ces merveilles, eh bien ! j'irai les voir moi-même... lorsque je ne serai plus qu'un pur esprit comme vous. Sans adieu donc, mon cher monsieur. Nous vous remercions de nouveau, et allons nous disposer à rêver du casque d'Achille, du fusil à pierre et de la mitrailleuse Crampton.

Ainsi finit la troisième séance de spiritisme.

. . . .

— Voyons, Georges, dit le brigadier en raccrochant le revolver Colt à la muraille, il faut nous mettre à l'œuvre bientôt.

— A laquelle donc? reprit l'officier.

— Parbleu, au sauvetage du musée Crampton. Moi, je mets cinq mille francs. Et toi, que feras-tu?

— Moi, je ferai le plan de la cloche sur le papier.

— Ah! tu es sûr comme cela de ne pas te noyer. Et vous, monsieur R...?

— Moi, je vous accompagnerai de mes vœux, fit M. R... en riant.

— C'est encore moins compromettant. Mes bons amis, avec des hommes taillés comme vous, nous ne dépasserons guère Bougival.

Et l'on se souhaita bonne nuit.

———

CHAPITRE IX

Le colonel Beauregard dans la planète Mars. — Histoire
de l'artillerie française.

La quatrième soirée, une fois réunis, les trois
amis se demandèrent à quel exercice ils pourraient
bien se livrer.

— Vous savez, mon oncle, dit l'officier d'artillerie, que je pars pour Saint-Omer de demain en
huit. Cette séance est donc la dernière de l'année.
Je dis la dernière, car mercredi prochain, qui est
la veille de mon départ, je n'aurai guère le cœur
d'évoquer les morts. D'ailleurs j'aurai des révélations fort importantes à vous faire sur mes expériences mystérieuses de spiritisme, sur la *façon de
procéder* de M. Dartois, enfin sur la conduite que
vous aurez à tenir à l'égard des esprits de l'autre
monde, pendant tout le temps que vous serez dans
celui-ci. Je vous invite, en conséquence, à bien
choisir la personne que vous désirez revoir, car
après cette évocation, qui sait quand je pourrai

manifester de nouveau, en votre présence, mes facultés particulières de médium ?

— J'ai déjà songé à cela, tu penses bien, répondit le brigadier. Ton départ me chagrine assez, non-seulement parce que je n'aurai plus de médium, mais encore et surtout parce que je n'aurai plus le neveu que j'aime de tout mon cœur. Mais ce n'est pas encore l'heure de faire du sentiment. Tu demandais, n'est-ce pas? quel personnage nous voudrions revoir de préférence à tout autre. Mon choix est fait depuis longtemps..... seulement, voilà, je n'ose guère... pourtant ce n'est pas l'envie qui me manque..., ce serait peut-être irrespectueux....

— Qui faut-il donc appeler, mon oncle? reprit l'officier. Voulez-vous vous entretenir avec Alexandre, Annibal, César, Napoléon ? Dites un mot, et je prierai l'un ou l'autre de ces messieurs de passer dans votre cabinet.

— Ne plaisante pas, Georges. C'est sérieux, ce que nous faisons là. D'abord je ne me permettrais jamais de déranger un de ces grands génies. Mon ambition, bien qu'assez élevée, ne va pas encore à ces hauteurs. Non, je voudrais présenter mes hommages à un homme que j'ai autant chéri que vénéré, et puisque j'ai le mot sur le bout de la langue, je vais te le dire : je désire que tu invites respectueusement chez moi l'âme de mon colonel !

— A vos souhaits ! je vais le prier de se déranger un instant.

— Attends, attends ! pas si vite ! encore faut-il savoir quel logement digne de lui il convient de lui préparer.

— Avez-vous une dragonne en or, une épaulette à gros grains, un sabre d'officier supérieur ? Qu'importe, au reste ! Un esprit n'y regarde pas de si près. Il est trop au-dessus de ces petites misères de la vie, pratique. M. Dartois m'a raconté qu'il avait fait venir Louis XIV dans un vieux chapeau, et que le grand roi, jadis à cheval sur l'étiquette, ne s'en était nullement formalisé.

— J'ai trouvé ! dit le brigadier en se levant tout à coup et allant à son secrétaire. Stupide que je suis, j'ai oublié que j'avais son plumet, religieusement enfermé dans un tiroir ; celui-là même que je recueillis à Solférino, au moment fatal où mon colonel, frappé en pleine poitrine par une balle ennemie, fut conduit à l'ambulance (pour être plus tard dirigé vers un hôpital où il est mort, à ce que j'ai appris, des suites de sa terrible blessure). Nous étions quatre à le transporter. C'est moi qui soutenais sa tête. Le terrain était mauvais, rocailleux, et à chaque instant, dans les à-coup de la marche, je laissais tomber le shako du pauvre colonel, que j'avais sous le bras. Qu'est-ce que j'ai fait alors ? j'ai laissé par terre le shako, j'ai pris le plumet, je l'ai mis sous mon dolman... et le voilà !

— N'était-ce pas le colonel Beauregard ? demanda l'officier.

— Justement. Comment peux-tu le connaître ? Je ne crois pas t'avoir jamais dit son nom.

— Beauregard était un de mes camarades à l'École polytechnique, et il m'a raconté ce qui était arrivé pendant la guerre d'Italie à son oncle, alors colonel d'artillerie. Il est donc bien naturel que vos paroles aient rappelé ce nom à mon esprit.

— Ah ! mille bombes ! je voudrais bien le voir, ton camarade.

— La chose est facile. Il est à Paris. En attendant, vous pouvez mettre sur le plateau le plumet du colonel Beauregard. Je vais faire les évocations d'usage.

Les préparatifs ne furent pas longs, et l'on entendit bientôt le coup de sonnette de la machine. C'était l'*esprit* qui annonçait sa présence.

Le brigadier se leva aussitôt, et d'une voix émue :
— Mon colonel, soyez le bienvenu parmi nous, et pardonnez à un de vos anciens et fidèles serviteurs la liberté qu'il a prise de vous déranger pour vous assurer une fois encore de son affectueux dévouement !

— Comment donc, mon brave Baruch ! répondit le colonel, mais je suis enchanté de te revoir.

Que ne puis-je moi-même te serrer sur ma poitrine et te remercier mille fois de ce que tu as fait pour moi à Solférino !

Le brigadier rayonnait de bonheur. — Quelle joie m'est réservée ! s'écria-t-il ; et que je suis largement récompensé de mes croyances, puisque c'est grâce à elles que je goûte aujourd'hui le plaisir d'une si agréable entrevue !

Après ce transport d'enthousiasme, le brigadier accabla le colonel de questions auxquelles celui-ci répondit de fort bonne grâce.

On apprit ainsi que l'âme de l'auguste visiteur habitait actuellement la planète Mars, en compagnie des grands capitaines, de plusieurs savants illustres et de quelques écrivains bien connus ; que tous ces personnages devisaient ensemble, causant principalement de leur passé, de leurs exploits, des hommes, de l'histoire de l'Europe et de l'avenir réservé à la patrie de chacun d'eux ; enfin que lui, Beauregard, défendait surtout la France et tenait haut et ferme le drapeau tricolore.

— Je vous reconnais bien là, mon colonel, interrompit le brigadier au moment où le discours prenait une tournure patriotique. Ces nobles sentiments n'abandonnent jamais un homme de cœur, et puisque vous aimez tant parler de la France, eh bien, parlez-nous-en. Nous nous enflammerons ensemble au récit de ces grandes actions, qu'il est si bon de se rappeler, lorsqu'on est tombé dans le malheur. Dites-nous quelles sont les origines de l'artillerie, quel a été son rôle dans les batailles, quels progrès l'ont transformée dans la main des organisateurs célèbres, enfin les services qu'elle peut nous rendre un jour. Vous nous intéresserez infiniment, car tous les trois ici, nous sommes artilleurs ; c'est-à-dire que je l'ai été autrefois, que mon neveu l'est en ce moment, et que M. R..., notre ami commun, le sera plus tard (dans l'armée territoriale), à en juger par les excellentes dispositions dont il fait preuve aujourd'hui.

— Puisque vous le désirez, mon cher Baruch, reprit le colonel Beauregard, je vais vous dire quelques mots sur l'artillerie française. C'est un sujet fort séduisant, et peut-être me laisserai-je entraîner à un long bavardage, comme font le plus souvent les vieillards qui n'ont pas encore perdu le souvenir. Vous me pardonnerez d'autant plus volontiers que je vous conterai certaines petites choses ignorées de vous sans doute et que j'ai apprises en causant de notre chère patrie avec les nombreux héros qui peuplent la planète Mars.

L'artillerie, c'est-à-dire l'art de lancer les traits, est de beaucoup antérieure à l'emploi en Europe de la poudre à canon. Les anciens (en particulier les Grecs et les Romains) possédaient un grand nombre de machines de guerre. Je vais vous dire un mot des plus connues.

Les *béliers* étaient formés d'énormes poutres de chêne armées à l'une de leurs extrémités d'une tête de fer en forme de bélier. Ces poutres, suspendues en équilibre par de grosses cordes, étaient lancées avec violence contre les portes et les murailles des villes, qui ne pouvaient résister longtemps à leurs coups redoublés. Une quarantaine d'hommes étaient nécessaires à la manœuvre de la pièce.

La *tortue* était une machine d'osier, à roues, en forme de toit, recouverte de cuir frais qui la mettait à l'épreuve du trait ou du feu, et renfermant des soldats qui pouvaient ainsi, sans être incommodés, approcher des murailles et, soit les ébranler avec des béliers, soit en miner les fondements, soit enfin combler les fossés avec des pierres ou de la terre.

On entendait par *tollenon* une bascule fort ingénieuse faite avec deux grandes pièces de bois dont l'une était en équilibre sur la seconde ; on attachait à l'un des bouts de la première poutre une caisse d'osier pleine de soldats. En abaissant l'autre bout, les soldats s'élevaient et franchissaient les murailles.

Les anciens se servaient aussi de la *catapulte,* sorte d'arbalète qui lançait des pierres à mille pas ; de la *baliste,* qui se bandait avec des cordes de nerfs ou des cheveux de femmes (machines dont le fameux Archimède tira un si grand parti au siége de Syracuse) ; du *scorpion,* de l'*onagre,* de la *sambuque* et de bien d'autres instruments encore, dont le nom et l'usage sont perdus aujourd'hui.

Le moyen âge hérita de l'artillerie ancienne, spécialement des catapultes, des balistes, des béliers, des arcs, des frondes, et ces divers instruments, surtout destinés à l'attaque ou à la défense des villes, n'ont disparu que longtemps après l'invention des bouches à feu, si imparfaites à leur début. Il va sans dire que les différentes machines de jet dont se servaient nos ancêtres n'étaient pas exactement construites sur le plan de celles des Grecs et des Romains. Il s'en fallait même quelquefois de beaucoup. Le nom aussi était tout autre. Froissard, avec lequel j'aime tant discuter là-haut et qui nous égaye souvent de sa douce naïveté, ne parle que de pierrières, de truies, de trébuchets, d'arbalètes à tour, de bricoles, de fouines, de chats et surtout de mangonneaux et de moutons lançant de grosses pierres, des traits ou des cailloux. Le trébuchet consistait en une longue poutre appelée verge, tournant autour d'un axe horizontal porté sur des montants. A l'une des extrémités de la verge on fixait un contre-poids manœuvré par des hommes à l'aide de cordes, et à l'autre bout se trouvait une fronde qui contenait le projectile. Quel était ce projectile? c'étaient des boulets de pierre, des tonneaux de feux grégeois, des morceaux de fer rouge, bien plus, des prisonniers faits à l'ennemi et jusqu'à des chevaux morts, dont la puanteur empoisonnait la ville assiégée. Que voulez-vous? tous les moyens sont bons à la guerre.

L'arbalète à tour était une grande arbalète dont l'arc en bois, en corne ou en acier, avait parfois dix mètres de longueur et qui pouvait lancer à huit cents mètres des traits pesant un demi-kilogramme. Ses projectiles étaient de petites pierres rondes, ou des flèches tantôt armées d'un fer pyramidal, tantôt munies d'une pelote incendiaire.

Le trébuchet avait un tir courbe comme nos mortiers, et l'arbalète à tour un tir rasant comme nos canons.

Pour vous donner une idée des siéges et de l'emploi des machines au moyen âge, je vais vous conter un épisode du siége de Paris par les Normands, en 886, épisode que je tiens du poëte Abbon, bénédictin de Saint-Germain des Prés, et qui a trait au siége d'une tour placée sur le terrain qu'occupa plus tard le Grand-Châtelet : « Les Danois, me disait le poëte-historien, livrèrent aux fidèles de terribles assauts. De toutes parts les traits volent... les frondes et les pierriers mêlent

leurs coups aux javelots. Ils cherchent à percer le
mur au moyen de *muscules ;* mais le victorieux
Eudes les inonde d'huile, de cire, de poix mêlées
ensemble. Elles coulent en torrents d'un feu liquide, dévorent et brûlent les Danois. Mais un
fourneau étend ses sinuosités sous le pied de la
tour, et de la bouche vomit de cruels désastres.
La brèche qu'il a faite, les assiégeants s'efforcent
de l'agrandir en perçant le bas du rempart. Tout
à coup on lance sur eux, du haut de la tour, le
moyeu arrondi d'une roue qui précipite dans les
enfers six hommes à la fois.

« Les Danois fabriquent alors, chose étonnante à
voir, trois machines montées sur seize roues, d'une
grandeur démesurée, faites avec des chênes immenses et liées ensemble ; sur chacune est placé
un bélier que recouvre un toit élevé ; dans les ca-
vités de leur sein et dans l'intérieur de leurs
flancs, elles pouvaient renfermer et tenir cachés
soixante hommes armés de leurs casques... Du
cuir arraché du cou et du dos de jeunes taureaux,
ils forment alors mille grands boucliers dont chacun peut couvrir quatre ou six hommes... Des
milliers de balles de plomb, répandues comme une
grêle épaisse dans les airs, tombent sur la ville, et
de fortes catapultes foudroient les redoutes qui
défendent le pont... Les Parisiens préparent alors
des poutres pesantes, et en arment l'extrémité de

dents de fer, afin de pouvoir détruire plus promptement les machines des Danois. Ils fabriquent aussi avec de longs morceaux de bois liés ensemble deux à deux des machines appelées *mangonneaux,* propres à lancer de grosses pierres, et à l'aide desquelles ils fracassent les tentes que les féroces assiégeants ont dressées au pied de la tour. »

Bref, pour résumer le récit du bon moine Abbon, après treize mois d'inutiles efforts, Siegfrid et ses avides compagnons levèrent le siége, et les Francs, délivrés, offrirent la couronne royale à leur courageux défenseur, Eudes, fils aîné de Robert le Fort.

L'apparition des bouches à feu sur les champs de bataille causa un effroi bien naturel, mais en fait les premiers canons firent beaucoup plus de peur que de mal. Il faut entendre le bon Froissard faire le récit du siége de Quesnoy en 1340, l'un des premiers où fut employée la nouvelle artillerie... « Les bombardes jetaient des flèches de fer avec feu et flamme, et un bruit tellement épouvantable qu'il semblait que tous les diables d'enfer fussent de la partie... » ; et Villani, lorsqu'il raconte la bataille de Crécy gagnée par les Anglais en 1346 : « Les bombardes jetaient des boulets de fer avec du feu pour effrayer et disperser les chevaux des Français... Les coups de ces bombardes faisaient un si grand tremblement et fracas qu'il semblait que le ciel tonnât... »

Mais tous ces engins, à leur début, étaient, malgré leurs façons bruyantes, moins dangereux et portaient moins loin que les arcs et les arbalètes qui continuaient de décider de la victoire. Ce qui fit surtout de l'impression, ce fut cette nouveauté de tourner contre les hommes les boulets que jusque-là l'on n'avait lancés que contre les murailles. Une pareille action sembla déshonorante, et les instincts chevaleresques de l'époque en furent tout d'abord révoltés. J'ai appris là-haut que les anciens artilleurs allemands promettaient de ne préparer aucun feu d'artifice, de ne point tirer le canon de nuit, de ne point cacher de feux clandestins, *enfin de ne se servir jamais de ces engins pour la ruine ou la destruction des hommes, estimant ces actions aussi injustes qu'indignes d'un homme de cœur et d'un véritable soldat.*

— Ah ! mon colonel, s'écria Baruch en levant les mains, que ces braves gens ont changé depuis ! Ils en sont devenus méconnaissables !

— Ne disons rien, ce ne sont pas les seuls.

Les bouches à feu de ces temps primitifs portaient plusieurs noms ; tantôt c'étaient des bombardes, tantôt des veuglaires, ou des pierriers ou des ribaudequins.

Les premières bombardes furent formées de barres de fer assemblées et cerclées comme les douves d'un tonneau ; puis on les fit en fer forgé. Bientôt après on les fondit en métal ; il y avait déjà des pièces de bronze du temps du roi Jean.

Ces pièces étaient d'un assez petit calibre, et l'on pourrait à la rigueur les considérer comme des armes à feu portatives si la grossièreté de leur construction ne les avait pas rendues difficiles à manier. On les portait sur des charrettes, sur des roues, et on les tirait posées sur des chevalets.

Les veuglaires se chargeaient par la culasse ; ils se composaient de deux parties vissées l'une à l'autre, la chambre à feu et la volée. On les abandonna bientôt à cause de leur peu de solidité.... pour les reprendre sous une autre forme quelque quatre cents ans plus tard.

Pétrarque, qui habite Uranus, la patrie céleste des poëtes, où j'aime à voyager de temps en temps, m'a renseigné sur un détail des origines de l'artillerie. « D'énormes glands d'airain, me disait-il dans son langage imagé, sont lancés par un jet de flamme, avec un horrible bruit de tonnerre. Ces foudres que Virgile regardait comme inimitables, l'homme, dans sa rage de destruction, est parvenu à les imiter. Il les lance d'un infernal instrument de chêne, comme elles sont lancées des nuages. » Ce qui veut tout simplement dire qu'il y avait alors des canons de bois.

Le poëte ajoutait que cette invention des canons

de bois était due à Archimède. Léonard de Vinci, encore plus généreux que Pétrarque envers Archimède, affirmait que celui-ci avait imaginé un canon à vapeur merveilleusement ingénieux. J'ai cherché dans plusieurs planètes le grand géomètre de Syracuse pour m'assurer s'il fallait ajouter ce fleuron à sa couronne d'inventions, déjà si chargée. Mais je n'ai pu le trouver. Je soupçonne qu'il donne un petit coup d'épaule à quelque nébuleuse mal équilibrée.

Au quatorzième siècle, on voyait aussi des ribaudequins, sortes d'énormes charrettes sur lesquelles reposaient plusieurs bombardes que l'on tirait l'une après l'autre. Ces engins furent plus tard appelés orgues, par similitude d'aspect avec le pacifique instrument à tuyaux, qui, au lieu de répandre la mort sur les champs de bataille, verse dans le saint lieu des flots d'harmonie. Les *orgues* de guerre, qui disparurent aussi, devaient un jour renaître de leurs cendres avec le nom nouveau de mitrailleuses.

A côté des petits calibres, utilisés plutôt en rase campagne et ne portant qu'à trois ou quatre cents mètres, étaient fabriquées des pièces énormes avec lesquelles on faisait le siége des places fortes. Certaines bombardes pesaient jusqu'à deux mille livres et lançaient des boulets de pierre de quatre cent cinquante livres. Au siége de Caen (en 1450), vingt-quatre pierrières de taille monstrueuse avaient, dit-on, une ouverture assez large pour qu'un homme pût s'y asseoir, la tête droite. A la même époque, le duc de Bourgogne fit confectionner à Luxembourg une bombarde qui pesait dix-huit mille kilogrammes. Il fallut un chariot attelé de six chevaux pour conduire de Namur à Luxembourg trois gros boulets de pierre, pesant chacun neuf cents livres, destinés à essayer cette bouche à feu gigantesque.

Les projectiles de l'artillerie à feu furent d'abord les mêmes que ceux usités avant l'emploi de la poudre à canon : des blocs irréguliers, des carreaux, des flèches enflammées, des boulets de pierre, des sacs de cailloux, etc. Comme les boulets de pierre se brisaient souvent en ricochant sur le terrain, on les remplaça par des balles de plomb pour les petits calibres et contre les troupes, et par des boulets de fonte pour détruire les forteresses, et effondrer par leur chute les toits des maisons.

Ce n'était pas une petite affaire d'effectuer le chargement de la pièce, surtout lorsqu'elle était tant soit peu longue. Écoutez, Baruch, comment il fallait s'y prendre, et jugez des progrès qui ont été faits depuis ce temps-là. Le *maître artilleur*, ayant près de lui poudre, boulet, écouvillon, nettoyeur, chargeoir et refouloir, s'assurait d'abord que la pièce était propre ; il y passait pour cela l'écouvillon ; ensuite, avec une épinglette de fer, il dégorgeait la lumière par où l'on met le feu au canon. Cela fait, il puisait la poudre, renfermée dans des sacs de cuir, avec une cuiller de fer dont le manche avait une longueur proportionnée à la longueur de la bouche à feu, et il introduisait, avec précaution, cette cuiller, pleine de poudre, au fond de la pièce, où il la versait. Puis il donnait un coup de refouloir sur cette première charge de poudre. Pendant ce temps, un aide tenait le doigt sur la lumière, pour empêcher que la poudre ne s'échappât par cet orifice, au moment de la compression de la charge. Le *maître artilleur* introduisait une seconde charge de poudre, puis une troisième, toujours avec l'intention de ne la verser qu'au fond. Alors, avec un bouchon de paille ou de foin, il nettoyait de nouveau l'âme de la pièce, afin qu'aucun grain de poudre n'y restât, qui pût prendre feu par le frottement, au moment de l'introduction du projectile. Il faisait enfin pénétrer le boulet. Si le tir devait avoir lieu dans une direction inclinée de haut en bas, on calait le projectile au fond de la pièce, avec un bouchon de foin.

La chambre à feu n'était pas complétement remplie de poudre, une partie étant occupée par un tampon de bois tendre, contre lequel venait appuyer le boulet. Celui-ci était centré dans l'âme à l'aide de coins de bois, puis garni d'étoupes à sa circonférence, de façon à empêcher le vent.

Quand la bombarde était chargée, le canonnier remplissait la lumière de poussier, puis il disposait une traînée de poudre ordinaire aboutissant à la lumière, et il allumait cette traînée à l'aide d'un fer rouge. Pendant que la poudre d'amorce brûlait, le canonnier se sauvait à toutes jambes ; car on n'était jamais sûr de la solidité de la bombarde.

Le matériel d'artillerie comprenait toujours un brasier, des soufflets et tout l'attirail nécessaire pour faire rougir les fers destinés à mettre le feu à l'amorce.

Les bombardes tiraient ainsi de six à dix coups par heure.

Il n'est pas étonnant qu'une artillerie aussi imparfaite ait eu à supporter longtemps la concurrence des terribles engins de l'ancienne balistique. Au siége de Constantinople par les Turcs, c'est-à-dire en 1453, les deux systèmes étaient encore en présence, ainsi qu'il résulte des renseignements précis que je tiens de Huniade, le belliqueux régent de Hongrie, le terrible adversaire de l'armée ottomane.

Les Turcs, me disait-il un jour, outre leurs canons monstres qui lançaient des boulets de pierre de plusieurs quintaux, employèrent aussi des mines creusées sous les remparts, des tours roulantes qu'on approchait des murailles, des béliers qui ébranlaient les murs, des balistes qui lançaient des poutres et des pierres, enfin des flèches, des javelots et le feu grégeois, qui rivalisait toujours avec la poudre et que celle-ci devait bientôt faire oublier.

Mahomet II, fit en un mot, usage de tous les moyens que l'attaque employait avant l'introduction des armes à feu. Constantinople fut d'ailleurs pris de vive force sans que le canon fût parvenu à faire brèche.

Constantin Paléologue, le *dernier héritier de la dernière étincelle de l'empire romain,* se fit tuer noblement à la tête de ses soldats, pour ne pas survivre à la perte de son empire.

Mahomet II, avec ses deux cent mille hommes, massacra quarante mille chrétiens, envoya le reste en servitude, et donna à la capitale conquise le nom de Stamboul.

— C'était donc, mon colonel, un bien féroce musulman que ce Mahomet II ?

— Huniade était partial ; sa haine l'aveuglait. Selon lui, le vainqueur des Grecs coupait la tête à ses maîtresses pour divertir les janissaires, et il fit un jour ouvrir le ventre à quatorze de ses pages pour savoir lequel d'entre eux avait mangé un melon. Ces histoires ne sont pas véridiques. D'autre part, j'ai entendu dire que Mahomet savait cinq langues, aimait les beaux-arts et n'était cruel que par occasion. Où est la vérité? je l'ignore. Ce qu'il y a de sûr, c'est qu'il a renversé deux empires, conquis douze royaumes, pris plus de deux cents villes sur les chrétiens, et qu'il est mort de la colique. Pour le reste, les opinions sont libres.

Mais nous nous égarons dans de trop longues digressions.

Je reviens à la France des Valois.

Les rois n'eurent d'abord qu'une artillerie assez médiocre. En 1415, Charles VI pria ses bonnes villes de vouloir bien lui prêter les engins, canons et artilleries qu'elles pourraient avoir, afin de résister aux Anglais, leur promettant de les leur rendre quand le danger serait passé.

Ce n'étaient pas seulement les villes qui possédaient de l'artillerie; les châteaux, les métiers, les corporations avaient aussi la leur.

C'était la décentralisation à outrance!

C'est sous Charles VII que cet état de choses commença à changer, grâce aux soins de Jean Bureau, seigneur de Monglat, qui construisit une fort puissante artillerie royale. C'est en outre lui qui s'est signalé dans les guerres contre les princes du sang révoltés, et qui a tant contribué à chasser les Anglais du royaume de France.

A cette époque on voyait déjà des bombardes en bronze, ce qui constituait un grand progrès. Les anciennes bombardes en fer forgé n'éclataient pas tout de suite en morceaux, il est vrai ; elles se fendaient d'abord dans le sens de la longueur, prévenant ainsi les artilleurs du danger qu'ils couraient, tandis que celles en bronze (comme toutes les bouches à feu faites d'un alliage quelconque) volaient en éclats dès qu'elles faisaient explosion. Mais par contre, ces accidents arrivaient bien plus rarement avec les pièces coulées, surtout à mesure que par la science industrielle le bronze acquérait une plus grande résistance.

Ce serait long de faire la liste de tous ceux qui périrent victimes d'explosions de bombardes. Je ne vous citerai que Jacques II, roi d'Écosse, qui fut tué de cette façon, au siége de Roxburgh, dans la guerre qu'il faisait aux Anglais.

Ces dangers de chaque jour influaient sur la conduite morale des artilleurs. Ils imploraient souvent la protection de sainte Barbe ; ils prenaient soin d'honorer Dieu et se gardaient autant que possible de l'offenser, car toutes les fois qu'ils faisaient jouer leur pièce, ils avaient devant eux leur plus mortel ennemi.

L'artillerie nombreuse et redoutable de Louis XI lutta souvent avec succès contre celle de Charles le Téméraire. Le roi possédait, entre autres, douze bombardes, surnommées les Douze Pairs de France, lançant des boulets de fonte gros comme la tête d'un homme. Elles parurent pour la première fois à la bataille de Montlhéry, où l'un des Douze Pairs tomba entre les mains des Bourguignons. Rassurez-vous sur son compte : il n'y resta pas longtemps et fut délivré de sa captivité lors du siége de Beauvais par Charles le Téméraire, siége illustré par le courage de Jeanne Hachette, de son vrai nom Jeanne Fouquet, qui, à la tête des femmes de la ville, la défendit vaillamment et hâta sa délivrance. Ce sont de ces faits que les Français doivent aimer à se rappeler aujourd'hui. Louis XI faisait souvent expérimenter les pièces construites soit à Orléans, soit à Tours, soit à Amiens, et, — à ce que m'a dit Philippe de Commines, — ces essais étaient parfois suivis de graves accidents. Ainsi, un jour, plusieurs officiers du roi avaient acculé une bombarde, la queue aux champs devant la bastille Saint-Antoine, et la gueule (je me sers de sa façon de parler) du côté du pont de Charenton.

La bombarde, chargée pour la première fois, tira très-bien et envoya le bloc de pierre de cinq cents livres à une assez grande distance. Elle fut chargée de nouveau, et l'on y poussa un autre boulet qui glissa le long de la volée jusqu'à la chambre. La pièce partit aussitôt, sans qu'on sût comment la poudre avait pris feu. Jean Maugue, le fondeur, qui se trouvait à la... *bouche* de la pièce, fut meurtri en mille morceaux, et avec lui quatorze autres bons Parisiens dont les têtes, les bras et les jambes volèrent en tous sens. Le boulet alla ensuite tuer un pauvre oiseleur qui travaillait aux champs ; de plus, la poudre atteignit gravement seize curieux, dont quelques-uns moururent.

Le fondeur Maugue fut enterré en grande pompe, et il fut crié par les carrefours que l'on priât pour le fondeur qui était allé entre ciel et terre, c'est-à-dire de vie à trépas, au service du très-gracieux Louis XI.

Le rival de ce roi, Charles le Téméraire, avait aussi une belle artillerie, environ trois cents bouches, indépendamment des arquebuses et coulevrines, arcs et arbalètes dont son armée était richement pourvue.

A cette époque les bouches à feu reçurent un grand perfectionnement. Je veux parler de l'invention des *tourillons* ou ailettes cylindriques coulées avec la pièce au tiers de sa longueur et reposant sur les flasques de l'affût. Par cette nouvelle disposition le pointage fut bien plus facile, la mobilité de la pièce sensiblement plus grande dans le sens vertical, les effets destructifs du recul furent considérablement diminués, et l'on put simplifier de beaucoup la fabrication des affûts.

Quelques militaires compétents avec lesquels j'ai eu l'occasion de causer d'artillerie dans ma nouvelle planète considèrent cette découverte, en apparence peu importante, comme le plus grand progrès de l'artillerie depuis sa création, ce qui prouve une fois de plus qu'une petite cause peut produire de grands effets. De simples réformes d'artillerie, disait l'un d'eux, soit dans le mode d'attelage, soit dans la confection du projectile, soit dans le chargement de la pièce, ont exercé une réelle influence non-seulement sur l'art de la guerre, mais encore sur les destinées des peuples.

Charles VIII a augmenté et perfectionné l'œuvre de son père. Ce sont ses canons qui, dans la fameuse campagne d'Italie, lui ont ouvert les portes des villes et ont balayé les champs de bataille.

— Ce sont donc les canons qui font les victoires? demanda Baruch.

— Ils y contribuent certainement, répondit le colonel, et la conquête de Naples est due en partie au matériel formidable de Charles VIII auquel on n'avait à opposer que d'assez mauvaises pièces traînées par des bœufs (à ce que m'a assuré Guichardin), et ne tirant pas plus de coups en quelques jours que celles du roi de France en quelques heures.

Mais les canons ne sont pas tout-puissants, et il faut bien dire que, du temps de Charles VIII, les

Italiens étaient peu belliqueux ; l'industrie, le commerce, la culture des sciences et des arts leur avaient fait négliger le dur métier des armes ; bref, ils s'étaient endormis dans la mollesse, dans les jouissances, et ils se sont réveillés dans la honte des défaites. Combien de nations, depuis, ont été punies plus cruellement encore de leur manque d'énergie et de leur frivole insouciance !

— Heureusement, mon colonel, que la France, qui, elle aussi, a subi une terrible leçon, commence à se réveiller de son sommeil. Déjà les cœurs s'affermissent, les caractères s'élèvent, les vigueurs du corps et de l'âme renaissent, et le jour où nos envahisseurs voudraient nous imposer de nouvelles lois, nous saurions, je pense, leur opposer des courages virils et d'ardentes colères !

— Vous êtes toujours aussi belliqueux que par le passé, mon brave Baruch, et vous me rappelez les brillantes journées d'autrefois où, brandissant votre écouvillon, vous vouliez courir sus aux Russes et aux Autrichiens qui ne s'enfuyaient pas assez vite devant vous.

Modérez votre fureur guerrière. Ce n'est pas l'heure de mettre flamberge au vent. Occupons-nous pour le moment, si vous voulez, non pas de ce que la France devrait faire dans l'avenir, mais de ce qu'elle a fait dans le passé. Ce sera moins scabreux.

Je vous disais donc que Charles VIII avait une belle artillerie.

Au dire de Guichardin, elle se composait de cent quarante canons en bronze montés sur des affûts à deux roues, auxquels on joignait un avant-train pour la marche. Il y avait en outre mille petits canons à main et deux cents grosses bombardes. Le nombre et la vigueur des attelages, — on comptait huit mille chevaux, — rendaient cette artillerie aussi mobile que les autres troupes.

Malheureusement le roi, perdant tout enthousiasme, laissa, après la campagne, une partie de ses canons à Naples et donna l'autre à la ville de Lyon pour en faire des cloches.

Pendant que Charles VIII se débarrassait de son artillerie, les nations militaires de l'Europe en fabriquèrent sur le modèle de celle qui avait battu l'Italie. L'empereur Charles-Quint se mit le premier à l'œuvre avec ardeur. Il fit faire de nombreuses expériences pour déterminer les alliages les plus propres à la confection des bouches à feu et pour purifier les métaux qui entraient dans la composition de ces alliages. Neuf ans après, Charles-Quint avait une artillerie remarquable. Pour la rendre plus parfaite encore, il fixa les calibres des pièces fondues dans ses États, limitant leur nombre à six, ce qui lui donna un grand avantage dans les batailles. Ces six calibres se rapportaient à six boulets de fonte du poids de 40, 24, 12, 6 et demie et 3 livres. Le canon de quarante livres avait une longueur de douze pieds.

Afin d'en conserver des modèles, l'empereur fit fondre douze canons à anses qui furent nommés les Douze Apôtres, sans doute en souvenir des Douze Pairs de Louis XI.

Sur les pièces étaient gravées certaines inscriptions plus ou moins longues, plus ou moins spirituelles. En voici une qui vous donnera une idée du genre d'esprit des fondeurs de Charles-Quint :

« JE SUIS NOMMÉ *ROSSIGNOL*

MON CHANT EST GAI ET BEAU

QUAND JE CHANTE, LE TEMPS

TE PARAÎT LONG. »

Parmi les artilleries célèbres, je vous citerai encore celle du duc de Ferrare Alphonse Ier, ami et allié de Charles VIII. Ce royal artisan fondait lui-même ses pièces et passait ses journées, au milieu des ouvriers, à réparer les affûts, à étudier de nouveaux systèmes et à chercher de bons alliages. Lorsque Louis XII monta sur le trône, il dut refaire une artillerie semblable à celle qu'avait abandonnée son capricieux cousin. François Ier l'augmenta encore, et sur les nouvelles pièces fit graver une salamandre, qui prit ainsi la succession du hérisson couronné de Louis XII.

Ces curieux emblèmes me rappellent que les canons portaient autrefois, suivant les calibres, différends noms le plus souvent empruntés à des animaux malfaisants. Ainsi il y avait des basilics, des dragons, des dragons volants, des couleuvrines, des serpentines, des aspics, des pélicans, des sacres, des sacrets, des faucons, des fauconneaux, des émerillons, etc.

Les puissants accroissements que l'artillerie française reçut sous François Ier s'expliquent lorsque l'on apprécie le rôle important qu'elle commence à jouer en Europe, dès le début du seizième siècle, dans la guerre de campagne. L'infanterie ne peut plus l'affronter comme par le passé, et les Suisses, ces *dompteurs de princes,* comme on les appelle alors, sont domptés eux-mêmes, malgré leurs redoutables phalanges de piques, par les canons français, à la célèbre bataille de Marignan, dont vous connaissez peut-être les émouvantes péripéties.

— Mon colonel, je les ai un peu oubliées, avec l'âge.

— Eh bien, moi, au contraire, quoique je sois plus vieux que vous, je me les rappelle parfaitement. Bien plus ! je connais la bataille comme si j'y avais assisté, et en voici la raison : j'en ai entendu faire le récit par François Ier lui-même, qui habite Jupiter, le roi des mondes planétaires et la planète des rois.

Si vous le désirez, je puis vous dire quelques mots sur ces furieux combats.

— Oui, oui, répondit-on en chœur.

— Je commence donc. Lorsque François Ier partit à la conquête du duché de Milan en 1515, il avait avec lui 18,000 lansquenets, 6,000 aventuriers français, 4,000 Gascons, 2,500 hommes d'armes, 1,500 chevau-légers, les gentilshommes de sa maison, les archers de la garde ; plus 74 grosses pièces, quelques petites pièces à orgues et 5,000 chevaux pour le service de l'artillerie. Un jour que l'armée française stationnait dans une mauvaise position auprès de Marignan, 30,000 Suisses à la solde du duc Sforza, excités par le cardinal de Sion, sortirent de Milan avec dix bouches à feu, et s'avancèrent, tête baissée, sur le camp français, par une longue et étroite chaussée située entre deux marais.

Pour être plus libres dans leurs mouvements, ils avaient ôté leur bonnet et leurs souliers. Divisés en trois gros bataillons de huit à dix mille hommes, avec une petite troupe pour couvrir les canons, ils courent droit à l'artillerie de François Ier pour s'en emparer. Déjà ils ont mis le désordre dans la cavalerie d'avant-garde ; déjà ils ont repoussé les Gascons, les lansquenets, et pris sept pièces de canon. Le connétable voulait qu'on battît en retraite, mais le jeune roi s'écria : « Je les combattrai plutôt tout seul que de fuir devant telle paysandaille ! »

C'est bien là le mot d'un héros de vingt-deux ans !

La gendarmerie, ranimée par cette parole audacieuse, charge brillamment et renverse les premiers rangs ennemis. Malheureusement elle est arrêtée par la phalange des piques du centre. Alors les lansquenets, qui avaient plié, retournent à la charge. La mêlée devient générale, et la confusion la plus complète règne au centre.

Comme l'artillerie française faisait un grand mal au milieu des carrés épais de l'ennemi, les Suisses prirent le pays couvert et se mirent à l'abri derrière des plis de terrain.

Le soleil commençait à gagner l'horizon, et les Français étaient gravement compromis. Le connétable, le maréchal de Chabannes, Imbercourt, Telligny, Pont de Remy, trop gaillardement attaqués, s'étaient repliés sur la deuxième division.

La situation était difficile.

Tout à coup François Ier, à la tête de deux cents gendarmes, se précipite sur une bande de quatre mille Suisses, les renverse, leur fait jeter leurs piques et crier : *France !*

Enivré par ce succès, le roi rallie quelques gens qui avaient repris haleine et va trouver un autre groupe de huit mille hommes qu'il croyait être des lansquenets, trompé par les ombres de la nuit qui était arrivée à grands pas. Mais quand on vint crier : *France!* les huit mille hommes *jetèrent à la bande du roi cinq ou six cents piques au nez, lui montrant qu'ils n'étaient point ses amis.* Ces alternatives de succès et de revers mettent au comble le désordre dans les deux armées.

Par bonheur, le sénéchal d'Armagnac, grand maître de l'artillerie, fait retirer tous les canons qui étaient exposés en première ligne et les braque plus en arrière. Ces batteries deviennent alors un point de ralliement ; François Ier se réfugie sous leur feu avec vingt-cinq gendarmes et s'efforce de réunir sur ce point ses troupes éparses. Pendant ce temps, le connétable, frère du roi, rallie tous les piétons et fait aux Suisses une charge si rude qu'il en taille cinq ou six mille en pièces.

Le combat dure longtemps encore à la clarté de la lune ; mais, vers minuit, elle se voile, et chacun reste immobile à sa place de peur de tomber entre les mains de son ennemi.

Toute la nuit, les gendarmes demeurèrent sur selle, la lance au poing, l'armet en tête, prêts à combattre. De même les lansquenets.

Le roi s'endormit sur un canon à quelques pas d'un bataillon ennemi, et les Suisses campèrent tout à côté de notre artillerie sans savoir qu'elle était si proche d'eux, et que le lendemain elle leur ferait tant de mal.

Avant le jour, la lutte recommence. La plus grosse bande suisse, au centre de laquelle flotte l'étendard de Zurich, s'avance droit contre les troupes du roi. Celles-ci la laissent approcher jusqu'à une portée d'arc, puis s'ouvrent... et l'artillerie, faisant une décharge générale, ouvre de larges brèches au milieu de ces dix mille hommes serrés en masse. L'effet fut terrible, mais les Suisses, revenus de leur surprise, avancent aussi leurs canons *qui font baisser pas mal de têtes.*

Un instant l'aile gauche des Français est mise en déroute ; mais d'Aubigny reforme son monde, rétablit le combat, et les Suisses à leur tour sont repoussés, *foudroyés par l'artillerie et consumés par le feu.*

A la droite, l'armée avait contenu l'ennemi, grâce à de fortes décharges de pièces de canon, cachées par un rideau de cavalerie légère.

C'est à présent le centre qui recommence à faiblir. Les arbalétriers gascons sont si bien accueillis de coups de haquebute, de lance et de canon, qu'au dire du roi il *n'en réchappe pas la queue d'un.* Les deux ailes, dégagées, se précipitent à son secours, mettent les Suisses en désordre, s'emparent de ses bouches à feu, et finalement les chassent jusqu'à Milan. — De vingt-huit mille Suisses qui étaient venus, il ne s'en sauva que trois mille. Le reste fut tué ou fait prisonnier.

16

Quatre mille Français seulement manquaient à l'appel.

Telle fut cette terrible bataille, la plus cruelle, la plus longue et la plus sanglante que l'on eût vue depuis longtemps en Italie. Aussi Trivulce, le vieux capitaine qui avait assisté à tant de combats, avoua que toutes les actions où il s'était trouvé n'étaient que *des jeux d'enfants* à côté de ce *combat de géants*.

Après l'affaire, le 14 septembre au soir, François Ier se fit armer chevalier par Bayard, qui prit son épée de la main droite et s'écria : « Tu es bien heureux d'avoir aujourd'hui à aussi vertueux et puissant roi donné l'ordre de la chevalerie! Certes, ma bonne épée, vous serez gardée comme reliques, et sur toutes autres honorée, et je ne vous porterai plus jamais que contre Turcs, Sarrasins ou Mores ! »

Vous voyez, mon cher Baruch, si j'ai bonne mémoire. Il est vrai qu'il serait impossible d'oublier ce que l'on a entendu de la bouche même de l'illustre vainqueur !

Je me suis étendu avec plaisir sur cette glorieuse affaire de Marignan parce que ce fut un triomphe pour l'artillerie française. Non-seulement elle protégea le centre de l'armée contre le choc des phalanges suisses, mais, pendant le combat, elle changea souvent de position, flanqua les colonnes d'attaque, combattit avec la cavalerie, et renversa les derniers obstacles derrière lesquels s'abritaient les vaincus. Bref, sans son aide, la victoire serait restée aux Suisses, qui, au contraire, perdirent là toute leur prépondérance militaire.

A partir de ce moment l'artillerie est une puissance avec laquelle les généraux doivent compter, s'ils veulent rester maîtres du champ de bataille. C'est donc un beau jour pour notre arme !

— Oui, mon colonel, c'est un beau jour ; et j'espère bien que nous pourrons encore en compter quelques autres comme celui-là dans le cours de votre attachante conversation.

— Mais certainement que nous en compterons d'autres, et ce sera avec bonheur que je vous les rappellerai.

Je vous parlais tout à l'heure de la mobilité de l'artillerie du sénéchal d'Armagnac. Mais cette mobilité n'était pas générale. Elle existait si peu dans les armées italiennes que le fameux Machiavel conseillait, comme précaution certaine contre les effets de la canonnade, de laisser une trouée dans la ligne de bataille en face des bouches à feu de l'ennemi.

Si notre artillerie était mobile, elle offrait une bien grande complication de matériel. Il y avait une quinzaine de calibres différents, et cette trop grande variété nuisait considérablement au service. L'honneur de la réduction de tous ces calibres à six, — canon, grande coulevrine, coulevrine bâtarde, coulevrine moyenne, faucon et fauconneau, — en doit revenir au premier grand maître de l'artillerie sous Henri II, à Jean d'Estrées, baron de Cœuvres, et grand-père de la charmante Gabrielle d'Estrées, d'amoureuse mémoire.

Brantôme m'a donné quelques détails sur cet homme de guerre remarquable qui mourut à quatre-vingt-cinq ans, après avoir servi François Ier, Henri II, François II et Charles IX.

« M. d'Estrées, me disait l'aimable conteur, a été l'un des dignes hommes de son état, sans faire tort aux autres, et le plus assuré dans les tranchées ou batteries ; car il y allait la tête levée, comme si c'eût été dans les champs, à la chasse, et la plupart du temps il allait à cheval, monté sur une grande haquenée alezane qui avait plus de vingt ans et qui était aussi assurée que le maître, car pour les canonnades et arquebusades qui se tiraient dans la tranchée, ni l'un ni l'autre ne baissaient jamais la tête et ils montraient par-dessus la tranchée la moitié du corps, car il était grand, et elle aussi.

« Ç'a été lui qui le premier nous a donné ces belles fontes d'artillerie et ces canons qui ne craignaient pas de tirer cent coups l'un après l'autre, sans rompre ni sans s'éclater, ni casser.

« C'était un fort grand homme, beau et vénérable vieillard, avec une barbe qui lui descendait très-bas et sentait bien son vieux aventurier de guerre du temps passé dont il avait fait profession et où il avait appris d'être un peu cruel. »

Cependant l'art de fondre les pièces était encore assez imparfait. Les unes étaient tordues ou bossuées ; d'autres avaient les tourillons mal placés et penchaient plus d'un côté que de l'autre ; le chargement en était alors très-difficile, et le canonnier courait grand danger d'être envoyé, *tout chaussé, en paradis.*

— N'est-ce pas vers cette époque, mon colonel, que les bombes ont fait leur apparition ? Vous devez savoir la vérité, vous qui fréquentez là-haut tant d'inventeurs.

— Il est vrai, j'ai vu beaucoup d'inventeurs, et c'est ce qui fait que j'en sais là-dessus encore moins qu'auparavant. Chacun, à l'entendre, a découvert le projectile explosif ; et, en fait, il est fort possible que plusieurs personnes découvrent la même chose à quelques années de distance. Newton et Leibnitz ont bien trouvé, chacun de son côté, le calcul des *fluxions.*

L'idée de la bombe germait depuis longtemps, et elle parut en plusieurs pays au commencement du seizième siècle, après bien des essais infructueux.

Les Turcs, les Italiens et les Allemands furent les premiers à en faire usage. Malthus, ingénieur anglais au service de la France, m'a dit qu'il s'était servi, lui le premier, de ces projectiles dans notre pays, et qu'il les avait employés au siége de Lamothe (Lorraine) en 1634. Je ne veux pas contredire le savant commissaire général des feux et artifices, mais il est étonnant alors que six ans plus tard Richelieu, parlant du siége de Turin par d'Harcourt, ait donné la bombe comme une invention prodigieuse par son effet et *pour sa nouveauté*.

Je vous laisse juge de ces contradictions.

Une chose certaine, c'est qu'on tira d'abord la bombe à deux feux, l'un pour la mèche, l'autre pour l'inflammation de la poudre. Cette méthode était lente et dangereuse. En mettant le feu à la mèche de la fusée, le canonnier le communiquait parfois à la poudre et, dame, allait augmenter la liste des artilleurs-martyrs. On tourna ensuite la fusée du côté de la charge du mortier pour que le feu prît d'un seul coup à la poudre et à la mèche. Cette innovation offrait encore de nombreux inconvénients. Le hasard, qui est quelquefois plein d'attentions, se chargea de corriger la dernière imperfection du chargement des bombes.

Au siége de Berg-op-Zoom, en 1747, un artilleur français, dans un moment d'étourderie, enfonça la bombe dans le mortier, la fusée en avant. Il ne prit pas la peine de retourner le projectile, mais il fut bien surpris de voir sa bombe éclater à la distance voulue. Le feu de la charge avait mis le feu à la fusée, quoique celle-ci regardât l'extérieur.

Ce fait curieux se répandit... et M. de Vallières changea le règlement sur le service des bombes.

L'artilleur fut à la fois blâmé et félicité.

De la bombe est né l'obus au dix-septième siècle. Ce projectile creux est d'un diamètre plus petit, et en outre il n'a ni anse ni culot. On eut bientôt l'idée de le remplir de projectiles, et au siége de Lille, sous Louis XIV, furent lancés des obus à balles.

Ces projectiles sont appelés aujourd'hui des *schrapnells* parce qu'ils ont été perfectionnés par un colonel anglais de ce nom.

Quand vous m'avez interrompu, mon cher Baruch, nous en étions, je crois, à l'artillerie de la fin du seizième siècle, c'est-à-dire des derniers Valois.

C'était la triste période des guerres civiles.

Le roi, les protestants et la Ligue avaient chacun une artillerie particulière, aussi puissante que leurs ressources le leur permettaient. Et ce n'était pas toujours le roi le plus riche.

Le *Béarnais,* qui ne brillait pas par la fortune, n'avait que deux canons à Ivry. Toute son artillerie se composait de huit bouches à feu. Lorsqu'avec ces huit bouches à feu il eut gagné le trône en pacifiant la France, Henri IV chargea Sully de lui composer une artillerie un peu plus imposante.

Sully adopta (à peu près) les calibres existants sous Henri II ; le canon de trente-trois livres, c'est-à-dire dont le boulet pesait trente-trois livres, — c'était le plus fort calibre, — avait une longueur de huit pieds, et était traîné par *vingt-cinq chevaux* ; le plus petit calibre était le *fauconneau*, dont le boulet ne pesait que trois quarts de livre. En un mot, le grand ministre, pour réorganiser ce service d'une façon digne de la France, dépensa *douze* millions, somme énorme pour l'époque.

L'artillerie de Louis XIII s'enrichit de deux autres calibres : celui de 24 et celui de 12. Mais on hésita à en faire usage, par la raison que les nouvelles pièces étant du calibre de l'ennemi, les boulets qu'on lui envoyait pouvaient lui servir.

A cette époque, la tactique suivie par les illustres généraux Maurice de Nassau et Gustave-Adolphe se généralisa dans les armées européennes ; on laissa les grosses bouches à feu avec les réserves et l'on n'emmena en ligne que de légères pièces de campagne attelées de quatre à six chevaux.

C'est surtout Gustave-Adolphe qui, par ses victoires éclatantes, avait démontré l'efficacité de cette
manœuvre. Il eut jusqu'à deux cents canons légers
pour une armée de vingt mille hommes ; il donna
à chacun de ses régiments d'infanterie deux petits
canons traînés par un cheval ou même à bras
d'hommes. Afin d'accélérer le tir, il fit adopter
des cartouches de bois très-légères auxquelles le
boulet était attaché ; de cette manière l'artillerie
pouvait faire huit décharges avant que le mous-
quetaire eût tiré six coups. Ses canons étaient formés d'un tube de cuivre consolidé par des frettes
de fer, environné de cordes et recouvert de cuir
bouilli. Quoique ne pouvant pas résister à un tir
longtemps soutenu, ces pièces furent très-utiles au
roi de Suède par leur mobilité. Mais ce qui con-
tribua peut-être le plus au succès de ses armes, ce
fut l'amincissement de ses lignes qu'il avait ré-
duites à six rangs de profondeur pour l'infanterie
et à quatre pour la cavalerie. Ce furent les premiers triomphes de l'ordre mince sur l'ordre profond, et ce ne furent surtout pas les derniers, car
ils durent encore aujourd'hui et ne sont pas près
de décroître de sitôt !

Sous Louis XIV l'artillerie française fut considérablement augmentée et rendit de grands services. Cependant les nobles, qui méprisaient alors
tout ce qui de près ou de loin rappelait la classe

des artisans, ne regardaient pas cette arme d'un très-bon œil. Le roi prit une mesure adroite pour faire disparaître ces dégoûts. Il ordonna de donner de forts appointements aux différents grades de l'artillerie, et l'on vit bientôt les plus difficiles, les plus délicats, accepter sans vergogne les postes lucratifs de capitaine-forgeron, de chef charpentier, etc., etc.

— Louis XIV, demanda le brigadier, aimait donc bien la noblesse, qu'il cherchât à l'attirer dans son armée par d'aussi petits moyens ?

— C'est-à-dire, reprit le colonel, qu'il aimait les talents partout où ils se rencontraient, et il regrettait qu'un léger travers d'esprit le privât des services que pouvaient lui rendre les nobles dans l'arme de l'artillerie. Mais il ne craignait pas non plus d'appeler à lui les bourgeois et les roturiers dans lesquels il reconnaissait quelque valeur. Je n'ai pas à vous citer tous les grands hommes de son règne qui n'avaient d'autres titres que leur mérite. Écoutez seulement cette anecdote.

J'ai rencontré par hasard dans Mars le capitaine Duras, du régiment d'Aubusson. Un jour, passant dans la ville de Lectoure avec le régiment, il reçut son père, bon paysan des environs, qui venait le voir chez lui, en cachette, pour ne pas le désobliger. Mais Duras l'embrasse, le fait sortir et le présente, — le brave homme avait ses sabots et son habit de toile, — à son colonel et à tous les officiers du régiment, qui, laissant de côté toute morgue ridicule, applaudirent à ce généreux sentiment. Louis XIV, apprenant un si beau trait d'affection filiale, fit venir le capitaine, et lui tendant la main : « Duras, lui dit-il, je suis bien aise de vous connaître, vous êtes un honnête homme ; je vous accorde mille écus de pension. Mariez-vous, je prendrai soin de vos enfants, et les Duras s'en feront honneur ! »

On rappelle assez les *grandes* fautes du *grand roi*. Aussi je suis heureux de pouvoir déposer, sur l'autre plateau de la balance que tient la Justice, une petite action en sa faveur.

Les calibres sont comme les branches d'arbre, qui repoussent à mesure qu'on les taille. Sully les avait réduits à six, comme du temps de Henri II. Il fallut cependant que le général Florent de Vallière se remît à l'œuvre au commencement du dix-huitième siècle pour poser des limites à la multiplicité des calibres. Il proposa donc, et fit adopter en 1732, cinq calibres de canons, deux de mortiers et un de pierrier à grenades. En outre, les voitures et les affûts furent allégés et eurent des dimensions uniformes. Les attelages dits à la française furent disposés sur une file.

J'ai oublié de vous parler des remarquables ornements gravés sur les canons de Louis XIV.

Entre autres, on voyait les armes du roi et celles du duc du Maine, grand maître de l'artillerie. La culasse portait un soleil resplendissant, emblème du grand roi, entouré de la fière devise : *Nec pluribus impar* (au-dessus de tous).

Sur la volée, au-dessous du nom de la pièce, se trouvait une autre devise, terrible celle-là : *Ultima ratio regum*, la dernière raison des rois !

Les anses, le bouton de culasse, le cul-de-lampe et les renforts étaient aussi richement travaillés.

C'étaient de véritables œuvres d'art, qui devaient coûter fort cher.

Je crois à présent devoir quitter la France un instant pour vous parler de Frédéric II, roi de Prusse. A l'imitation de Gustave-Adolphe, il créa une artillerie de campagne composée de canons légers, et parfaitement attelée. Un certain nombre de ces bouches à feu étaient servies par des canonniers à cheval. La rapidité des mouvements de cette artillerie, son à-propos, contribuèrent beaucoup aux succès des armées prussiennes.

Ce système fut d'abord peu goûté en France, et le maréchal de Saxe, le vainqueur de Fontenoy, alla jusqu'à dire que les bouches à feu devaient être attelées avec des bœufs, parce qu'ils détériorent moins les chemins. On ne resta pas longtemps sans s'apercevoir que Frédéric avait raison contre le maréchal, et nos désastres de la guerre de *Sept ans* nous forcèrent à apprécier plus sérieusement les réformes de notre vainqueur. On glissa alors dans l'excès contraire et l'on voulut tout imiter, non-seulement l'organisation des trois armes, la tactique, la stratégie, mais encore les détails extrêmes de discipline, les minuties du service et les coups de plat de sabre, qui ne conviennent guère à notre amour-propre national.

On tombait de l'insubordination française dans le caporalisme prussien, de Charybde en Scylla. Tant il est difficile de se corriger de ses défauts et de rester toujours dans la mesure !

Cette exagération ne dura pas. Le tempérament de la nation s'y opposait. Luckner, un général de Frédéric II, disait lui-même à ce sujet : « Les officiers français ont beau tourmenter leurs hommes, ils auront le bonheur de ne jamais parvenir à en faire des Allemands ! » C'est un aveu plein de candeur !

— Ah ! par exemple, le mot est joli, mon colonel, et bien vrai ! Il faut de la discipline, certainement ; mais, comme de la vertu, pas trop n'en faut ; et nos bons troupiers sauront bien marcher au feu ou astiquer leur giberne sans recevoir des giffles à la figure et des coups de pied... autre part ! Voulez-vous nous permettre, mon colonel, de nous reposer un instant sur une aussi char-

mante parole pour mieux la goûter, pour la sa-
vourer, et aussi pour boire, non pas à votre santé,
puisque vous n'êtes plus qu'un pur esprit, mais à
votre souvenir, qui ne s'éteindra jamais dans mon
cœur ?

— Parfaitement, mon brave Baruch. Ton neveu
Georges doit être fatigué de te rapporter mes paroles ; il lui faut un bon verre de vin chaud.
Quant à M. R..., il doit me trouver un professeur
interminable et ne refusera pas quelques minutes
de repos. Buvez donc, mes amis. Pendant ce
temps, je vais examiner cette collection d'armes
qui tapisse le mur et me paraît fort complète. Je
rentrerai docilement dans mon plumet au premier
coup de sonnette du jeune lieutenant.

— Je porte un toast au colonel Beauregard !
s'écria Baruch d'une voix de tonnerre, dès qu'on
eut pris place à table.

— Au colonel Beauregard ! reprirent le neveu
et M. R...

Et l'on choqua joyeusement les verres.

CHAPITRE X

Lorsque le brigadier Baruch, entraîné par son
sujet, eut porté une dizaine de toasts, dont quelques-uns, que vous devinez peut-être, ne doivent
pas être répétés, le colonel Beauregard fut rappelé
et invité, — avec tous les égards dus à son rang,
— à continuer sa narration interrompue.

— Présent, mon brigadier ! dit le colonel Beauregard en rentrant dans le plumet. Je n'ai jamais
manqué à l'appel pendant mes trente ans de service, et je ne voudrais pas commencer aujour-
d'hui. Ce serait vous donner un mauvais exemple.

Ceci dit, je reprends mon discours où j'en étais
resté.

Après la guerre de Sept ans, en 1763, l'artillerie française était tombée dans un état déplorable. Jean-Baptiste Wacquette de Fréchencourt

de Gribeauval eut l'insigne honneur de la relever et de lui rendre toute sa splendeur.

Cet homme est une des gloires de la France. C'est un devoir pour tous les bons patriotes de le vénérer et de le chérir. Moi-même, lorsque je le rencontre là-haut sur quelque route, je m'empresse de le saluer le premier, de la façon, bien entendu, que les âmes font entre elles.

Gribeauval est né en 1715, l'année même de la mort de Louis XIV. A dix-sept ans il entra comme volontaire dans le *régiment royal* d'artillerie, et à trente-sept ans il était nommé capitaine au corps des mineurs. Huit ans après, le ministre de la guerre l'envoya étudier en Prusse l'artillerie légère du grand Frédéric. Gribeauval se perfectionna alors dans son art et puisa dans ce voyage des renseignements précieux pour sa patrie.

Il passa ensuite au service de l'Autriche sur la demande de Marie-Thérèse et avec l'autorisation du roi. C'était alors la coutume que quelques officiers distingués allassent servir plusieurs années chez des nations étrangères pour rapporter ensuite chez eux le tribut de leur savoir et de leur expérience.

Gribeauval occupa en Autriche les plus grandes positions militaires et fut pour la Prusse un redoutable adversaire. Lors de sa défense de Schweidnitz contre Frédéric II, celui-ci écrivit au marquis d'Argens : « Je suis aussi maladroit à prendre des places qu'à faire des vers. Un certain Gribeauval, *qui ne se mouche pas du pied,* et dix mille Autrichiens nous ont arrêtés jusqu'à présent. Cependant le commandant et la garnison sont à l'agonie ; on leur donnera incessamment le viatique. »

L'agonie dura encore un mois, grâce à la guerre souterraine de Gribeauval, à ses magnifiques travaux de mine et à ses *chicanes toujours renaissantes.*

Après avoir été comblé d'honneurs par Marie-Thérèse qui voulait l'attacher à sa personne, il fut rappelé en France par le duc de Choiseul en 1765, promu au grade de lieutenant général, et en 1776, après des services rendus, nommé premier inspecteur de l'artillerie. C'est alors qu'il régénéra le service de l'armement et proposa un nouveau système qui, après avoir triomphé de l'esprit de routine, a été définitivement adopté, a accompli les brillants faits d'armes de la République et de l'Empire, enfin est demeuré en vigueur, sauf de légères modifications, jusqu'à la réforme radicale due à l'invention des canons rayés.

Après les malheureuses guerres de Louis XV, l'entreprise du courageux inspecteur était des plus difficiles. « La situation dans laquelle se trouve l'artillerie, écrivait-il au ministre de la guerre, est effrayante ; il est certain qu'il faut du courage et de la fermeté pour oser en faire l'exposition. »

Il ne manqua ni de l'un ni de l'autre, et voici quel fut le résultat de ses efforts :

Il fit du matériel d'artillerie deux grandes divisions, l'artillerie de siége et l'artillerie de campagne ; réduisit à trois les calibres des canons pour la guerre de campagne ; changea les proportions des pièces existantes, les fit plus courtes, et en réduisit le poids à environ cent cinquante fois le poids du boulet.

Maritz, fondeur génois, avait apporté en France, dès 1740, le nouveau mode de fabrication des canons, qui consistait à les couler pleins et à les forer entièrement après le refroidissement à l'aide de machines perfectionnées. Gribeauval adopta ce nouveau mode, excepté pour les mortiers. Le tournage extérieur de la pièce, qui s'effectuait en même temps que le forage, obligea à supprimer les ornements gracieux, — mais heureusement peu utiles, — des canons de Vallière.

Les progrès de l'industrie lui permirent de donner des essieux en fer à ses voitures de campagne, qui devinrent ainsi plus mobiles et plus solides.

Il augmenta la hauteur des roues de devant ; modifia la manière d'atteler en substituant l'attelage de front (ou à timon) à l'attelage à limonière (ou à deux limons), ce qui permit les allures vives ;

ménagea les chevaux et raccourcit les colonnes. Il inventa la manœuvre *à la bricole,* qui consistait à faire traîner la pièce par des artilleurs attelés à une corde ou *bricole.* Enfin il sépara totalement l'avant-train de l'affût en le reliant par un cordage qui fut appelé *prolonge.* Cette dernière innovation a été une des plus fécondes en heureux résultats.

Ce ne fut pas seulement dans la forme des canons que Gribeauval exigea des dimensions précises ; les projectiles furent aussi soumis à des épreuves sévères, et le *vent* fut diminué.

Toutes les constructions des arsenaux furent astreintes à des dimensions exactes qui facilitèrent les rechanges et les réparations et donnèrent à notre matériel une solidité à toute épreuve.

La poudre ne fut plus séparée du boulet et contenue dans des tonneaux ; la charge, fixée au tiers du poids du boulet, fut enveloppée dans un sachet en serge et réunie au projectile ensaboté, c'est-à-dire encastré dans un sabot de bois.

Un caisson bien fermé permit de faire voyager les cartouches à boulet dans tous les pays et par toutes les saisons sans détérioration grave.

Les réformes du premier inspecteur n'étaient pas seulement matérielles ; elles étaient aussi morales. Son programme de conduite, dont il ne se départit jamais, fut le suivant : « Réduire à peu de chose les droits de l'ancienneté, anéantir ceux

de la protection, donner toute faveur aux talents
supérieurs et les initier dans le commandement
avant l'âge où le corps commence à perdre et l'esprit cesse d'acquérir. »

Il va sans dire que chacune des parties du vaste
système de Gribeauval fut ardemment attaquée.
Bien des critiques, sans doute, étaient justes, car
il n'y a pas de transformation sans inconvénients,
la perfection absolue étant impossible ici-bas ;
mais il eût fallu, en même temps que les inconvénients, juger les avantages et voir de quel côté
penchait le plateau de la balance.

C'est ce que ne firent pas toujours ses adversaires.

L'ennemi le plus partial, le plus passionné fut
M. de Vallières fils, naturellement irrité de voir
se transformer l'œuvre de son père. Ce sentiment
est pardonnable, et je ferme les yeux sur le bout
de l'oreille paternelle qui passe à travers la critique.

Bien d'autres esprits, certainement distingués,
mais soumis à l'influence tyrannique de la routine,
firent au nouveau système une guerre si acharnée
que Louis XV se crut obligé de l'abolir en 1772.
Cette injustice fut réparée à l'avénement de
Louis XVI, et l'illustre inspecteur général, triom-
phant des jalousies et des préjugés, put mettre
toutes ses idées en pratique.

Gribeauval mourut en 1789, laissant l'artillerie

dans un état qui permit au pays de lutter à lui tout seul contre l'Europe coalisée.

Au commencement des guerres de la Révolution, l'artillerie à cheval, créée par Frédéric de Prusse, fut introduite dans nos armées, sur les instances du général de la Fayette. On n'organisa d'abord que deux compagnies, mais peu à peu leur nombre s'augmenta en raison des services que l'on put en tirer.

En 1800, le premier consul substitua au service de l'*enchère* des bataillons du train sur lesquels on put alors compter en toute sécurité. Les anciens charretiers de réquisition, qui traînaient les canons sur les champs de bataille et quelquefois les plantaient là pour se sauver, étaient désignés, à l'époque où ils furent supprimés, par le sobriquet de *hussards de Lenchère*, du nom de l'entrepreneur des transports.

— Pourriez-vous, mon colonel, demanda Baruch, nous citer quelques combats de la République ou de l'Empire dont le succès serait dû en partie à la magnifique artillerie de Gribeauval?

— Il n'en manque pas, répondit le colonel. La première affaire de ce genre est la bataille de Valmy, que l'on surnomma la *pétarade* de Valmy, et dans laquelle Dumouriez battit les Prussiens commandés par Brunswick, celui-là même qui voulait brûler Paris et raser la France,

17.

On échangea des coups de canon depuis le matin jusqu'au soir, et cette simple canonnade tira le pays d'un grand danger en rendant le courage et la confiance aux troupes. Certes l'artillerie obtint par la suite des succès plus retentissants, mais elle ne fut jamais si utile que ce jour-là, puisqu'elle sauva peut-être la patrie.

A la bataille d'Austerlitz, l'artillerie du maréchal Soult prit une grande part à la victoire de l'armée française. Lorsque les Russes en fuite voulurent traverser l'étang qui était gelé, le feu de l'artillerie coupa la colonne en deux. Une partie parvint à traverser. Mais l'artillerie redoublant son feu, les obus et les boulets écrasèrent la deuxième colonne et enfoncèrent la glace. Environ mille hommes furent engloutis dans l'étang, et plus du double se rendit prisonnier.

A Friedland, en 1807, l'artillerie du général Sénarmont tira, pendant trois heures qu'elle fut engagée, trois mille six cents coups de canon, dont quatre cents à mitraille. C'est elle qui décida du succès de la journée. Mais la plus belle bataille d'artillerie fut celle de Wagram, en 1809. Le plan de Napoléon était de tenter le passage du Danube de vive force en présence de l'armée ennemie qui avait couvert de retranchements les villages d'Enzersdorf, d'Essling et de Gros-Aspern.

Au moment du passage, toutes les batteries de

l'île Lobau commencèrent le feu sur les villages. Ces batteries, dont les bords de l'île étaient hérissés, s'élevaient sur tous les points dominant la plaine opposée, et représentaient un ensemble formidable de sept cents pièces, dont cent neuf, de gros calibre, mirent en flammes la petite ville d'Enzersdorf.

Grâce aux efforts sublimes des pontonniers que l'Empereur combla de récompenses, les troupes et l'artillerie traversèrent, soit sur des bacs, soit sur des ponts, le fleuve grossi par plusieurs jours de mauvais temps. Au-dessus du Danube on voyait se dessiner une véritable voûte d'obus et de boulets se croisant en tous sens. Enfin, comme pour ajouter à l'horreur de cette scène dramatique, un violent orage se déchaîna sur les deux armées, avec des torrents de pluie et des coups de tonnerre, qui se mêlaient à la grosse voix du canon.

Une fois ce passage effectué, les cent bouches à feu du général Lauriston s'avancèrent dans la plaine et commencèrent une terrible canonnade sur le centre de l'ennemi. Les boulets couvrirent la terre, et une large trouée s'ouvrit dans les rangs autrichiens.

La bataille était gagnée à coups de canon.

Napoléon a, du reste, fait un emploi considérable de son artillerie dans les guerres qu'il entreprit contre l'Europe ; c'était pour lui l'agent principal de la victoire, non-seulement par suite de la quantité des bouches à feu, mais encore grâce à la manière habile dont il savait les mettre en jeu.

Il ne reste que peu de choses à dire depuis la chute de Napoléon jusqu'à l'adoption des canons rayés.

Après 1815, le comité d'artillerie fut chargé de corriger les quelques défauts qui déparaient l'œuvre de Gribeauval. Les réformes roulèrent principalement sur les affûts et les voitures. Grâce à leur industrie, les Anglais avaient su rendre leur matériel léger et mobile. Il fut adopté en France avec quelques modifications. Entre autres innovations importantes, je vous signalerai celle qui permit aux canonniers de s'asseoir sur les coffrets de la pièce et du caisson, ce qui donna à l'artillerie à pied une rapidité presque égale à celle dont jouissait exclusivement l'artillerie à cheval. Ce serait un tort aussi de passer sous silence l'amélioration introduite dans le service de la marine par le général Paixhans, dont les canons-obusiers qui portent son nom remplacèrent avantageusement les vieilles caronades pour l'armement des côtes et des navires. Sous Louis-Philippe l'artillerie resta silencieuse, sauf en Algérie, où elle gronda un instant pour imposer silence aux tribus d'Abd-el-Kader.

Puis vint le second Empire.

Je n'ai pas besoin, mon cher Baruch, de te parler des guerres de Crimée et d'Italie, puisque nous les avons faites ensemble. Et cependant, c'est avec bien du plaisir que je regarde en arrière, dans ma vie passée ; c'est avec une profonde émotion que je me rappelle ces luttes d'autrefois qui frappaient notre imagination par leur majestueuse grandeur, et qui enflammaient nos cœurs des plus nobles sentiments, ceux du dévouement et du patriotisme. Te le dirai-je ? mon âme frémit encore lorsque je raconte là-haut à quelque grand capitaine de la vieille France les victoires modernes auxquelles j'ai assisté, et surtout Sébastopol, Malakoff, Magenta et Solférino, où j'ai trouvé une mort glorieuse en voyant fuir les ennemis !

Sébastopol ! dont le nom est devenu fameux dans le monde, une des premières forteresses de l'Europe, où l'art et la science, ainsi que le disait un de nos généraux, venant en aide à la nature, avaient accumulé des bastions, des redoutes, des forts hérissés d'une double et triple rangée de canons, des batteries étagées les unes sur les autres, formidables retranchements que le célèbre Tottleben multipliait chaque jour !

— Oui, s'écria le brigadier tout ému, et en face de cette ville imprenable — que nous avons prise —les deux mille bouches à feu des escadres franco-britanniques et nos deux cents pièces de canon.

— Ah ! elles ont eu fort à faire, reprit le colonel, et nous ne les avons pas ménagées.

— Aussi, quel majestueux orchestre ! Je me

rappelle qu'un soir, dans la tranchée, mon capitaine prenait des notes, appuyé sur l'affût d'un canon de vingt-quatre. Je tenais un bout de bougie devant son papier, et je pus lire tout ce qu'il écrivait.

Voilà un officier qui rendait [bien ses impressions! Je n'ai pas perdu un seul mot de son rapport. « ... En ce moment, disait-il, on tire sur Malakoff et le grand redan, qui répondent vigoureusement par des boulets, obus, bombes et grenades. Le Mamelon vert vient immédiatement au secours de son voisin par quelques coups de feu. La partie s'engage, les deux redans ripostent ainsi que Malakoff. Alors les batteries blanches ouvrent leur feu, qui est suivi par les détonations des canons russes braqués contre elles à la droite de la baie. Ici la musique générale s'en mêle; le clocheton fait feu sur les bastions et sur le fort Constantin. Toute la ligne est en feu. La marine se montre dans la baie et fait chorus avec ses bordées; joignez à tout ce vacarme la fusillade assez nourrie des avant-postes, tirailleurs et embuscades, et vous vous ferez une idée de l'orchestration.

« La scène est magnifique de terreur. Les bombes se croisent dans l'air, les grenades s'élancent par bouquets, et l'on dirait les jongleries d'un feu d'artifice. Les boulets déchirent l'air de leurs sifflements aigus, les balles produisent un bruit semblable à celui des frelons, les éclats de bombe sifflent comme des serpents en fureur, et au milieu de ces éclairs, de ces foudres, de ces détonations précipitées, ardentes et furieuses, on remarque surtout les lignes de feu que projettent les obus lorsqu'ils enfilent le milieu d'une colline ou qu'ils contournent les aspérités d'un coteau. On dirait des lignes foudroyantes et vraiment infernales ! »

Ce spectacle saisissant vaut bien, je suis sûr, celui du siége de Troie ou même celui de la prise de Constantinople par les Turcs, dont vous parliez tout à l'heure.

— Je n'ai assisté ni à l'un ni à l'autre, mon cher Baruch, mais je crois aussi que rien n'est plus extraordinaire ni plus capable d'émouvoir qu'un bombardement suivi d'un assaut. Te souviens-tu, Baruch, de ces préparatifs dans les tranchées, de ce frissonnement du combat ? Les canonniers sont là avec leurs leviers, les seaux de service pour refroidir à temps le bronze des pièces, les écouvillons de rechange, les outils d'encloueur, etc.

Ils n'attendent plus que le signal.

Tout à coup de bruyantes détonations retentissent. La terre tremble, et le ciel est obscurci d'épais tourbillons de fumée. Ce sont les huit cents bouches à feu des alliés qui partent en chœur, et auxquelles répondent plus de quinze cents pièces russes du haut des remparts.

Un déluge de fonte dans l'air embrasé! Que l'on mêle à cela le fracas de la chute des maisons en feu, d'énormes gerbes de flammes couchées par le vent, d'immenses incendies qui éclairent au loin ; puis l'écroulement des remparts, l'éclatement des bombes ou des caissons qui sautent; enfin les cris des sentinelles, les clameurs des soldats, les plaintes déchirantes des blessés, et par intervalles les notes stridentes du clairon qui percent à travers tous ces bruits : on se fera alors une idée de ces scènes fantastiques, de cette symphonie épouvantable, que l'imagination la plus extravagante ne saurait créer !

C'est, on ne saurait le nier, le triomphe de la destruction, du désordre et de la rage humaine; et pourtant ces luttes gigantesques sont pleines d'un noble prestige, d'une poésie étrange et imposante ! Dans quel triste état nous trouvâmes Sébastopol ! la ville était littéralement pavée de projectiles et faisait peine à voir.

Voilà où commence le revers de la médaille. On avait pris aux Russes quatre mille pièces de canon, cent mille projectiles, deux millions de kilogrammes de poudre; en onze mois on avait tiré près de cinq millions de coups de canon, et brûlé trente millions de cartouches. Mais aussi il resta là *quatre cent mille* hommes dont *cent mille* Français!

Hélas! la gloire coûte cher! Malheureusement, il en faut à l'homme : c'est le régal des grands peuples.

A propos, Baruch, ne t'avais-je pas dit que je ne te dirais rien? et puis j'en arrive à bavarder comme un vieux soldat qui raconte ses campagnes. Il est vrai que je ne cause pas si souvent à des hommes, depuis 1859; je puis bien aujourd'hui profiter de l'occasion.

— Soyez tranquille, mon colonel, ce n'est pas moi qui suis fatigué de vous entendre. De son côté, M. R... me paraît fort éveillé; quant à mon neveu, il rapporte vos paroles avec un tel entrain, que ce serait à croire vraiment qu'elles jaillissent de sa propre cervelle.

A cette réflexion, le jeune officier ne put s'empêcher de rire. « N'est-ce pas, mon oncle, que je me tire bien d'affaire? Mon appareil électrique fonctionne merveilleusement; si l'on ne voyait pas l'électro-aimant danser sur son plateau, des personnes malintentionnées me prendraient, je suis persuadé, moi-même pour le colonel Beauregard. »

Le brigadier, sans répondre à son neveu, parla de la campagne d'Italie et de l'effet produit par l'artillerie rayée.

— Cet effet, reprit le colonel, fut terrible sur l'ennemi, à tous les points de vue, matériel et moral. Il se voyait atteint à de grandes distances, deux mille cinq cents mètres et plus, par des boulets imprévus qui lui causaient la plus profonde surprise et le faisaient beaucoup souffrir. A Solférino, l'artillerie a décidé le combat et complété la déroute. C'était le premier essai qu'on faisait, en grand, du canon rayé, et le succès dépassa toutes les espérances.

Solférino est ma dernière bataille, et je m'en console en songeant que ce fut une victoire. Tu sais, mon cher Baruch, que, le matin du 24 juin, le maréchal de Mac Mahon nous avait postés en face la ferme de Casa-Marino, pour ouvrir le feu contre l'armée autrichienne. C'est là que je fus frappé par un tirailleur ennemi ; grâce à toi et à deux autres de tes camarades, je fus porté à l'ambulance d'où l'on m'expédia pour Castiglione dans une mauvaise charrette. J'y trouvai expirant notre brave général d'artillerie Auger, que l'Empereur avait nommé sur le champ de bataille même général de division, en lui mettant dans la seule main qui lui restât une de ses épaulettes à trois étoiles.

« Adieu, Beauregard, me dit le général à l'ambulance, nous pouvons mourir. Nous sommes vainqueurs ! »

Ce jour-là, je pris le chemin de la planète de Mars....., et je ne revins sur terre qu'en 1870, pour assister à vos malheurs ! Je ne pouvais malheureusement plus verser mon sang une seconde fois pour l'honneur de la France, et mon âme, navrée de tant de désastres, errait sur les champs de bataille, s'efforçant, par une influence occulte, à ranimer l'ardeur des pauvres régiments en déroute.

Dans cette désastreuse campagne, ce fut l'artillerie ennemie qui triompha de la nôtre. Les soldats français étaient frappés par des projectiles qui semblaient venir de l'horizon; la baïonnette, leur arme favorite, était devenue inutile entre leurs mains. Énervés par cette lutte étrange, ne pouvant tenir en place sans rien faire, ils se vengeaient en épuisant leurs munitions contre un ennemi qui, d'abord invisible, se démasquait soudain et les écrasait par le nombre. D'autre part, les bouches à feu françaises ne pouvaient lutter avantageusement contre les pièces à longue portée de l'artillerie prussienne, plus nombreuse et plus puissante que la vôtre.

— Oui, mon colonel, c'est une partie à recommencer. Nous tâcherons, la prochaine fois, d'avoir les atouts dans la main et de jouer un jeu plus serré. Mon neveu me dit toujours que je demande la revanche. Mais non, ce ne sera plus la revanche, ce sera la belle…, si nous gagnons. Et puis, nous mettrons les cartes dans le tiroir.

— Vous n'êtes pas bon joueur, Baruch. Avec des théories pareilles, au lieu de serrer les cartes, vous ne feriez que vous les jeter à la tête.

A la guerre comme au jeu, pour gagner, il faut beaucoup de sang-froid, et vous ne me paraissez pas encore bien en possession du vôtre, mon cher brigadier.

Cela viendra. En attendant, reprenons notre entretien. Voulez-vous, par exemple, que je vous dise deux mots de l'artillerie contemporaine? Quoique loin de vous, je suis très au courant des progrès immenses qui concernent mon ancienne arme, car je ne manque pas de me renseigner auprès de tous les artilleurs qui arrivent dans la planète de Mars.

— Mon colonel, nous sommes profondément touchés de votre complaisance. Mais il faut vous apprendre qu'un Anglais de fort bonne compagnie qui, pour des raisons toutes spéciales, s'est cru obligé de se précipiter la tête la première dans un fourneau rempli de métal en fusion, d'où son âme seule a échappé, a été assez gracieux pour nous donner, relativement à l'artillerie nouvelle, des détails circonstanciés qu'il nous paraît avoir puisés à bonne source.

Nous ne vous tenons pas quitte pour cela, et puisque vous n'êtes pas trop pressé de rentrer chez vous, veuillez donc nous éclairer, M. R... et moi, sur un sujet délicat qui se dérobe sous le nom assez rébarbatif de *balistique*. Nous ne vous demandons pas, bien entendu, autant de détails qu'on en a donné à mon neveu à son école. Un tout petit mot seulement nous ferait plaisir.

Aujourd'hui que la science tient le haut du pavé, il ne suffit pas, comme moi, de savoir lancer un boulet de canon ou, comme mon ami R..., de connaître l'étymologie du mot *balistique* dans toutes les langues de l'antiquité. Quelques autres petites notions complémentaires sur ce chapitre ne seraient certainement pas inutiles.

Le neveu assura qu'il serait enchanté de repasser ses auteurs. M. R... crut devoir affirmer qu'aucun sujet ne lui semblait plus attrayant, et le colonel Beauregard, encouragé par cette triple manifestation, commença en ces termes :

— Vous avez raison de ne pas attendre de moi que je m'enfonce dans les théories, les principes et les formules. Nous pourrions nous y noyer ensemble. D'ailleurs les savants sont encore à chercher et à se perdre au milieu des équations. Que serait-ce de nous alors ?

La balistique est l'étude des courbes décrites par les corps solides lancés en l'air. Ces courbes, décrites par le centre des projectiles depuis leur sortie du canon jusqu'à leur point de chute, s'appellent des trajectoires.

Les anciens n'avaient que des idées confuses sur ces lignes.

A la naissance de l'artillerie moderne, les belles et immenses trajectoires décrites par les blocs de pierre que lançaient les bombardes éveillèrent l'attention des hommes de science. Aussi voit-on paraître bientôt une théorie de la trajectoire entièrement basée sur l'aspect qu'elle présente au premier coup d'œil.

Elle se divisait en trois parties : la première, décrite d'un mouvement *violent*, était supposée rectiligne ; la deuxième, décrite d'un mouvement *mixte*, avait la forme d'un arc de cercle, et la troisième , décrite d'un mouvement *naturel*, était rectiligne comme la première.

C'était une théorie essentiellement vague et arbitraire, dont nos ancêtres, moins difficiles que nous, se contentaient alors, sans que leur bonheur en fût le moins du monde diminué. Cependant, il est toujours parmi les hommes des critiques mécontents qui n'acceptent rien les yeux fermés, et cherchent la vérité, même sans intérêt.

Tartaglia, ingénieur italien du seizième siècle, fut de ce nombre. Il chercha longtemps et trouva que toutes les parties de la trajectoire étaient courbes, le projectile obéissant à deux forces, l'une suivant l'axe du canon (c'est la force de la poudre), l'autre suivant le centre de la terre (c'est la force de la pesanteur).

Cette courbe était-elle un quart de cercle, une partie d'ellipse, une parabole? Tartaglia, malgré sa science, eût été bien embarrassé de vous le dire.

La question resta dans cet état jusqu'à Galilée. Vers 1690, ce grand mathématicien, après avoir posé les lois de la chute des corps, démontra que la courbe décrite par un projectile lancé suivant une direction oblique était une *parabole*.

Quand je vous aurais dit que la parabole est une courbe dans laquelle le carré de l'ordonnée est égal au rectangle du paramètre par l'abscisse, ou même que c'est une ellipse à un seul foyer et à un seul axe, vous n'en seriez guère plus avancés.

Pour en avoir une idée un peu moins vague, regardez un de ces braves Auvergnats, lorsqu'ils enlèvent le bouchon de leur tonneau. Un beau jet, — si limpide qu'on le croirait de cristal, — s'échappe aussitôt de l'ouverture et tombe majestueusement dans le seau de cuivre étamé. La courbe ainsi dessinée est une branche de parabole. Galilée pensait que l'air est trop subtil et a trop peu de masse pour opposer une résistance sensible au mouvement des projectiles de l'artillerie. C'était se débarrasser un peu cavalièrement d'un gênant obstacle, c'est-à-dire de l'air qui exerce au contraire une grande influence retardatrice sur le boulet.

Huyghens s'aperçut de l'erreur et ne manqua pas de la relever, mais sans atteindre lui-même la vérité ; il crut prouver, à l'aide de calculs dont je vous fais grâce, que la trajectoire est une courbe *logarithmique,* c'est-à-dire dont les abscisses sont en proportion arithmétique et les ordonnées en proportion géométrique.

—Cette horrible courbe, dit le brigadier en faisant une légère grimace, est encore plus obscure que la parabole, et j'aurais furieusement besoin des porteurs d'eau de tout à l'heure pour éclairer mes idées.

— Malheureusement, répondit le colonel, il ne me sont plus en ce moment d'aucun secours ; mais ne vous préoccupez pas davantage de la courbe logarithmique. Elle ne vous servirait à rien dans la vie ordinaire, et si je vous en ai parlé, c'est simplement dans le but de vous faire sentir le courage des savants qui se rompent la tête contre des choses aussi difficiles.

Newton, vous le savez comme moi, découvrit les lois qui régissent les sphères célestes, mais il ne put pas découvrir celles qui régissent les boulets de canon. Il donna gain de cause à Huyghens, et, comme Huyghens, il se trompa, mais de si peu, qu'il serait vraiment puéril de le chicaner là-dessus.

Benjamin Robins, célèbre artilleur anglais, critiqua la théorie de Newton, ou plutôt il démontra que si cette théorie pouvait être adoptée sans grande erreur pour les petites vitesses, elle donnait pour les grandes des portées plusieurs fois trop considérables.

C'est pour mesurer la résistance de l'air que Robins inventa le pendule balistique. A l'aide de cet ingénieux instrument, il trouva que la pression atmosphérique pouvait être évaluée à un millième de la force des gaz de la poudre.

Tous les savants se sont occupés du problème de la trajectoire : au premier rang des illustres, brillent Euler, Borda, Bernouilly, Legendre, Bélidor, qui développèrent devant le monde étonné les formules théoriques les plus extraordinaires.

Lombard, professeur à l'école d'artillerie d'Auxonne, eut l'idée heureuse d'appliquer les spéculations de la science aux besoins de l'artillerie, et construisit des tables de tir très-estimées.

Malgré tous ces progrès de la balistique, le véritable tracé de la trajectoire est encore à trouver, et il faut se résoudre à le déterminer chaque fois par les points moyens que donnent directement les tirs d'expérience et à l'aide desquels on établit des équations très-compliquées qui ne servent que pour le cas dont on s'occupe. Aussi, mon cher Baruch, je crois que vous ferez bien de vous contenter de la parabole, jusqu'à ce que votre neveu ait résolu le problème.

—Ce n'est point impossible, mon colonel, que Georges trouve une solution, surtout à présent qu'il connaît le moyen de converser avec tous les esprits invisibles. Il lui suffirait de rassembler sur un même point les âmes de tous les génies qui ont passé sur cette terre. Ce serait le diable s'il n'arrivait pas à un résultat quelconque avec Euclide, Archimède, Galilée, Newton, Descartes, Laplace et les autres. Pour moi, c'est une chose assurée. Georges n'a qu'à bien disposer ses appareils, et son nom passe à la postérité.

— Je vous promets d'y songer, dit le jeune officier. Mais laissons parler le colonel Beauregard.

Celui-ci reprit alors :

— Une autre question, fort importante aussi et qui n'est pas encore complétement élucidée, est celle des rayures. C'est à Robins (dont je viens de vous parler) que revient l'honneur d'avoir, le premier, fait comprendre, par la théorie, l'avantage des rayures et d'être ainsi l'initiateur des grands progrès de l'artillerie contemporaine.

Il découvrit que les mouvements de rotation que prennent les projectiles (soit dans l'intérieur de la pièce par suite du frottement des parois, soit à l'extérieur par suite de la résistance inégale de l'air sur les différends points du projectile) les font dévier du plan vertical de tir, à droite ou à gauche, surtout vers la fin du trajet. Il étudia donc attentivement les mouvements du boulet dans l'âme de la pièce. Tantôt le boulet, à son départ, roulait dans la pièce comme une bille d'enfant, tantôt il tournait comme une toupie, tantôt il tournait comme si le canon eût été rayé. Robins s'aperçut que dans ce dernier cas on n'observait aucune déviation. Il en conclut naturellement qu'il fallait, par un moyen mécanique, imprimer ce mouvement au projectile. De là l'invention des rayures, qui obligent le boulet à tourner sur son axe horizontal qui est aussi l'axe horizontal du canon.

— Vous ne nous avez pas dit quand a vécu ce fameux savant, fit remarquer Baruch.

— Robins, dit le colonel, est né en Angleterre, en 1707, de parents quakers, et il est mort en 1751, — il n'avait que quarante-quatre ans ! — dans les Indes Orientales, dont il avait été nommé inspecteur général. Ses travaux sont immenses et ses expériences sur l'artillerie très-appréciées.

Vous savez que la rayure consiste en une série de sillons creusés longitudinalement dans l'âme de la pièce et décrivant des hélices parallèles depuis la culasse jusqu'à la bouche. Depuis longtemps déjà, il existait en Europe des armes portatives et même des bouches à feu rayées, mais on croyait que les rayures n'avaient d'autre avantage que d'augmenter la portée. Robins démontra, comme je viens de vous l'expliquer, qu'elles augmentaient en même temps la justesse.

Cette démonstration ne devait passer que longtemps après dans le domaine de la pratique. C'est

cent ans après sa mort que l'on devait rendre justice aux travaux du physicien anglais en réalisant
ses prédictions sur les canons rayés.

Euler, l'illustre mathématicien, contesta la justesse des théories de Robins, et affirma que les
rayures ne servaient à rien et n'empêchaient nullement la déviation du projectile. Ses objections
étaient appuyées de nombreux calculs et de considérations transcendantes qu'il était plus simple
d'accepter tels quels que de discuter sérieusement.
C'est ainsi qu'en usa le monde savant. Euler fut
cru sur parole, et l'on dormit en paix sur le doux
oreiller de l'erreur.

Les rayures pouvaient bien attendre.

Cependant quelques chercheurs obstinés propo-
sèrent, pour la régularisation du tir, différents
systèmes d'après le principe de Robins. Les inventions se succédèrent dans la première partie
du siècle et furent toutes rejetées, pour certains défauts particuliers, par les commissions spéciales
d'artillerie.

Je me bornerai à vous citer, en France seulement, parmi les inventeurs, les noms du docteur
Leroy, des officiers Rollée, de Faucompré, Tamisier, Didion, Burnier, enfin du chef d'escadron
d'artillerie Treuille de Beaulieu. Ce dernier, le
plus heureux de tous, fit accepter en principe ses
rayures et sa fusée métallique. De nombreuses

expériences établirent la justesse des calculs qu'il avait présentés ; son système sortit victorieux de toutes les épreuves qu'il eut à subir, et le canon rayé français fit sa brillante entrée dans le monde où il débuta par les triomphes d'Italie.

Ce succès de nos armes retentit en Europe, et toutes les nations, excitées par cet immense progrès de l'artillerie française, se mirent à l'étude et accomplirent à leur tour de grandes réformes dont on ne voit pas encore la fin.

Vous savez comment est faite la fusée métallique du commandant Treuille de Beaulieu. Elle se compose de deux parties : la partie cylindrique filetée que l'on visse après l'obus et qui est percée d'un canal dans toute sa longueur, et la tête qui est aplatie et dans laquelle sont pratiqués divers canaux communiquant avec le canal de la partie cylindrique.

Tous ces canaux sont remplis d'une composition fusante qu'allume l'inflammation de la charge. Le temps que met à brûler une longueur donnée de la composition est rigoureusement calculé. On peut faire éclater le projectile à une distance déterminée, en ne laissant ouvert que l'un ou l'autre des *events* que porte la tête de la fusée, parce que chacun de ces *events* correspond à un canal de longueur différente.

Rien n'est plus ingénieux, n'est-il pas vrai ?

18.

Toutes les nations militaires n'ont pas entièrement accepté les rayures, et parmi celles qui les ont adoptées on peut reconnaître les procédés les plus divers de fabrication, car il n'existe encore aujourd'hui aucune idée bien arrêtée ni sur la forme, ni sur le nombre des rayures, pas plus que sur la direction ni l'inclinaison à leur donner. L'avantage de leur emploi est seul reconnu sans conteste, et tout fait supposer que les canons lisses disparaîtront peu à peu des armées qui en possèdent encore.

Je crois vous en avoir assez dit dans cette soirée, pour qu'il vous soit permis de constater les progrès sans nombre de l'artillerie à feu, depuis ces veuglaires informes traînées sur des charrettes jusqu'aux canons rayés qui lancent des projectiles explosibles à plusieurs kilomètres de distance, ainsi que l'immense parti que l'homme a tiré de l'invention de la poudre depuis à peu près cinq cents ans.

— Mon colonel, je ne suis pas un saint Vincent de Paul. Et cependant, lorsque vous causiez, je ne pouvais m'empêcher de me demander en moi-même si l'invention de la poudre était un bien pour l'humanité, puisqu'en fin de compte les engins meurtriers ne faisaient que croître et embellir.

— Il ne faut pas s'arrêter aux apparences, Baruch. La guerre est au dix-neuvième siècle une terrible nécessité, et il est douloureux de voir se jeter les uns contre les autres des hommes qui devraient se tendre la main. Mais c'est moins la faute des machines de destruction que la faute de la nature humaine. On peut même affirmer que l'artillerie à feu a rendu la guerre moins barbare, et a servi la cause de la civilisation.

Chez les anciens, lorsque le carquois était vide de flèches, il fallait combattre de près avec la lance, l'épée ou la massue. Les forces physiques étaient alors seules en jeu dans ces combats corps à corps pleins d'acharnement et de cruauté.

Avec les fusils et les canons, l'habileté, le sang-froid, l'à-propos et le coup d'œil des chefs militaires suppléent au courage individuel et aux efforts de la vigueur brutale. L'artillerie, agrandissant les proportions du champ de bataille, agrandit aussi la stratégie et la tactique qui deviennent des sciences profondes. Les luttes sont alors moins sanglantes, moins féroces, parce qu'on ne se voit plus de près et qu'on se bat par conséquent avec moins de furie et de rage. On fait plus de prisonniers, grâce aux dispositions savantes des généraux, et on les respecte mieux, parce que la passion de la vengeance n'a pas tant d'occasions de s'exercer contre eux.

Autrefois, il y avait plus de morts que de blessés. C'est le contraire dans la guerre moderne.

Au point de vue politique, la poudre a aussi rendu des services, en défendant l'ordre et le progrès. Elle a réduit, en France, les grands vassaux rebelles, relevé l'autorité royale et créé l'unité française. Enfin, suivant l'expression de Napoléon Ier, l'artillerie fait aujourd'hui la véritable destinée des armées et des peuples.

C'est une loi peut-être impitoyable, mais c'est une loi qui dérive directement des conditions actuelles de l'humanité.

— A quelle époque ces conditions changeront-elles ?

— Lorsque l'homme sera plus juste et plus raisonnable. Dans cinq cents ans, dans vingt mille ans ? je ne sais. Les données précises me manquent. Pour le moment, tout en évitant la guerre, il faut être prêt à la faire, afin de mettre une barrière entre soi et les haines ou les ambitions voisines. Si la raison et la justice se trouvaient sans défense, sans appui, les nations seraient la proie de quelques brigands audacieux. La force ne prime pas le droit, mais le droit doit être armé de la force qui commande le respect. *Si tu veux la paix, prépare la guerre.* Cette maxime se dit quelquefois en latin, et si je t'en fais grâce, mon brave brigadier, c'est que je crains que tu aies oublié depuis ton collége la langue de Cicéron.

— Il me suffit, mon colonel, que je la comprenne en français ; d'ailleurs j'avais déjà lu quelque part que *les soldats sont les gendarmes de la paix,* maxime qui se rapproche assez de la vôtre.

— Cette préparation de la guerre, outre qu'elle sauvegarde la paix, a un autre avantage bien précieux : c'est qu'elle entretient dans les cœurs les mâles vertus, qui, plus que la richesse, font la force des empires. Une armée nationale, régie par de bonnes lois, est une école de moralisation. Elle répand partout le goût des actions viriles, le sentiment de la discipline, de la probité, du devoir, le mépris des richesses et l'amour de la patrie.

— Ces nobles pensées, dit M. R..., semblent vous avoir été inspirées par la grandeur d'âme de Phocion, qui disait à ses amis d'Athènes, il y a plus de deux mille ans : « La politique vous fait une loi de ne cultiver la paix qu'en étant toujours prêt à faire heureusement la guerre. Je sais qu'un peuple tempérant, qui aime le travail et la gloire, aura nécessairement du courage dans les combats, de la patience dans les fatigues et de la fermeté dans les revers. Sans doute que toutes ses forces se réuniront dans le danger et qu'une même volonté fera agir de concert tous les bras.

« Mais il est nécessaire de se familiariser chaque jour avec les qualités indispensables à la victoire. Si la paix même n'offre pas dans une république l'image de la guerre, si les esprits ne sont pas ac-

coutumés avec l'idée des périls, si les citoyens **ne**
sont pas préparés par leur éducation à être soldats,
la crainte pourra s'emparer d'eux et troubler leur
raison. Que notre république soit donc militaire ;
que tout citoyen soit destiné à défendre sa patrie ;
que chaque jour il soit exercé à manier ses armes ;
que dans la ville il contracte l'habitude de la discipline nécessaire dans un camp : non-seulement vous
formerez par cette politique des soldats invincibles,
mais vous donnerez encore une nouvelle force aux
lois et aux vertus civiques. Vous empêcherez que
les douceurs et les occupations de la paix n'a-
mollissent et ne corrompent insensiblement les
mœurs, car si les vertus civiles, la tempérance,
l'amour du travail et de la gloire préparent **aux**
vertus militaires, celles-ci leur servent à leur tour
d'appui. »

— Je vous félicite, monsieur, d'avoir si bien
retenu les sages conseils de ce grand citoyen de
l'antiquité avec lequel j'aime tant à m'entretenir
là-haut et qui veut bien me considérer comme son
ami. C'est lui qui dit aussi bien souvent : « Les richesses qui corrompent les mœurs ont toujours été
le butin du courage et de la discipline ! » La guerre
vient donc s'abattre presque inévitablement sur les
nations hébétées par le luxe, et en cela elle peut
être considérée comme un terrible instrument
du progrès moral, puisqu'elle est le coup de fouet

qui empêche un pays de s'endormir dans la décadence, puisqu'on peut la comparer à certains grands fléaux qui purifient l'atmosphère de ses miasmes. Les Français qui réfléchissent doivent même puiser une véritable consolation dans cette pensée que la guerre est souvent plus utile au vaincu qu'au vainqueur.

— Eh bien, dit Baruch, moi, je trouve la question fort embrouillée. Mon colonel me dit : pour avoir la paix, il faut être prêt à faire la guerre, ce qui revient, si je ne me trompe, à ceci : que pour ne pas être attaqué, il faut être prêt à se défendre. Mais voici où je m'embarrasse : un peuple tout prêt à se défendre est bien souvent tenté d'attaquer s'il se trouve voisin d'un autre moins fort que lui. Le goût des conquêtes, l'amour de la gloire, le besoin irrésistible d'assouvir une vengeance ou de reprendre son bien, ces divers sentiments agissent toujours, avec plus ou moins de force, dans le cœur des hommes. Une étincelle met le feu aux poudres, la guerre est déclarée, et la maxime *qui se dit en latin* n'a plus sa raison d'être.

— Votre raisonnement, qui ne manque pas de justesse, répondit le colonel, ne prouve qu'une chose : c'est que l'humanité a encore bien des progrès à faire avant d'atteindre la série dernière de ses hautes destinées. Mais patience ! elle progresse, et le chemin qu'elle a déjà parcouru est fort honorable. Dans les temps primitifs, le sauvage dépeçait son ennemi pour le manger et tuait son père à soixante-dix ans, alors que la vieillesse le rendait impropre au travail. Les guerres étaient déshonorées par des actes de cruauté inouïe ; toute ville prise était mise au pillage et brûlée ; les habitants périssaient tous dans d'affreux supplices.

Chez les premiers Grecs, les vaincus ne conservaient la vie que pour subir un triste esclavage. Lors de la guerre du Péloponèse, les Athéniens condamnèrent les habitants d'Égine à avoir le pouce de la main droite coupé, afin qu'ils ne pussent se servir de la lance, mais qu'ils demeurassent en état de manier la rame. Une autre fois ils marquèrent les prisonniers de Samos au visage avec un fer chaud portant l'empreinte d'une chouette.

Jadis les Scythes buvaient du sang du premier homme qu'ils renversaient, lui arrachaient la peau de la tête et faisaient une coupe de son crâne.

Lorsque les barbares envahirent l'Europe, le droit des gens qu'avaient prêché Socrate, Platon, Cicéron, fut méprisé et violé chaque jour. Des crimes odieux furent accomplis. Un seul exemple suffira. Sous Thierri Ier, roi d'Austrasie, les Thuringiens (ancêtres des Allemands), victorieux près de Metz, pendirent les enfants aux arbres par le nerf de la cuisse, firent périr plus de deux cents jeunes filles en les liant par les bras au cou des chevaux que l'on forçait, à coups d'aiguillon, à s'écarter chacun de son côté ; d'autres furent étendues sur les ornières des chemins et clouées en terre avec des pieux, puis on faisait passer sur elles des chariots chargés, et leurs cadavres restaient pour servir de pâture aux chiens et aux oiseaux.

Henri V d'Angleterre n'a-t-il pas prononcé un mot qui prouve la cruauté du moyen âge : « Guerre sans feux ne vaut rien, non plus qu'andouilles sans moutarde » ?

Aujourd'hui les hostilités ont perdu ce caractère de violence. La personne du prisonnier est inviolable, lors même qu'il s'est rendu à discrétion. S'il est malade ou blessé, on lui doit les mêmes soins qu'à ses propres soldats. Les villes prises ne sont plus pillées, et les habitants ont droit au respect du vainqueur. De nombreuses sociétés se forment pour venir au secours des victimes de la guerre. Les nations ont établi entre elles des lois dont l'observation a pour but d'empêcher des maux inutiles, ou des représailles injustes, ou l'usage d'armes déloyales, ou enfin l'oubli des sentiments naturels d'humanité.

C'est un grand pas de fait, et ce n'est sans doute pas le dernier. Est-ce un rêve d'espérer qu'il se formera un jour des congrès composés des représentants des différentes nations, ayant pour but de concilier les différends, de prévenir une rupture, et de substituer aux solutions de la force les solutions de la raison?

Ces congrès, que le roi Henri IV avait rêvés, existent déjà en partie, et ont rendu d'immenses services à la cause de la paix. Ils peuvent donc devenir les arbitres futurs des contestations internationales et clore ainsi l'ère déjà trop longue des tueries humaines.

— Nous n'en sommes pas encore là, mon colonel!

— Non, certainement. Mais moi qui voyage dans les sphères célestes, j'ai confiance que ce jour viendra. Il est bien venu pour la planète de Mars dont les habitants se déchiraient autrefois, comme vous, pour des mots, pour des idées, pour des riens, et qui aujourd'hui remettent à des tribunaux suprêmes le soin de régler leurs contestations.

Les seules luttes qu'ils se permettent sont des luttes pacifiques, industrielles.

On croit communément que la teinte rouge de cette planète est un reflet du sang que versent ses belliqueux habitants. Il n'en est rien. Ce rouge, c'est le feu des forges et des usines qui travaillent sans cesse et fournissent à ces esprits supérieurs des instruments merveilleux, destinés à l'intérêt public ou au service de la science. Je vous assure qu'ils sont heureux; mais aussi, ils sont sobres, dédaigneux des plaisirs, ennemis de la mollesse, et par conséquent inaccessibles à l'envie et à la convoitise qui engendrent ici-bas la plupart des guerres. Ils sont de plus doux, calmes, doués d'un grand sang-froid, et évitent ainsi bien des disputes. Enfin, ils se livrent avec passion au travail, et vous savez que le travail agrandit l'esprit, élève le cœur, et détruit comme par enchantement tous les mauvais instincts, source de tant de maux.

— Je leur en fais mon compliment. Les habitants de Mars sont nos maîtres; et pour ma part, je sens entre eux et moi une distance..... de plusieurs millions de lieues. Ce n'est pas que je sois essentiellement vicieux. Au contraire. Parfois assis tout seul au coin de mon feu, je songe, et je me dis que les hommes sont sur cette terre de méchantes petites bêtes qui connaissent le bien et font le mal, qui ne parlent que de vertu, d'honneur, de justice, et s'égorgent sans raison; alors je déplore l'aveuglement des nations belliqueuses; les grands conquérants me semblent des héros bien misérables; l'artillerie, — oui, l'artillerie elle-même! — est abîmée sous le poids de mes foudroyantes malédictions, et mon cœur, s'épanouissant au souffle d'un esprit nouveau, exhale, comme un suave parfum, ces nobles sentiments de concorde et d'amour qui, s'ils régnaient sur la terre, feraient de tous les hommes des amis, de tous les peuples des frères. Puis, — voyez l'étrange chose! — tout à coup, de mon être entier s'échappent des bouffées d'orgueil blessé et de colère qui me montent au cerveau, chassant les songes riants, mettent à leur place l'image de ma patrie rançonnée, mutilée, vaincue, et font tant et si bien, que je m'écrie : au diable l'humanité! il faut d'abord que je me venge!

— Voltaire, qui habite Saturne, reprit le colonel, vient souvent chez nous, dont il n'est séparé que par Jupiter. Dernièrement, il nous racontait qu'un homme appelé Memnon avait, un beau matin, fait le superbe projet de vivre conformément aux préceptes de la plus rigoureuse sagesse. Avant la fin de la journée, le pauvre diable s'était fait tromper, voler, avait perdu un œil et toute sa fortune, bref était tombé dans de tels malheurs qu'il ne lui restait plus qu'à s'endormir pour les oublier, ce qu'il fit. En songe lui apparut un esprit céleste, sans pied, ni tête, ni queue, mais avec six belles ailes blanches comme neige.

Memnon lui raconta son histoire. « Dans Sirius, il ne nous arrive jamais pareille chose, répondit l'ange. Nous ne sommes point trompés par les femmes, parce que nous n'en avons point. On ne peut nous voler, parce qu'il n'y a chez nous ni or, ni argent, ni bijoux, ni quoi que ce soit. Enfin, nous ne perdons point la vue, attendu que nous n'avons que des ailes.

— Il est donc impossible d'être parfaitement sage sur terre? s'écria Memnon en soupirant.

— Aussi impossible, lui répliqua l'autre, que d'être parfaitement puissant et parfaitement heureux. Nous-mêmes nous en sommes bien loin. Il y a un globe où tout cela se trouve; mais dans les cent millions de mondes qui sont dispersés dans l'étendue, tout se suit par degrés; il faut bien que chaque chose soit à sa place! »

Cette histoire te prouve, mon cher Baruch, que l'homme est à sa place entre l'ange et la bête, et que s'il ne doit pas s'abaisser jusqu'à la bête, il ne lui est pas donné, d'autre part, de s'élever jusqu'à l'ange. Je te pardonne donc de ne pas pouvoir pardonner. Moi-même, vois-tu, qui ne suis pourtant qu'un pur esprit comme l'ange du conte de Voltaire, je n'ai plus de rancunes ardentes comme jadis, c'est vrai; mais mon âme s'abandonne toujours à ses penchants sympathiques, et lorsqu'on me répète là-haut qu'il faut aimer tous les hommes d'un égal amour : — C'est évident, leur dis-je ; seulement laissez-moi commencer par ceux de mon pays !

— Vous me mettez du baume dans le cœur, mon colonel. Puisque le patriotisme survit à la mort, puisque les esprits emportent avec eux leurs sentiments et leurs préférences, eh bien, je puis m'en aller tranquille. Je ne regretterai rien. Mon ambition ne va pas jusqu'à Sirius, ni même jusqu'à Mars. Je ne serai peut-être pas digne de m'élever si haut. Que m'importe ! Cela me suffira que je puisse crier : Vive la France ! ne serait-ce que dans la lune !

La soirée était fort avancée : il fallut donc se séparer, malgré le plaisir que chacun trouvait à cette conversation. Je vous laisse à penser si les adieux des deux braves compagnons d'armes furent touchants. De vraies larmes mouillaient les yeux du brigadier, et le plumet du colonel se livrait à certains tremblements particuliers, comme s'il fût agité par une émotion intime.

Lorsque l'*esprit* eut quitté son enveloppe d'emprunt, Baruch tomba dans une profonde rêverie : « Adieu, dit-il, adieu, mon colonel ! je ne sais ce qui me dit que votre âme ne redescendra plus sur terre, et que vous êtes allé rejoindre pour toujours le pays des rêves ! »

Le jeune officier serra alors la main de son oncle, en remettant à huitaine les révélations surprenantes qu'il avait à faire avant son départ pour le Pas-de-Calais.

CHAPITRE XI

La clef du mystère.

— Nous t'écoutons, dit le brigadier à son neveu, le mercredi suivant. Je me suis trouvé déjà bien courageux d'attendre une semaine entière. Ne nous fais donc pas languir trop longtemps. Voici déjà neuf heures qui sonnent.

— Je ne vais pas être long, reprit l'officier, et le mystère de mes conversations extranaturelles sera bien vite éclairci. Mais tout d'abord, je vais proposer une évocation qui nous apprendra sans doute bien des choses. Dartois ne nous a pas donné de nouvelles depuis le fameux jour de l'appel de fonds. Ce silence est surprenant, et je crois que nous tenons tous, pour une raison ou pour une autre, à savoir ce qui lui est arrivé. Il m'est facile de soustraire sa pensée et de l'attirer ici. Mort ou vivant, il devra nous répondre.

— Au fait, ce pauvre Dartois, répliqua Baruch, nous l'avons bien négligé depuis quinze jours. Il m'accuse peut-être et doit trouver affaibli mon enthousiasme pour le spiritisme. Moi qui ne pouvais pas autrefois rester trois jours sans le voir ! C'est cela, Georges, fais-nous connaître ce qu'il est devenu. L'officier prépara son petit appareil et demanda gravement :

— Dartois, ton esprit est-il libre et dégagé des liens de la terre ?

— Oui, fut-il répondu.

— Que fait ton corps ?

— Il se repose, très-fatigué.

— Où ?

— *En prison !*

— En prison ! s'écria Baruch qui se leva subitement, comme mû par un ressort. En prison ! te jouerais-tu de moi, Georges, par hasard ? Cela ne se peut vraiment ! Il y a erreur !

L'officier répéta la question. Le levier à pointe sèche frappa à coups redoublés. « Oui, mon oncle, dit l'officier, Dartois est en prison depuis cinq jours. Son jugement est dans la *Gazette des Tribunaux* d'avant-hier, d'après ce qu'il dit. Il serait curieux de s'en assurer, et j'y tiens même, pour vous prouver que je ne vous trompe pas. »

Baruch, tout bouleversé, sonna et envoya chercher le journal en question à son domestique.

Les minutes lui parurent bien longues. Il se promenait à grands pas dans son salon, en proie à la plus vive préoccupation. « Dartois, un misérable ! disait-il tout haut, c'est impossible ! Qu'a-t-il donc fait? Il ne suffit pas d'être spirite pour aller en prison, cependant. Dans ce cas, j'y serais aussi, moi. Aujourd'hui le spiritisme est une science certaine ; au dix-neuvième siècle on ne croit plus aux sorciers. Enfin, nous allons voir ! » Et il gesticulait en mâchant son cigare.

Le domestique apporta la *Gazette des Tribunaux*.

— Tiens, dit Baruch à son neveu, en lui tendant le journal. Lis toi-même. Je n'ai pas mon lorgnon, et puis... le courage me manque.

L'officier déploya la gazette et chercha le jugement qu'il ne trouvait pas tout d'abord.

— C'est sans doute une infamie de quelque esprit infernal, fit le brigadier. Tu ne trouves rien, c'est qu'il n'y a rien. Au reste, j'aurais été...

Le brigadier n'avait pas achevé, que le jeune homme dit : Voilà l'article ! et il lut ce qui suit : « On se rappelle que le sieur Dartois a été arrêté il y a douze jours pour escroquerie, et condamné à six mois de prison. Cet industriel de bas étage, doué d'une certaine habileté et d'une grande hardiesse, exploitait la crédulité publique par d'ineptes jongleries qu'il décorait du nom ronflant de *spiritisme supérieur.*

» Il passa dernièrement en Angleterre pour fuir les poursuites dont il était l'objet. Se croyant en

sûreté à Londres, il fit de nouveau appel à la générosité de ses dupes parisiennes pour de préten-
dues expériences extraordinaires entreprises à
l'étranger. (Ceci, mon oncle, nous donne l'explication du fameux télégramme. Et vous voyez que
j'ai bien fait d'arrêter votre généreux élan. Je continue.) Grâce à la correspondance qui s'échangea
alors, la police française put facilement suivre les
traces du sieur Dartois et s'en emparer en vertu
des lois d'extradition.

» L'aventureux personnage expie en ce moment
sous les verrous ses indignes fourberies, et le jugement qui le condamne (le texte en est plus loin)
servira, nous l'espérons bien, d'avertissement sa-
lutaire à la classe malheureusement fort nombreuse
de ces charlatans qui spéculent sur la faiblesse
humaine et font tourner la tête aux personnes
ignorantes ou crédules. »

Baruch fut obligé de se rendre à l'évidence. Il
était impossible de nier la coupable conduite de
son ami. Sa colère fut extrême. « L'homme abo-
minable, s'écria-t-il, de m'avoir si indignement
trompé ! Mais il ne croyait donc à rien ?... C'était
un jongleur, un vulgaire jongleur, parbleu ! Et c'est
lui qui t'a converti au spiritisme ! lui que tu ne
pouvais pas voir ! Y crois-tu toi-même à cette doctrine... Ah ! je me perds dans tout cela. Georges,
dis-moi la vérité, je t'en supplie. Quelle qu'elle

soit, j'ai besoin de la connaître. Ne crains rien ! dis-moi tout ce que cache ce mystère, cette machination infernale !

— Mon oncle, dit l'officier, j'ai votre parole que vous serez calme. Je ne vais donc rien vous cacher. Soyez d'abord bien convaincu que je n'ai jamais donné dans la folie du spiritisme...

— Comment, depuis quatre semaines, tu as feint de croire...

— Du calme, mon oncle, reprit Georges, ou je ne dis plus rien.

Voici les raisons de la comédie que j'ai jouée depuis un mois : les discussions incessantes que nous avions ensemble me chagrinaient énormément. Votre exaltation me faisait peur, et je résolus de la calmer par un grand coup. Le dimanche qui suivit une scène assez violente que nous eûmes ensemble, je me rendis chez votre indigne ami dans le but de lui demander un compte sévère de l'abus qu'il faisait de votre confiance et de l'argent qu'il vous volait. Dartois était déjà parti à Londres ; plusieurs plaintes s'étaient élevées contre lui, et il crut prudent de fuir les personnes qui avaient découvert son jeu malhonnête.

Mon plan fut bien vite dressé.

J'imaginai de simuler une conversion, pour vous prouver qu'il était facile de tromper votre confiance et que Dartois n'était qu'un fourbe avec tous ces appareils fantastiques qu'il vous faisait payer un prix fou. Enfin, j'attendais tous les jours son arrestation que m'avait fait espérer la préfecture de police, et sa condamnation qui ne devait plus laisser aucun doute dans votre esprit. C'est ainsi que je suis arrivé peut-être à vous guérir d'une bizarre passion.

— Tu me fais plutôt perdre la tête avec toutes ces mystifications. Vraiment, j'en suis à me demander si je rêve ou si j'ai bien les yeux ouverts. Volé par l'un, trompé par l'autre, j'étais donc le jouet de tous ici ! Vous m'avez trompé tous les deux, comme un pauvre fou ! ce n'est guère généreux ! . . . .

Et moi qui croyais déjà que tu allais te rendre célèbre avec ton appareil dont tu devais m'expliquer le mystérieux mécanisme !... Voyons, cependant ! Tu évoquais les esprits, puisqu'ils te répondaient des choses sensées et parfois pleines d'érudition. On n'invente pas des conversations aussi savantes pendant des heures entières. Explique-toi, Georges ! je suis peut-être bien sot, bien entêté, mais enfin tu ne m'as pas encore convaincu. »

Georges était heureux de voir que les explications de la soirée n'avaient pas trop vivement impressionné son oncle et que son stratagème avait réussi mieux encore qu'il n'aurait osé l'espérer.

Cette victoire dont il était sûr maintenant l'enhardit, et il répondit avec moins de gêne au brigadier :

— Tenez, mon oncle, prenez d'abord le cahier des réponses dont je faisais passer les différentes pages sous le levier à pointe sèche, et voyez ce que les esprits ont marqué dessus.

— Le cahier est tout blanc, dit le brigadier en écarquillant ses petits yeux. Pas le plus petit point, pas le moindre trait...

— Ce qui prouve, reprit l'officier, que l'écriture des êtres invisibles est invisible elle-même, ou plutôt, pour parler sensément, que l'appareil de mon invention ne marque pas plus la conversation des esprits que les quartiers de la lune. Approchez-vous de moi et regardez ce petit bouton sur un des côtés de la boîte. Il suffit de le presser avec le doigt pour rétablir le courant électrique et faire danser le levier sur la plaque aimantée.

Mettez le doigt vous-même. Vous verrez.

Le brigadier appuya le bouton, et le levier se mit à sauter précipitamment.

— Eh bien ! reprit l'officier, nous n'avons cependant pas évoqué d'esprits. Reconnaissez-vous, mon oncle, qu'il n'existe dans cette opération rien de surnaturel ?

— Évidemment non, répondit Baruch un peu honteux.

Alors Chi-ko n'a jamais été renfermé dans une

fiole de dynamite, lord Stick ne s'est jamais jeté dans le four de Rueil, Crampton...

— Je vais tout vous expliquer, dit le jeune homme. Chi-ko est le héros d'un conte chinois dont vous pouvez lire les curieux détails dans le recueil du romancier Soa-qua, traduit en français par un de nos savants orientalistes. J'ai acheté un jour cette traduction en flânant sur les quais, et c'est ainsi que l'idée m'est venue de vous en raconter l'histoire, en lui faisant subir, bien entendu, les modifications nécessitées par les circonstances.

— Bien ! interrompit Baruch, Chi-ko n'a jamais existé que dans mon imagination. C'est possible. N'en parlons plus. Tu ne me diras pas qu'il en est de même de lord Stick dont j'ai lu, je ne sais où, les extravagantes aventures.

— Non, mon oncle, celui-là n'est pas de mon invention. Il a tellement bien existé qu'il existe encore, et qu'il a entrepris au commencement du printemps un voyage au pôle nord par la baie d'Hudson, tandis que son éternel rival, sir Pudding, va tenter le même voyage par le détroit de Behring. Des sommes considérables sont engagées; mais les marins qui connaissent ces parages sont persuadés que sir Pudding arrivera le premier, parce que les glaces sont moins dangereuses du côté de la Russie d'Asie. On ne connaît pas encore le résultat du pari de ces deux Anglais excentriques ; il est toutefois certain qu'ils ont tous deux franchi le 85ᵉ degré de latitude boréale.

— Faut-il ne pas croire non plus à la mort de William Crampton dont tu nous as lu toi-même la fin pathétique dans le *Figaro* de juillet 1870 ?

— Ce que je ne vous ai pas lu, répondit le jeune officier, c'est un second article qui parut quelque temps après dans le même journal, et d'après lequel cette nouvelle fantaisiste d'un duel en mer, qui avait vivement ému l'opinion publique, était démentie de la façon la plus formelle. Le rédacteur en chef profitait même de la circonstance pour affirmer ce que toute l'Europe savait déjà, c'est-à-dire que l'Allemagne était la nation la plus pacifique de tout le continent, la plus ennemie de l'esprit de conquête, et que sa douleur avait été immense lorsqu'il avait fallu repousser par les armes l'agression inattendue d'un voisin trop ambitieux.

— Voyez-vous, dit le brigadier, ces pauvres Allemands que l'on a tant calomniés... ils ont abandonné de force leurs gentilles Gretchen pour nous prendre cinq milliards et deux provinces !... ils sont à plaindre vraiment !... Ce serait à croire, Georges, que tu te moques de moi, avec ces balivernes.

— Je ne me moque pas de vous du tout, mon oncle. C'est bien plutôt le journal qui se moquait des Allemands. Et c'est ce qui prouve une fois de plus que l'Américain Crampton doit aller rejoindre le Chinois Chi-ko dans le monde imaginaire des fictions.

— Ce dont je suis le plus chagrin, c'est de penser que les paroles de mon colonel sont aussi des fictions.

— Vous avez au contraire à vous en réjouir, mon oncle.

— Et pourquoi donc, s'il te plaît?

— Parce que votre colonel n'est pas mort.

— Le colonel Beauregard n'est pas mort? Mon bon ami, c'est toi qui perds la tête en ce moment. Je l'ai vu moi-même tomber à dix pas de moi, frappé d'une balle. Tu ne me diras pas que j'avais la berlue à Solférino. Avec quatre servants de la batterie, nous l'avons transporté à l'ambulance. Ses yeux étaient fermés, son visage pâle comme un linge, un flot de sang sortait de sa poitrine. Moi, je pleurais comme un enfant. A l'ambulance, le chirurgien nous dit tout bas : « Mes amis, je crois que vous pouvez lui faire vos adieux. Le brave colonel n'en reviendra sans doute pas! »

Et je ne l'ai plus revu! Depuis, son nom n'a pas figuré sur l'Annuaire. Il était donc bien mort.

— Eh bien ! non, mon oncle, il n'est pas mort. Son horrible blessure s'est guérie peu à peu. Il a demandé sa retraite, et aujourd'hui il vit avec tous ses enfants dans une jolie propriété de province. J'ai eu l'honneur de lui être présenté il y a près de quinze jours par un de ses neveux, qui est sorti en même temps que moi de l'École polytechnique. Le colonel se souvient très-bien de vous, et il a été enchanté d'apprendre que vous étiez toujours de ce monde.

— Tu as vu mon colonel, et tu ne m'en as rien dit !

— Ce silence faisait partie de mon plan. Aujourd'hui que tout se dévoile, comme au cinquième acte d'un drame de l'*Ambigu,* je vous présente une lettre qu'il m'a donnée pour vous. Son écriture vaut bien, je pense, l'évocation d'une *ombre vaine !*

— Je le crois bien, dit le brigadier, transporté de joie. Il déchira rapidement l'enveloppe et lut les lignes suivantes :

« Mon cher Baruch, je vous serre cordialement la main et vous remercie de m'avoir sauvé la vie à Solférino par vos soins empressés. Votre petit neveu (qui a l'air dégourdi et qui fera vite son chemin) me dit que vous me croyez dans la planète de Mars.

» Je ne suis même pas dans l'anneau de Saturne.

» Je passe *terrestrement* mes vieux jours à Lachesnaye près de Tours, dans un assez agréable cottage où je vous invite bien sincèrement à venir faire quelques bonnes parties de trictrac.

» Votre tout dévoué,

» BEAUREGARD. »

Toujours aussi bon! Oui, mon colonel, j'irai vous voir, et nous causerons ensemble de nos campagnes, des anciens beaux jours et des gloires de la France! Je vous ferai aussi raconter l'histoire de l'artillerie, afin de juger si mon diable de neveu a bien répété sa leçon mercredi dernier.

— Oh! mon oncle, tout ce que je vous ai dit, je le tiens de bonne source. Ces quatre conférences que je vous ai faites étaient étudiées d'avance, et j'ai mis pour cela à contribution bon nombre d'écrivains connus, Favé, Louis Napoléon, Turgan, Bardin, Lalanne, Capdevielle, et bien d'autres qu'il serait trop long de vous citer.

— Il est de fait que tu m'as intéressé, et tu serais même bien aimable de me dresser un petit procès-verbal de tes séances, puisque les esprits ont eu la paresse de ne rien transcrire. Je ne tirerai pas d'autre vengeance de ton stratagème.

— Très-volontiers! Le châtiment que vous m'infligez sera d'autant plus léger qu'en le subissant je travaillerai pour vous.

— On n'est pas plus aimable. Ainsi te voilà avec une occupation pour quelques jours. Mais moi, que vais-je devenir à présent? Je ne sais pourquoi, on dirait qu'il me manque quelque chose, que j'ai un vide dans mon existence, comme lorsqu'une illusion s'envole ou qu'on se réveille d'un beau songe. Je me rappelle qu'un pauvre aveugle fit, il y a quelques années, un procès au médecin qui l'avait guéri, parce que depuis qu'il voyait, il ne pouvait plus gagner son pain. Je ressemble un peu à cet aveugle, à part le procès. En me guérissant de mes rêveries, en arrachant de mon âme les douces erreurs dont j'étais enchanté, tu m'as enlevé ce qui me faisait vivre, et je serais presque tenté de me plaindre d'avoir recouvré toute ma raison.

— Tranquillisez-vous, mon oncle ; on peut être heureux sans être spirite.

Lorsque je suis allé dernièrement présenter mes respects au colonel Beauregard et lui parler de vous, je l'ai vu souvent plein de joie, muet, en extase, devant cinq ou six tulipes d'Amsterdam, aux nuances les plus riches et les plus variées. Cet homme, certainement, était heureux ! Marchez sur les traces de votre colonel. Vous l'avez suivi à la gloire ; aujourd'hui, suivez-le au bonheur. Achetez enfin des oignons de tulipes et reportez sur ces fleurs charmantes toute la passion que vous avez accordée jusqu'à ce jour à de folles chimères.

— Tu ne voudrais pas sans doute, Georges,

que je plante des tulipes dans mon salon, au troisième étage !

— Non ! mais alors quittez Paris, installez-vous
à la campagne, dans un joli petit endroit plein de
soleil et de verdure.

— Peste, comme tu y vas, mon neveu ! voilà
bien des projets. Je ne dis pas qu'ils soient irréa-
lisables. Il me faudra y réfléchir. Il est évident
que si je trouvais une maisonnette assez gentille
en province, dans la Touraine par exemple, près
de Lachesnaye, je suppose, peut-être bien que je
l'achèterais. Là, je cultiverais des tulipes, puisque
tu le veux. Je verrais à les avoir aussi merveilleuses
que celles du colonel Beauregard, et de temps en
temps, le soir, nous jouerions, lui et moi, la partie
de trictrac dont il me parle dans son excellente
lettre.

— C'est, ma foi, ce que vous auriez de mieux à
faire. La famille Beauregard est charmante. Certainement qu'elle sera pleine d'attentions pour
vous. Le colonel, malgré son âge, est très-gai,
très-amusant. Et puis, — ce qui n'est pas à dé-
daigner, — il possède une cave des mieux garnies. Il a entre autres un petit vin blanc de terroir
qui, je suis sûr, vous réchauffera le cœur, réveil-
lera vos esprits...

— Et enterrera ceux de Dartois ! reprit Baruch
en riant.

Aujourd'hui le brigadier Baruch et le colonel
Beauregard ont chacun une magnifique collection
de tulipes. Quelle est la plus belle ? Baruch est convaincu que c'est la sienne. Cependant, le soir,
tout en faisant sauter les dés, il dit par déférence :
« Mon colonel, ... mon colonel, je commence à
croire, vraiment, que mes tulipes ne sont pas tout
à fait aussi splendides que les vôtres.

> — Brigadier, répond Beauregard,
> Brigadier, vous avez raison. »

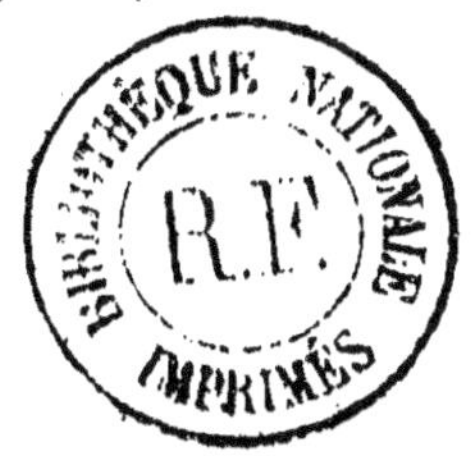

FIN.

TABLE DES MATIÈRES

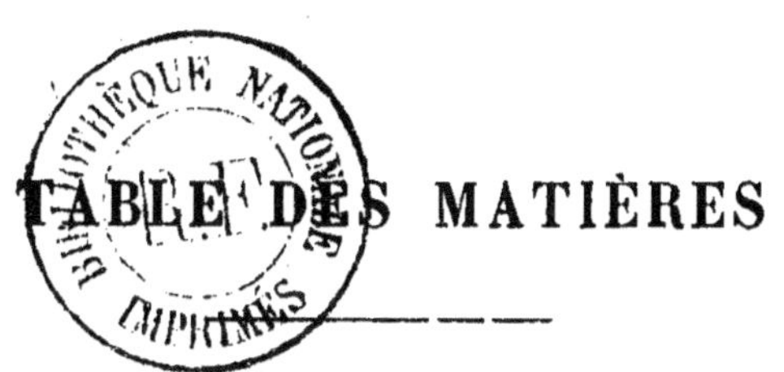

FIN DE LA TABLE.

PARIS. TYPOGRAPHIE DE E. PLON ET Cie, RUE GARANCIÈRE, 8.

LES

SOIRÉES FANTASTIQUES

DE L'ARTILLEUR BARUCH

PAR

A. SALIÈRES

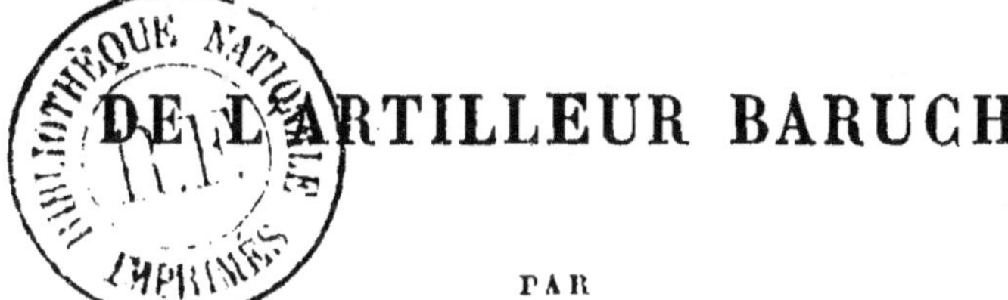

PROSPECTUS

Aujourd'hui que les nouvelles lois militaires font de chaque Français un soldat, ce n'est plus seulement par besoin de l'esprit, mais aussi par devoir que chacun cherche à s'initier aux premiers principes d'une science dont l'armée avait fait autrefois son domaine exclusif.

Mais les nombreuses publications qui, dans ces derniers temps, se sont proposé le but louable de donner satisfaction à un sentiment si légitime de curiosité, à une nécessité si absolue du moment, ne se sont adressées qu'à certaines classes restreintes de personnes.

Ainsi l'on remarque d'abord les ouvrages techniques dont seuls les gens spéciaux peuvent faire leur profit, mais qui restent à peu près inabordables à la grande masse du public; en second lieu les livres classiques, les résumés, les manuels établis en vue d'examens particuliers et n'offrant pour la plupart qu'une nomenclature sèche et aride de principes ou de faits rassemblés en un mélange indigeste.

Il se présentait donc là une lacune regrettable. L'auteur des *Soirées fantastiques de l'artilleur Baruch*, chez lequel le goût des sérieuses études sait se concilier avec de brillantes qualités d'imagination, est venu combler cette lacune. Il s'est emparé du squelette de la science militaire, et lui a donné de la chair et de la couleur (pour parler comme le chancelier d'Aguesseau), afin qu'elle ait un aspect moins rebutant et qu'elle arrive même à attirer les plus indifférents par ses charmes aimables.

Ajoutons que cet essai a pleinement réussi. Le volume traite spécialement de l'artillerie. C'est cette partie des connaissances militaires que l'auteur a voulu exposer tout d'abord, parce que c'est la plus ignorée du public, parce qu'elle prend chaque jour une importance plus grande, qu'elle est la cause principale des plus beaux triomphes de ce siècle, parce qu'enfin, suivant le mot de Napoléon Ier, elle règle en partie les destinées des peuples.

Au milieu de types pleins de gaieté et d'humour, d'épisodes originaux et de situations inattendues, le lecteur trouvera dans cet ouvrage attrayant des renseignements précis, clairs et exacts de toutes les matières dont se compose la science de l'artillerie. Conduit par de merveilleux *ciceroni*, il assistera à la confection de la poudre et des diverses compositions incendiaires ou détonantes, ainsi qu'aux nombreuses transformations qu'elle a subies depuis sa naissance dans l'*Empire du Milieu;* il pénétrera dans les ateliers où se fabriquent les bouches à feu de fonte, de bronze ou d'acier. Devant ses yeux éblouis défileront, comme un escadron infernal, tous les canons nains ou géants qu'a forgés le génie destructeur de l'homme, tous les boulets, bombes et obus, les fusées, les mitrailleuses et d'autres instruments plus meurtriers encore mus par la vapeur ou l'électricité.

Puis, monté sur des *monitors* et des *béliers cuirassés,* il lancera des torpilles et éventrera des vaisseaux à trois ponts.

Dans un magnifique musée englouti au fond de

l'Océan viendront s'étaler à sa vue toutes les armes portatives d'attaque ou de défense employées dans l'humanité, depuis la hache en silex des premiers âges du monde jusqu'au fusil à répétition le plus perfectionné de la libre Amérique. Enfin, il verra se dérouler devant lui les progrès immenses de l'artillerie française, fera connaissance avec les inventeurs ou les organisateurs célèbres, et apprendra de quelques personnages étranges qui savent lire l'avenir le secret de la fin des guerres et du retour à l'âge d'or si poétiquement chanté par Ovide.

Les personnes amoureuses des voyages fantaisistes seront donc servies à souhait, et, tout en traversant des aventures extraordinaires, profiteront, en y prenant plaisir, de la science répandue sous leurs pas. On peut donc prédire sûrement un grand succès à ce livre de vulgarisation que, dans un compte rendu aussi intéressant que détaillé, le journal de la *Réunion des Officiers* compare aux œuvres populaires de J. Verne.

Cet ouvrage forme un volume in-18 jésus de près de 400 pages.

Prix : 3 fr. 50.

PARIS. TYPOGRAPHIE DE E. PLON ET Cie, RUE GARANCIÈRE, 8.